MÉMOIRES
SUR LA
REINE HORTENSE
ET LA FAMILLE IMPÉRIALE.

IV

Imp. de E. Dépée, à Sceaux.

MÉMOIRES
SUR LA
REINE HORTENSE
ET LA FAMILLE IMPÉRIALE

PAR

MADEMOISELLE COCHELET

Lectrice de la Reine.

(Madame Parquin.)

TOME QUATRIÈME.

Deuxième Édition.

PARIS,
LADVOCAT, LIBRAIRE-ÉDITEUR.
1842

MÉMOIRES
SUR LA
REINE HORTENSE
ET LA
FAMILLE IMPÉRIALE.

I.

Le duc de Feltre à Aix. — Conjectures à son sujet. — Le fantôme accusateur et le cauchemar expiatoire. — La duchesse de Bassano obtient la liberté de son mari. — Un nouveau ministère. — Départ de l'empereur Alexandre pour ses états. — Fouché ménage la famille de l'Empereur. — Contraste avec M. Decazes. — Ingratitude envers les Bonaparte. — Les papiers du conventionnel Courtois. — Correspondance de Louis XVIII avec Robespierre. — La cachette dévoilée. — L'affaire Maubreuil; première source de la fortune de M. Decazes. — Une expédition nocturne, seconde source. — La Reine obligée de remettre son fils aîné à son mari. — Le baron de Zuite. — Cruelle séparation. — Le bon précepteur. — Lettre de la princesse de Wolkonski.

Dans les premiers jours de décembre, M. le duc de Feltre arriva à Aix : la Reine s'en étonna. « Ce pauvre Clark, disait-elle, serait-il disgracié après tant de dévouement pour les Bourbons ? »

Cet ancien ministre de la guerre de l'Empereur avait été aussi celui de Louis XVIII; il l'avait suivi à Gand, et nous faisions des conjectures sur ce qui aurait pu lui valoir cette disgrâce, dans ces premiers moments où les Bourbons n'étaient pas moins occupés de récompenser leurs amis qu'à persécuter leurs ennemis. La santé du duc de Feltre ne paraissait pas assez sérieusement dérangée, pour qu'elle fût le principal motif de son déplacement; aussi sa venue à Aix était-elle, pour nous, une véritable énigme. Nous le rencontrions souvent dans les promenades solitaires que nous fréquentions de préférence. Il s'enfuyait en nous apercevant, comme s'il eût marché sur un aspic, ou comme si la vue d'un fantôme accusateur l'eût menacé de quelque cauchemar expiatoire. Sa frayeur à notre approche me paraissait si singulière, que je ne manquais jamais de m'en égayer; mais le temps était passé où ma folle gaieté et mes plaisanteries avaient le pouvoir de distraire la Reine de ses tristes pensées.

Le 6 septembre, le maréchal Ney venait d'être transféré à la Conciergerie; on préludait de nouveau à un drame sanglant.

Le duc de Bassano avait été arrêté en Suisse, par ordre du gouvernement français. Toutes les nouvelles qui nous arrivaient ajoutaient à nos inquiétudes ; nous ne pouvions nommer un ami, nous rappeler un souvenir affectueux, sans avoir à y joindre un sentiment de crainte pour les dangers présents ; ce n'étaient pas comme autrefois les périls glorieux des champs de bataille, c'étaient ceux bien plus amers et bien plus certains que préparent la haine et les vengeances politiques.

La duchesse de Bassano courut à Paris, solliciter la mise en liberté de son mari, et des passeports étrangers pour aller se placer n'importe où, sous quelque surveillance que ce fût ; l'Autriche accueillit ses réclamations, et lui accorda l'asile hospitalier qu'elle demandait.

Nous apprîmes bientôt que le nom du duc de Feltre n'était pas aussi oublié de ses maîtres que nous l'avions cru ; une nomination de gouverneur de province fut le prélude à d'autres faveurs, et le 27 septembre, une ordonnance du Roi le nomma ministre de la guerre, en même temps qu'elle donnait la présidence du conseil au duc de Richelieu, et le portefeuille du ministère de la police à M. Decazes.

Dans la nuit du 27 octobre, l'empereur Alexandre quitta Paris, pour se rendre à Bruxelles; d'où il vint ensuite à Dijon, passer une dernière revue des troupes alliées; puis il reprit par Bâles la route de ses états.

Ce départ de l'empereur de Russie et des autres souverains et ce changement de ministres me causèrent un découragement profond.... A qui la Reine s'adresserait-elle désormais, pour obtenir justice et protection? comment les ministres étrangers, représentant leurs souverains en France, accueilleraient-ils ses réclamations, à présent qu'ils seraient livrés à eux-mêmes?

Malgré tout ce qu'on disait du duc d'Otrante, tant qu'il avait été aux affaires, la Reine avait pu espérer encore d'être ménagée. Je crois, en conscience, qu'il lui portait de l'intérêt, et que dans quelques circonstances qu'il se fût trouvé, un reste de respect humain l'aurait empêché de faire sans motif du mal à la famille de l'Empereur; il avait d'ailleurs l'expérience des affaires, et il n'était pas homme à susciter des tracasseries, ou à supposer des intentions absurdes. Il n'en était pas de même de M. Decazes, qui lui succédait: il avait son crédit à établir, sa fortune à faire, et à défaut d'habileté en matière de politique et de police, il avait le zèle ardent du néophite.

Au premier moment, cependant, son nom m'avait rassurée; il devait de la reconnaissance à la famille de l'Empereur (1); il était lié d'amitié avec la mienne, et j'espérais que nous aurions dans ces souvenirs du passé une sauvegarde pour l'avenir; la raison toujours réfléchie et juste de la Reine ne tarda pas à me désabuser.

Nous apprîmes bientôt de quel zèle outré M. Decazes était capable, pour gagner la faveur de son roi.

Le conventionnel Courtois avait été l'ami de Robespierre; à la mort de celui-ci, il recueillit beaucoup de papiers de son ex-collègue, qui auraient pu compromettre nombre de personnes, vis-à-vis du *terrible comité du salut public;* parmi ces papiers, dont il brûla la plus grande partie, M. Courtois trouva une correspondance très-suivie de M. le comte de Provence, frère de l'infortuné roi Louis XVI, avec Robespierre. Ces lettres de différentes époques, et qui se suivaient depuis le com-

---

(1) Au début de sa carrière, M. Decazes avait été secrétaire des commandements de Madame-Mère.

mencement de la révolution, parurent à M. Courtois d'une trop grande importance historique pour être détruites; d'ailleurs, comme il était très-franchement républicain et vrai patriote, il n'était pas fâché de conserver des documents authentiques, qui compromettaient singulièrement un des membres de la famille déchue, afin de s'en servir contre lui, si le salut de la république ou d'autres circonstances l'exigeaient. Dans cette intention, M. Courtois mit en ordre la correspondance de M. le comte de Provence et il la renferma dans une boîte de ferblanc, qu'il emporta à Chaillot, où il avait une petite habitation; là, il fit lever un carré du parquet de son salon, et y déposa la boîte, dans une cachette dont personne ne soupçonnait l'existence. Dans un épanchement d'amitié, M. Courtois parla de ce précieux dépôt à un jeune homme, en lui indiquant l'endroit où il était; ce jeune homme était ami de M. Decazes, simple avocat alors. Les jours de la révolution étaient déjà assez éloignés, pour que M. Decazes n'attachât pas grande importance à ce qu'on lui disait, à cette époque de la grandeur de l'empire, qui paraissait à chacun la garantie de tous.

Les événements de 1814 ayant privé M. Decazes de l'emploi qu'il occupait auprès de Madame-Mère, son exaltation royaliste le fit placer au parquet de la cour royale de Paris. Là, sa conduite dans l'expédition de l'affaire de Maubreuil, qui fut mis en liberté le 19 mars 1815, ne tarda pas à lui concilier la bienveillance royale. Les lettres à Robespierre, dont il se souvint, lui servirent à faire un second pas vers la fortune. M. de Provence, devenu Louis XVIII, se perdait aux yeux de son parti si ces lettres étaient connues; et comme, hors de son parti, tout lui était opposé en France, c'était pour le Roi une question de vie ou de mort politiquement et moralement; M. Decazes, possesseur de ce secret, devenait à ses yeux un personnage de la plus haute importance; mais il fallait le mettre à même d'enlever la correspondance, et pour cela il devenait nécessaire de confier à ses mains l'action violente de la police : on le fit donc ministre et il rendit le service qu'on attendait de lui. Dès ce moment il fut comblé de toutes les faveurs et jouit d'un immense crédit, dont son esprit, ses moyens, ses manières insinuantes assurèrent la durée.

Disons maintenant comment les choses se passèrent. Au milieu de la nuit, une visite domiciliaire fut ordonnée dans la petite maison de Chaillot appartenant au conventionnel Courtois : le parquet de son salon fut enlevé, et la boîte fut trouvée à la place où elle dormait depuis vingt ans.

M. Decazes, heureux d'avoir si bien réussi, porta les lettres au roi, dont la reconnaissance fut sans bornes.

Je ne connaissais pas ces détails quand M. Decazes fut nommé ministre de la police. Je faisais beaucoup de cas de lui; on avait voulu dans un temps nous marier ensemble, ce qui alors ne m'avait pas convenu, et j'espérais que nos anciennes relations d'amitié me vaudraient quelque intérêt de sa part, si j'avais besoin de recourir à lui. Je parlai dans ce sens à la Reine, qui en jugea tout autrement. Cette pauvre Reine était encore loin du terme de ses chagrins; un des plus grands qu'elle pût éprouver la menaçait alors : son mari venait de s'établir à Rome; et à peine y fut-il installé, qu'il ne laissa pas longtemps oublier à sa femme qu'il avait gagné son procès, et qu'il lui fit demander son fils aîné. Dans les derniers jours de septembre, nous vîmes arriver le baron de Zuite, envoyé par le roi Louis pour réclamer le prince Napoléon et l'emmener à son père.

Ce coup fut des plus sensibles à la Reine. Quoiqu'elle dût s'y attendre, elle ne parvenait pas à s'y résigner; après tant de maux qu'elle avait éprouvés, la nécessité de cette séparation lui semblait le coup de grâce.

M. le baron de Zuite n'était pas d'ailleurs capable d'inspirer une entière confiance à une mère aussi tendre que craintive pour ses enfants. Toute autre que la Reine, moins soigneuse de leur éducation et de leur sûreté, eût hésité à confier un fils chéri à un homme pareil. Sa physionomie était vraiment le miroir de son âme, car elle exprimait toutes les mauvaises passions et tous les vices. On ne peut imaginer où le roi Louis avait rencontré un être semblable pour le charger d'une mission qui était toute de confiance. La Reine en jugea différemment que son mari, et ne voulut pas laisser partir son fils seul avec le baron. Elle lui dit donc qu'elle désirait qu'il se reposât quelque temps près d'elle, afin de laisser au prince Napoléon le loisir de faire connaissance avec lui, et de donner le temps d'arriver au précepteur qu'elle faisait venir de Paris pour accompagner son fils en Italie. Ce précepteur était un homme respectable ; il ne possédait ni de grands talents, ni de grandes connaissances ; mais sa moralité n'était pas douteuse, et c'était en ce moment ce à quoi la Reine tenait le plus.

J'espérais que ce retard apporté au départ du prince Napoléon donnerait à la Reine le temps de s'habituer à l'idée de cette séparation; mais il était facile de voir journellement, au dépérissement de sa santé, qu'elle ne s'y résignait pas.

Sur ces entrefaites, je reçus une lettre de mon excellente amie la princesse Sophie. Je crois devoir la transcrire ici.

Paris, ce 24 septembre 1815.

« Je vous ai écrit hier, bien chère amie ; votre frère s'est chargé une seconde fois de ma lettre ; me voilà à une quatrième. Serai-je assez heureuse pour recevoir de vous une réponse avant de partir d'ici? Chère Louise, mon mari vous fait hommage d'une gravure de mon portrait qu'il avait conservée pour lui; il a renvoyé à Vienne la planche. J'ai fait faire en votre honneur mon portrait en miniature ; mais cela n'a pas bien réussi. J'ai changé prodigieusement depuis ma pleurésie : le corps est robuste; mais le cœur souffre bien souvent. Qui peut être exempt de peines? qui le mérite? On doit désirer de souffrir : il paraît que cela doit rapprocher de celui qui a tant souffert pour nous. L'ange (1) part dans trois jours pour Bruxelles ; ensuite il se rend à la revue autrichienne, puis j'espère qu'il reprendra le chemin de ses foyers, faisant pourtant encore parfois des haltes avant d'arriver. Dans dix-huit jours je ne serai plus ici, ma bonne amie ; que je suis dévorée de peines de me séparer de ma sœur! Ses affaires l'obligent de retourner, dans le courant de l'été, chez elle. La séparation me paraît toujours trop longue; que ferai-je, que deviendrai-je, quand ils quitteront une seconde fois leur pays? Incessamment je vous enverrai de la sépia de Rome. Avez-vous reçu celle que je vous ai envoyée de Vienne?

» Adrien est fâché de vous voir fixée où vous êtes. Il me paraît que c'est bien, vous y êtes tranquille et plus près de votre famille. Madame de Krüdner voit très-souvent l'ange, il lui a parlé dernièrement d'Adrien, avec le même

(1) L'empereur Alexandre.

intérêt. Elle part bientôt d'ici ; peut-être viendra-t-elle chez vous passer la saison d'été, l'hiver l'effraie trop. Que j'aurais voulu vous voir habiter un pays froid, mais sain ! Nous nous reverrons, j'en ai le pressentiment. J'espérais passer par Genève; mais, comme je veux arriver près de mes enfants avant leur père, cela m'aurait pris trop de temps, et, allant seule, je veux abréger ma route autant que possible; je voyagerai dans la saison la plus désagréable; de plus, mon frère bien-aimé désire que je le rejoigne au plus vite; il croit que je lui serai très-utile, je n'en n'ai pas trop la certitude, mais je dois toujours hâter le moment de notre réunion. Il vous baise les mains, il vous admire, vous chérit ; vous avez captivé les cœurs de tous les miens. Le petit homme (1) va aux eaux de Pyrmont. sa femme doit y être ; elle continue à nourrir. Cécile est en Bohême; elle a un vaste projet de voyage, la France, la Suisse, l'Angleterre, l'Italie, etc. Je me réjouis de revoir celle qui a tant été aimée, et qui a des droits réels à l'être. J'ai été garde-malade, tout ce temps, de mon frère aîné qui a reçu à la jambe un coup de pied de

---

(1) M. le comte de Nesselrode.

cheval; puis ma sœur a pris froid et a été très-souffrante, sans que cela soit le moins du monde sérieux; mais, ce qui l'est beaucoup, c'est que mes yeux se ferment malgré moi; je me suis couchée à quatre heures, et levée à sept heures et demie. Tout le ministère est changé ici. Je regrette que notre bon gouvernement de Crimée ait perdu Richelieu; voilà la place que j'aurais désiré à mon mari; mais je le désire seule, et mon projet de retraite absolue ne lui réussirait gureè, je crois. Les enfants de votre amie doivent bien vous distraire, ils sont si aimables; ne m'oubliez pas auprès de leur auguste mère; souvenez-vous de l'intérieur de votre appartement, vous deviez m'en faire un petit transparent ou bien un petit paravent. Madame de Périgord part cette nuit pour l'Allemagne, elle est bien souffrante. Parlez-moi bien longuement de vous; il est plus que temps d'envoyer ma lettre. A revoir, ma délicieuse amie, portez-vous bien et ne m'oubliez pas. »   **W.**

II.

On dit que la Reine lève des régiments. — Crédulité de M. Decazes à ce sujet. — Lettre du duc de Vicence. — La Reine demande à aller à Constance. — Elle désire passer par la Suisse. — Lettre de M. d'Ivernois et de M. le baron de Krüdner. — Vaines démarches. — Des nouvelles de madame de Krüdner. — Rêveries de la prophétesse. — Mariage projeté — Un mot sur Boutikim. — La grecque Foloé, fille adoptive de madame Campan. — Protégée de madame la maréchale Ney. — Elle épouse Boutikim. — Encore une lettre du baron de Krüdner. — Mauvais vouloir du gouvernement suisse.

La Reine, absorbée par ses chagrins, ne se doutait pas des craintes qu'elle inspirait; elle croyait, en quittant Paris, avoir, non pas éteint toutes les haines, mais rassuré les peureux. Cependant l'active surveillance de la police du nouveau ministère sut bientôt trouver et créer des sujets d'alarmes sur son compte : les jeux de ses enfants furent transformés en préparatifs hostiles; on l'écrivit d'Aix à Paris, et le bruit circula, dans la capitale, que la

Reine levait des régiments en Savoie. Ces mensonges absurdes, qui auraient fait hausser les épaules de pitié à Savari ou à Fouché qui connaissaient la valeur des rapports de police subalterne, furent accueillis sérieusement par M. Decazes, et la malveillance contre la Reine recommença de plus belle. Les nouvelles qui nous venaient de Paris nous apprenaient toutes les faussetés débitées sur le compte de la Reine. Je reçus à cette époque une lettre de M. le Duc de Vicence, qui vint apporter un peu de consolation parmi nous; l'intérêt qu'il prenait au sort de la Reine, et le déplaisir qu'il éprouvait de la voir se séparer de son fils aîné, ainsi que l'amitié qu'il avait pour moi, tout cela est bien exprimé dans sa lettre que je donne ici.

« J'ai vraiment été bien malade, mademoiselle; mais je suis mieux que convalescent depuis quelques jours, et je pars demain pour passer quelque temps à la campagne avec ma mère et ma femme; avant de commencer mon voyage, je veux vous écrire.

» Nous avons été bien occupés de vous, car nous pensions plus à nos amis qu'à nous, quand nous avons su toutes ces poursuites et persécutions des Suisses. L'ange, (1) que ma femme a vu à la première nouvelle, et votre petit homme, (2) qui est arrivé chez nous pour nous tranquilliser, et nous annoncer ensuite ce qu'on avait fait, cela a été très-bien, et les ordres sont arrivés à temps. Nous sommes tranquilles maintenant, car l'ange nous a assuré que tout était prévu, et que nos amis jouiraient sans être inquiétés de la tranquillité qui fait l'objet de tous leurs vœux. Jouissez-en donc, oubliez ce qui se passe dans ce monde et donnez à l'amitié seule ce qui se partageait avant entre tant de concurrents.

» Ce pauvre enfant va donc vous quitter; si c'était pour être aussi bien, je m'en consolerais; mais qu'entendra-t-il? que trouvera-t-il? Qui peut remplacer une mère? Qu'il est facile de se donner pour ce qu'on n'est pas.

» Ouvrez les fenêtres, quand il y a plus de quatorze degrés; faites qu'on marche tous les jours pendant deux heures, tâchez qu'on se soigne le plus possible, et on sera aussi jolie qu'on est bonne; cela ne gâte rien, même avec vos vilains Suisses que je voudrais voir en passant pour dire bonjour à mes amis. »

(1) L'empereur Alexandre.
(2) M. le comte de Nesselrode.

» Faites agréer tous mes hommages, et croyez, mademoiselle, à tous mes sentiments; ma mère et ma sœur veulent que je vous prie de parler d'elles; vous savez que nous vous aimons et quel plaisir nous avons à vous le dire. »

Paris, le 8 octobre 1815.

Lorsqu'on est dans le malheur, le témoignage d'intérêt d'un ami repose le cœur : le souvenir du duc de Vicence nous prouvait que nous n'étions pas oubliés de l'univers entier; et ce qu'il disait de l'empereur Alexandre me rendait un peu d'espoir. La Reine fit faire de nouvelles représentations près des ministres des puissances alliées; elle assurait qu'elle avait attaché un grand prix à la permission que les puissances lui avaient donnée d'habiter la Suisse, parce qu'elle avait espéré trouver dans ce pays, plus que partout ailleurs, le repos et la solitude qui convenaient à ses goûts, à sa position; mais que l'exaltation politique de quelques cantons lui faisait craindre que ses espérances ne fussent pas entièrement réalisées sous ce rapport; qu'elle désirait, en attendant, pouvoir jouir du bénéfice entier de la disposition qui avait été prise en sa faveur sans éprouver aucune espèce de gêne ni de contrainte de la part du canton suisse qui la recevrait. En attendant, elle demandait à s'établir à Constance, dans les états du grand-duc de Bade.

La Reine ayant écrit à Genève, pour savoir quelles seraient les démarches à faire pour obtenir le passage en Suisse, reçut de M. d'Ivernois la réponse suivante :

Genève, le 17 octobre 1815.

« Madame la duchesse,

» J'ai eu l'honneur de vous écrire, le 4 de ce mois, pour vous annoncer que le comte de Sonnenberg m'avait promis de communiquer à ses supérieurs, vos désirs relatifs à un passage par la Suisse.

» Cet officier, qui quitte demain notre place, m'a fait part ce soir de la réponse de M. Finsler, quartier-maître-général : elle porte que s'il reçoit de votre part une demande officielle pour le passage, et qu'elle soit appuyée des passeports de chacun des cantons qu'il s'agira de traverser, les autorités militaires n'y mettront aucun empêchement; mais qu'il conviendrait que vous vous adressiez, à cet effet, aux gouvernements respectifs de ces cantons.

» Cette réponse, qui ne me paraît point de nature à vous faire renoncer au projet de traverser la Suisse, y met, je l'avoue, plus de difficultés que je ne l'avais espéré; mais cela n'en est pas moins un devoir pour moi de vous la transmettre.

» Je suis, etc. »

La demande de traverser un pays était une chose de si peu d'importance, que nous étions loin de supposer que nous aurions à éprouver des difficultés.

M. le baron de Krüdner à qui j'avais écrit pour lui donner avis que la Reine désirait habiter le territoire de la République suisse, me répondit à ce sujet, sans pouvoir encore me satisfaire entièrement.

Voici ce qu'il m'écrivait :

Zurich, 19 octobre 1815.

« Mademoiselle,

» Ayant reçu votre lettre du 10 octobre, je me fais un devoir de vous assurer de l'empressement et du zèle que je mettrai toujours, en tout ce qui peut dépendre de moi, à servir madame la duchesse de Saint-Leu. Je n'ai épargné aucune démarche ; mais les difficultés que je rencontre de la part du gouvernement d'ici sont au-dessus de toute expression. Je suis loin cependant d'avoir renoncé à l'espérance d'être utile à madame la Duchesse : je la supplie seulement d'avoir patience encore quelques jours, après lesquels je vous ferai connaître, mademoiselle, le résultat de ce que j'aurai pu obtenir. Je ne perdrai pas un instant, et j'ose espérer que ce sera très-promptement que vous aurez cette décision, à laquelle je vous prie d'être persuadée, mademoiselle, que j'attache le plus vif intérêt.

» Veuillez, mademoiselle, offrir mes hommages les plus respectueux à madame la Duchesse, et recevoir l'assurance de toute ma considération distinguée. »

Tant de contrariétés et de retards contribuèrent enfin à faire renoncer la Reine à ses projets de résider en Suisse, et ce fut là ce qui lui fit tourner les yeux du côté du grand-duché de Bade.

La santé de la Reine déclinait, et je voyais ses forces diminuer tous les jours. Les troupes autrichiennes avaient quitté les provinces qui nous environnaient; celles du Piémont les avaient remplacées dans la Savoie, qui venait d'être rendue au roi de Sardaigne. La Reine formait le projet de quitter Aix, aussitôt que son fils partirait pour l'Italie. Mais il fallait, pour se mettre en route, savoir où aller, et avoir les passeports et les garanties qu'on exigeait. C'était à quoi, malgré nos démarches réitérées, nous ne parvenions pas. Une lettre de cette chère madame de Krüdner me rendit un peu d'espérance.

Paris, le 19 octobre 1815.

« Chère amie, hier j'ai eu le grand bonheur de recevoir votre excellente lettre; je dis bonheur, car qu'est-ce qui pourrait m'être plus doux, plus délicieux, que de voir des âmes venir à Jésus-Christ, l'ami et le sauveur de nos âmes. O ma chère Louise! que je vous aime, et que mon cœur chérit celle que vous aimez tant! Qu'il y a longtemps que j'ai senti que son âme serait en rapport avec moi, et que j'ai espéré voir celle que tant de vertus distinguent, tant de nobles qualités font aimer, tout à fait pour ce Dieu d'amour qui seul peut remplir son cœur et lui donner ce bonheur si pur, qui seul désaltérera son âme.

» Les hommes ne savent pas aimer; ils nous froissent toujours, ils nous dévorent. Leur amour même n'est qu'une convulsion qui plus ou moins nous dévaste et nous fait penser longuement que ce n'était pas cela qu'il nous fallait.

» Ah! mon Dieu! que vous êtes différent, chaque pensée, chaque volonté qu'on vous offre, le plus petit acte d'amour attire un torrent de grâces; vous êtes un emblème de miséricorde et d'amour; vous ne cherchez qu'à nous combler de bienfaits que nous ne voulons pas recevoir; vous voulez nous abreuver de délices, et nous voulons les poisons du monde qui nous ravissent le seul bien véritable, l'union en Dieu, et l'amour en Dieu.

» O ma chère Louise! que vous avez raison; c'était un acte de la miséricorde de notre Sauveur, de vous éloigner de Paris et de vos relations. Notre imagination est un ennemi dangereux, qui nous présente sans cesse, ou des biens, ou des maux illusoires: ah! laissons-nous guider par ce Dieu qui veut nous rendre heureux ici-bas et dans l'éternité.

» Chère Louise, vous avez une tâche sublime, c'est de vous vouer entièrement à votre excellente amie, c'est de prier sans cesse que cette âme si rare soit toute à Jésus-Christ; vous désirez tant la voir heureuse, pour cet effet, prenez cette route simple, devenez un enfant ainsi qu'elle; allez droit au cœur de notre adorable Sauveur, allez-y souvent par de courtes prières; demandez qu'il ouvre vos cœurs aux influences de son esprit saint; venez, non comme des justes qui se croient vertueux, mais comme des pécheurs. Hélas! si nous savions comme nos vertus sont peu de chose, nous en aurions peur; elles ne font que nous servir d'appui, et souvent nous éloigner de Dieu, notre humilité et la connaissance de notre néant nous en rapprochent au contraire; toutes nos vertus, pour plaire au Sauveur, doivent être l'effet de sa grâce. Ce ne sont pas les vertus humaines qui font notre salut, mais c'est le sang et les mérites du Christ qui nous sauvent. Allons donc à lui, prions, pleurons, laissons-nous guider pas à pas, le repentir entrera dans nos cœurs.

» Actuellement, parlons de vos affaires; je regarde toujours le pays de Bade et Manheim, si cette ville vous plaisait, comme le séjour le plus tranquille; l'empereur Alexandre, j'en suis sûr, s'emploierait à votre séjour. Demandez à Dieu ce qui vous convient et, à coup sûr, il l'arrangera. Je crois que le Wurtemberg ne serait pas interdit par le Roi. On y trouve des villes agréables et des campagnes délicieuses, que la Reine aimerait beaucoup.

» Mais Bade est si joli, l'endroit des bains même offre des maisons charmantes ; on va dîner à Carlsruhe.

» J'espère écrire bientôt à l'Empereur, je lui parlerai de cela ; au reste, il vous a envoyé Paul. Je l'ai vu partir d'ici tout heureux de vous revoir ; je lui ai voulu du bien ; je lui ai dit qu'il me rendrait heureuse de vous aimer beaucoup ; je lui ai dit combien je vous aimais, excellente Louise ; je lui ai parlé de ce qui me donnerait tant de joie si cela était la volonté du Seigneur. Hélas ! je sens bien que tant qu'il sera si léger, il ne vous rendrait pas heureuse. Il m'a parlé de ses projets, bien contraires à nos espérances, mais cela ne fait rien. Ah ! ma chère Louise, je connais trop la puissance de la prière pour ne pas croire que nous l'obtiendrions ; mais je sais aussi qu'il ne faut prier qu'en disant : Seigneur, que votre volonté soit faite !

» Enfin, vous le verrez, chargez-vous de son âme ; souffrez, priez, Dieu vous récompensera. Il a bien besoin, le pauvre Paul, de vos prières. Je l'ai chargé de vous dire les plus vives tendresses. Je ne pouvais trouver le courage pour vous écrire, à cause de mes affaires; je vois moins de monde actuellement; j'espère que nous partirons bientôt. J'ai trouvé votre mère, bien pour la santé, Dieu merci! quand je l'ai vue, ce qui n'a été que par petits moments. Souvent j'étais accablée; cependant, grâce au Seigneur, j'ai eu de grands résultats durant mon séjour ici.

» L'empereur est passé par la Suisse; vous l'auriez pu voir, il va à Berlin. Je vous remercie de prendre soin de la pauvre Peiry; c'est une sainte et un ange, qui souffre bien.

J'espère dans peu, chère amie, vous écrire et vous donner mon adresse. La princesse Wolkonski part; elle est bien aimable et vous aime beaucoup. »

Cette excellente madame de Krüdner vivait si en dehors du monde et de la politique, qu'elle croyait tout ce qu'on lui disait. En la voyant si préoccupée de la triste situation ou nous étions à Aix, on lui avait dit quelques paroles d'intérêt pour nous, qu'elle avait prises au pied de la lettre. L'empereur Alexandre avait bien passé par la Suisse, à Bâle; **mais** sans nous faire parvenir la moindre marque de souvenir. Nous n'avions vu personne qui lui appartînt, et aucun message ne nous était arrivé de sa part.

Paul, qui n'était autre que Boutikim, avait suivi son maître sans me donner signe de vie. Madame de Krüdner s'en serait sûrement plus étonnée que moi : prenant toutes ses idées pour des inspirations du Ciel, elle avait bâti un petit roman dont la réussite lui paraissait immanquable et dont la conclusion eût été très-fatale à mon bonheur. Elle voulait me marier à Boutikim, qui avait alors bien d'autres idées. Il aurait probablement pensé comme elle, dans le temps où une alliance avec une personne de la maison de la Reine pouvait être un honneur et un avantage, que nos relations avec l'empereur Alexandre auraient achevé de rendre utiles à l'avancement et à l'ambition du simple attaché d'ambassade ; mais dans le moment où je suivais dans l'exil une princesse malheureuse, abandonnée de ses amis, persécutée par ses ennemis, Boutikim était bien trop habile pour entrer dans les projets de la pauvre madame de Krüdner : il en faisait bien d'autres.

Une charmante petite Grecque, nommée Foloé, avait été adoptée par le duc de Nassau, et placée par lui chez madame Campan, pour y faire son éducation. Le duc mourut bientôt, laissant la pauvre orpheline sans soutien ; ce qui fut un titre de plus aux bontés et aux soins immédiats de madame Campan, qui l'adopta comme l'enfant de son cœur. Le duc de Nassau, en mourant, avait nommé Foloé son héritière. On ne trouva rien à recueillir pour elle que quelques billets que l'on crut sans valeur, et des réclamations à faire en Russie, dont le succès était plus que douteux. Foloé, belle, gracieuse, ravissante, après avoir fini son éducation, était entrée dans le monde sous les auspices de madame la maréchale Ney, qui avait pour elle les mêmes bontés que sa tante (1), notre digne institutrice à toutes.

Ce fut donc chez la maréchale Ney, qu'en 1814 Foloé connut Boutikim et vit l'empereur Alexandre, que la position de la jeune Grecque intéressa vivement. Boutikim comprit tout ce que la protection de l'Empereur pouvait valoir à la charmante orpheline ; aussi, lorsqu'elle vint au congrès de Vienne, pour réclamer auprès de l'empereur Alexandre,

(1) Madame Campan.

Boutikim fut charmé de lui servir d'introducteur et d'appui. Il parvint à se faire aimer de la jeune fille, et lorsqu'il demanda sa main, Foloé se crut heureuse d'accepter une chance d'établissement qui, dans sa position, sans fortune, pouvait ne pas se présenter.

Le mariage se fit, et Boutikim, profitant de sa position politique, sut faire rembourser à sa femme des sommes considérables. Les starosties furent rendues par l'empereur Alexandre, et Boutikim se trouva, par sa femme, possesseur d'une grande fortune, que lui avait laissée le duc de Nassau. Boutikim défendit à sa femme toutes relations avec les amies auxquelles elle devait tant de reconnaissance, dans la crainte que des rapports avec des personnes frappées politiquement, d'une manière aussi cruelle que la pauvre maréchale Ney, ne pussent lui nuire. Cet oubli de la part de Foloé ne fut à personne aussi sensible qu'à la bonne madame Campan, qui la regardait comme sa fille de cœur; et cette apparence d'ingratitude et d'indifférence blessa bien douloureusement l'âme sensible de cette excellente femme!

Je n'ai jamais revu Boutikim nulle part; et il est facile de comprendre que, lorsque madame de Krüdner m'écrivait, il était à mille lieues des idées qu'elle aurait voulu lui suggérer. Je reçus bientôt une nouvelle lettre du baron de Krüdner, qui ne se laissait pas décourager par les obstacles, mais qui prouva à la Reine qu'elle avait bien fait de renoncer à s'établir en Suisse. Cette lettre était conçue en ces termes :

Zurich, le 24 octobre 1815.

« C'est avec la plus vive peine que je dois vous dire, mademoiselle, que jusqu'ici mes efforts pour être utile à madame la duchesse de Saint-Leu n'ont point eu de succès. Le ministre d'Autriche et moi nous avons fait des démarches formelles, d'après les ordres qui nous ont été donnés ; elles ont échoué contre l'insurmontable opiniâtreté du gouvernement Suisse. J'ai demandé que madame la duchesse pût du moins habiter les environs de Constance, plus retirés, plus éloignés de la France : cela m'a été refusé. J'écris aujourd'hui à Paris à nos plénipotentiaires, afin que, si l'on veut que les décisions des cours alliées à l'égard de madame la duchesse s'exécutent, la demande en soit faite, d'une manière unanime et générale, par tous les ministres, et non par un ou deux. Il est à désirer que madame la duchesse écrive à Paris, au roi lui-même peut-être, pour que sa légation ne soit pas la première à soutenir les Suisses dans leur résistance. Madame la duchesse ferait bien, en attendant, de s'établir en France, dans le voisinage de la Savoie, afin de ne pas être inquiétée par le gouvernement Sarde. Je la supplie de croire que je n'ai rien négligé pour ses intérêts, et de ne pas m'imputer ce mauvais succès. Dans peu de temps, au reste, les réponses que j'attends de Paris ou m'indiqueront un autre arrangement des puissances à l'égard de madame la duchesse, ou porteront l'ordre *à tous* leurs ministres d'insister sur celui déjà fait de manière à être écoutés. Veuillez, mademoiselle, être l'interprète de mon respect et de mon dévouement très-véritable auprès de madame la duchesse. Je continuerai de travailler pour son service avec assiduité, dans l'espoir d'un meilleur succès à l'avenir, et en la suppliant de ne pas se décourager et d'avoir patience encore peu de jours, au bout desquels j'aurai l'honneur, mademoiselle, de vous faire connaître, par la voie que vous avez indiquée, les réponses de Paris.

» Veuillez aussi me continuer votre amitié, à laquelle j'attache le plus grand prix. Je conserve le souvenir le plus reconnaissant des bontés que j'ai éprouvées dans des temps différents, et j'ai vivement à cœur de vous le prouver, etc., etc. »

III.

Assassinat du général Lagarde, à Nîmes. — Motifs de résignation pour la Reine, au sujet de son fils. — Caractère du jeune Louis Napoléon. — Le chagrin lui donne la jaunisse. — Maladie de la Reine. — On craint pour ses jours. — L'air sur la montagne. — Fin tragique de Murat. — Nouvelle déclaration des puissances. — Lettre de M. Divernois. — Une personne mystérieuse. — Le prince Eugène écrit à la Reine. — L'hôpital de la Reine et les sœurs de Saint-Joseph. — La sœur Saint-Jean écrit à mademoiselle Cochelet. — La Reine au chevet des malades. — Ses bienfaits. — Nouvelle lettre de la sœur Saint-Jean à ce sujet. — Réponse du président de la diète. — Le passeport bien en règle. — Lettre du baron de Krüdner. — Passeport délivré par les quatre puissances. — Lettre de M. de Voyna.

Le jour fixé pour le départ du prince Napoléon était venu ; le précepteur qu'on attendait était arrivé, et rien ne pouvait plus reculer cette séparation devant laquelle tout le courage de sa mère l'abandonnait. Une seule idée l'aida à la supporter ; c'étaient les inconvénients de sa position : n'était-ce pas déjà trop pour son cœur maternel d'avoir à la faire partager au fils qui lui restait? Les Autrichiens avaient quitté le midi de la France, et, ce dernier frein enlevé, des excès en tous genres s'y commettaient. Un nouvel assassinat avait eu lieu à Nîmes : le général Lagarde, tout royaliste qu'il était, avait été victime de ses efforts d'honnête homme pour ramener l'ordre. La Reine, effrayée de ces attentats, pensa qu'à Rome, et près de son père, son fils aîné serait non-seulement à l'abri de toutes ces réactions, mais qu'il y serait aussi plus tranquille que dans la vie errante et persécutée qu'elle menait, et dont elle n'entrevoyait pas le terme !

Je ne saurais exprimer la douleur que j'éprouvai en voyant le prince Napoléon s'arracher des bras de sa mère et de son jeune frère, qui fondaient en larmes. Je ne savais comment calmer le chagrin de mon cher prince Louis et le distraire de son isolement, qui était d'autant plus pénible pour lui, qu'il n'avait jamais quitté son frère d'une seconde. Cet aimable enfant était d'un caractère doux, timide et renfermé : il parlait peu ; mais son esprit à la fois vif, réfléchi, pénétrant, s'exprimait par des mots heureux, pleins de raison et de finesse, que j'aimais à recueillir et à répéter. Il fut si affligé du départ de son frère, qu'il en tomba malade et eut une jaunisse, qui heureusement fut sans danger.

La Reine devint si gravement malade, que je faillis en perdre la tête. Elle avait, plusieurs fois par jour, des syncopes qui m'alarmaient au dernier point; elle ne se ranimait un peu que pour rester dans un état d'affaissement dont rien ne pouvait la sortir. Son estomac était tellement crispé, qu'il lui était impossible de prendre aucune espèce d'aliment; la vue seule des mets lui soulevait le cœur, et depuis longtemps elle ne se mettait plus à table avec nous. Lorsqu'elle se sentait défaillir, elle avalait quelques cuillerées de vin d'Alicante, mangeait un petit biscuit, et ce repas suffisait pour toute la journée. La Reine était d'une telle débilité, qu'elle ne pouvait faire un pas. Comme partout elle manquait d'air, on la portait dans des lieux élevés et solitaires, où elle restait pendant plusieurs heures à respirer, tout en essayant d'employer le peu de forces qui lui restait à crayonner quelques esquisses de ces lieux pittoresques. C'est dans cette triste situation, que nous apprîmes la fin déplorable de Murat.

« Voilà les rois qui suivent les sanglants

exemples des peuples, dit la Reine, après les premiers instants donnés à la perte d'un parent; ils ont tort de leur rappeler, que les diadèmes ne sont plus des bandeaux sacrés, et qu'on peut s'en jouer. »

C'était, comme le disaient les journaux, la sanction de la légitimité en Europe; mais ces baptêmes de sang ont-ils jamais consolidé aucune dynastie? La Reine reçut à peu près en même temps une réponse aux dernières démarches qu'elle avait fait faire à Paris, auprès des ministres des cours alliées; j'ai conservé cette dernière déclaration, que je rapporte ici textuellement.

Procès-verbal de la conférence du 21 octobre 1815.

« Il a été porté à la connaissance de MM. les ministres des cabinets que madame la duchesse de Saint-Leu, qui a dû prolonger son séjour aux bains d'Aix, en France, à cause des difficultés qu'a éprouvées son établissement en Suisse, désire profiter de la résolution des cours alliées, à laquelle le ministre français a donné son assentiment, et qui l'autorise à se fixer sur le territoire helvétique, pour prendre domicile dans le canton de Saint-Gall.

La demande de madame la duchesse de Saint-Leu étant conforme à la résolution, d'après laquelle les ministres sont convenus dans leur séance du 27 août, d'autoriser son séjour en Suisse, sous la surveillance des missions des quatre cours, de la légation de sa majesté très-chrétienne, et le ministère français ayant fait connaître qu'il ne trouvait pas d'inconvénient à ce qu'elle se fixât dans le canton de Saint-Gall, il a été arrêté que les envoyés respectifs des quatre cours, près la fédération helvétique, seraient chargés d'inviter ce gouvernement à permettre que madame la duchesse de Saint-Leu et son fils, ainsi que leur suite, s'établissent dans le canton de Saint-Gall, sous l'engagement de ne pas en sortir, ainsi qu'il a été convenu au sujet des autres personnes de la famille de Bonaparte.

Ont signé :

CASTELREAGH,	RASOUMOSKY,
HARDENBERG,	METTERNICH,
HUMBOLDT.	CAPO-D'ISTRIA,
WEISSENBERG,	

Quoique la première démarche faite par

M. d'Ivernois n'eût pas eu le résultat que la Reine en attendait, elle m'avait chargée de l'en remercier. Je reçus bientôt de lui une nouvelle lettre :

Genève, le 26 octobre 1815.

« Mademoiselle,

» Je mérite d'autant moins de remerciements pour la démarche dont madame la duchesse de Saint-Leu avait bien voulu me charger, qu'elle a été sans succès, ce qui m'a fort chagriné. A tout prendre, les autorités militaires auxquelles on s'était adressé ne pouvaient guère faire une autre réponse, et j'ai regret que madame la duchesse ne se fût pas adressée directement à M. le bourgmestre de Wyss, président du canton, directeur à Zurich; peut-être le moment actuel serait-il d'autant plus favorable pour le tenter, que j'apprends de bonne part que M. le duc de Richelieu fait exprimer à ce magistrat le désir qu'il aurait de voir la Suisse se prêter aux demandes de madame la duchesse de Saint-Leu. Si elle se bornait à demander à Zurich un passeport de la chancellerie fédérale, en fixant et sa route et la durée du passage, je ne puis m'empêcher de croire le moment favorable pour l'obtenir; mais ou je me trompe fort, ou, vu les résolutions prises par vingt et un cantons sur vingt-deux, il sera pour le présent à peu près impossible d'adhérer à sa demande de résidence en Suisse même; et je doute d'ailleurs que madame la Duchesse eût fait choix de Saint-Gall; si elle eût su que le climat de cette ville est aussi sévère que celui de Constance est doux.

» Il me reste à vous prier, mademoiselle, que mon nom ne soit point mentionné dans la lettre qu'écrirait à Zurich madame la duchesse de Saint-Leu, si elle se déterminait à cette nouvelle tentative.

» J'ai l'honneur d'être, etc., etc. »

D'après l'avis de M. d'Ivernois, la Reine s'arrêta définitivement au projet qu'elle avait déjà formé d'aller à Constance, pensant qu'ayant des relations de parenté avec le grand-duc de Bade, elle y serait bien accueillie. Elle ne demanda plus au gouvernement suisse que la permission de traverser son territoire, ainsi que les passeports nécessaires à cet effet. Elle écrivit en conséquence au président de la diète. En attendant la réponse, la saison s'avançait, et la santé de la Reine ne s'améliorait pas. Comment supporterait-elle un long voyage dans une saison aussi rigoureuse?

Le peu de souci qu'elle avait d'elle-même était ce qui m'affligeait le plus, il semblait qu'elle se complût à voir l'épuisement de ses forces, et qu'elle ne trouvât de consolations que dans l'espoir de voir, par la mort, arriver le terme de tant de maux. L'idée de son fils put seule la décider aux démarches nécessaires pour partir, car à elle toutes les situations, tous les lieux lui étaient devenus indifférents. Ce découragement si nuisible à sa santé était à son comble, et mes anxiétés allaient en croissant, lorsqu'un jour une personne du pays, que je connaissais à peine, demanda à me parler en particulier; on la fit entrer: et telle était alors partout la frayeur de se compromettre, que ce ne fut qu'avec le plus grand mystère qu'elle me remit pour la Reine une lettre, qui venait de lui être adressée. Cette missive, sur l'adresse de laquelle j'avais reconnu l'écriture du prince Eugène, me fit plaisir à tenir. Je remerciai la personne qui me l'avait apportée, et je courus porter à la Reine ce baume consolateur. L'apparition seule de ces caractères chéris, qu'elle n'avait pas vus depuis si longtemps, l'émut vivement ; elle retrouva des larmes à répandre et en éprouva un véritable soulagement. « Il me reste donc encore au monde une affection véritable! répétait-elle avec bonheur, mon bon frère s'inquiète pour moi, ah! sa sollicitude vivifie mon âme! » La Reine lut et relut la lettre de son frère. En y retrouvant l'expression de cette amitié si vive, qui a été un des plus doux sentiments de sa vie, elle se sentit ranimée, et dès ce moment, elle songea décidément à son voyage et aux projets qu'elle avait eu l'idée de réaliser.

Je crois avoir déjà dit, qu'en 1813, après la mort si cruelle et si inattendue de madame de Broc, la Reine, cherchant des consolations dans la religion et dans le bien qu'elle faisait, avait fondé un hôpital pour les pauvres malades qui avaient besoin de venir prendre les eaux d'Aix. La Reine s'était réservé la disposition de six lits, et elle distribuait elle-même les billets pour l'admission d'autant de malades à cet hôpital, dont le soin était confié à des sœurs Joséphistes, qu'elle avait fait venir exprès de l'intérieur de la France. Nous allions quelquefois visiter ces dignes sœurs, et il me semblait que j'en revenais meilleure. Nous prenions près d'elles des leçons de vertu pratique ; elles avaient toute la piété de madame de Krüdner, avec un calme qui faisait du bien au cœur. Je m'étais liée plus particulièrement avec la sœur Saint-Jean, leur supérieure, sainte et digne fille qui partageait ses soins et sa surveillance entre plusieurs établissements du même genre, et dont la communauté était à Chambéry ; après un séjour qu'elle fit à Aix, je reçus d'elle la lettre que voici :

Chambéry, le 30 octobre 1815.

« Ma chère amie,

» Cela a été pour moi une peine, de ne pouvoir rester aussi longtemps que je l'aurais désiré, pour me procurer le plaisir de vous voir encore une fois, avant mon départ ; mais la nécessité indispensable où je me trouve, de remplir mes emplois, me force d'abréger les agréables moments que je passe auprès de vous. Je me dédommage auprès du Seigneur, en lui demandant tous les jours pour vous les grâces dont vous avez besoin pour supporter avec courage les épreuves qu'il plaît à sa providence de vous envoyer, pendant le court espace de cette misérable vie, où il n'y a d'heureux et de content que celui qui tourne tous ses regards vers Dieu ; c'est lui seul qui adoucit toutes les souffrances inséparables de notre existence, et qui, après avoir versé pendant la vie le baume salutaire des consolations, nous offre une éternité de bonheur pour récompense.

» Je n'ai pas cru devoir résister plus longtemps à l'empressement de nos sœurs, à témoigner leur reconnaissance aux mains bienfaisantes qui ont bien voulu aider de leur charité une œuvre à laquelle elles sont toutes dévouées ; les dons étant partagés dans leurs emplois, chacune en a ressenti les heureux effets. Une partie des dons a été employée aux soins des malades à domicile, par ce moyen on a eu de quoi leur donner de petits soulagements ; l'autre partie a pu être employée à l'instruction des jeunes enfants, et à en vêtir plusieurs. Nos sœurs ont joui d'un grand bonheur, en couvrant ces malheureuses victimes de l'indigence ; si on ne mettait pas de bornes à leur zèle, elle consacreraient volontiers leur nuit à coudre des habits, après avoir passé le jour à instruire; enfin, un avare n'est pas plus content de l'espoir d'une fortune, que ne l'a été notre bonne sœur, de l'espoir que je lui ai donné d'après la promesse que vous m'avez faite d'un peu de vieux effets en linge : on fait mille projets sur l'emploi qu'on en fera; je vous assure que vous avez fait doubles heureux, les pauvres et les sœurs, tout le monde est content.

» Je suis convaincue que leur timidité les empêchera de vous dire tout ce que la reconnaissance leur inspire; mais leur cœur y suppléera.

» De mon côté, il est impossible de vous peindre mes sentiments et mon attachement pour vous, mon corps vous est tout dévoué, mon cœur le sera toujours.

» Croyez-moi pour la vie, votre sincère amie,

« Sœur SAINT-JEAN. »

J'avais été une fois voir ces dignes sœurs à Chambéry. La Reine elle-même, quoique malade, ne discontinuait pas ses visites à son hôpital; un jour, elle voulut voir les malades à leurs lits : en entrant dans une salle où était une femme qui avait la jambe cassée, je vis pâlir la Reine, elle s'arrêta néanmoins près de la pauvre patiente ; la saison, qui commençait à devenir froide, obligeait à tenir fermées les fenêtres des salles ; au bout d'un instant la Reine faillit être suffoquée. Elle était sur les odeurs d'une délicatesse telle, qu'elle manqua s'évanouir en respirant l'air infect que tous ces malades réunis exhalaient malgré les soins et la propreté des bonnes sœurs ; j'apercevais la Reine prête à perdre connaissance, et je ne m'expliquais pas l'effet qui, dans de si mauvaises dispositions, lui faisait prolonger sa visite, au-delà du terme accoutumé.

« Il faut venir ici, pour apprendre à avoir du courage, me dit la Reine en sortant de l'hôpital ; — Assurément, madame, lui répondis-je ; on y voit des personnes plus malheureuses que soi. — Et plus méritantes, reprit la Reine ; nous nous croyons fortes, parce que nous subissons des maux que nous ne pouvons pas éviter, dont nous nous plaignons souvent, et nous ne réfléchissons pas à l'existence de ces filles angéliques, qui volontairement se vouent pour la vie entière aux soins les plus rebutants ; j'ai voulu vaincre ma répugnance, et respirer un moment ces exhalaisons repoussantes, au milieu desquelles les sœurs de la charité vivent tous les jours ; j'ai voulu m'identifier un instant à cette vie d'abnégation, que je n'aurais pas la force de supporter, et je me suis sentie bien faible, bien misérable, en me comparant à ces femmes courageuses; les fatigues, la mauvaise humeur des malades, la contagion de leurs maux, rien ne les arrête dans leur pieuse voie; et nous, le plus petit effort sur nous-mêmes nous remplit d'orgueil; ah! nous sommes loin de les valoir!!!.. »

Tels étaient les sentiments de la Reine, dans ce moment où je recueillais sans cesse pour elle les bénédictions de ceux qu'elle s'efforçait de soulager. Je reçus encore à ce sujet une nouvelle lettre de la sœur Saint-Jean, qui m'adressait toujours la reconnaissance de ce qu'elle devait à la Reine.

« Ma chère amie,

» Je suis confuse de n'avoir pu répondre à votre chère lettre, par la même occasion; l'indispensable nécessité où je me trouve de ne pouvoir laisser un instant la classe dont je me suis chargée dans ce moment, m'a forcée, malgré mon empressement, de différer jusqu'aujourd'hui. Je ne puis vous exprimer la douce joie de mon cœur en recevant vos chères nouvelles. Je conserve vos lettres comme de précieux souvenirs d'une personne qui m'est infiniment chère. Je suis humiliée de ce que vous me dites avoir passé des moments heureux avec nous; nous ne sommes pas capables de procurer aucun plaisir; mais bien au contraire, c'est nous qui avons passé un jour de fête; la joie était si grande parmi nous, que le reste de la journée s'est passé sans faire aucun exercice; et dans les courts moments où nous sommes ensemble, nos conversations roulent toujours sur le même sujet, nos cœurs semblent s'épanouir toutes les fois que nous parlons de vous.

» Vous nous annonciez l'espoir d'un second voyage à Chambéry; vous ne devez pas douter du plaisir que vous nous procurerez. Cependant, je me trouve au moment d'aller à la campagne, je ne sais pas positivement le jour de mon départ, ni le temps que durera mon absence; il est possible que mon retour soit prompt, comme le contraire pourrait arriver. C'est pour moi une grande privation de ne pouvoir me trouver libre de jouir du plaisir de vous voir. Que Dieu en soit béni! il faut faire de nécessité vertu, et profiter de toute notre sanctification, puisque Dieu le veut ainsi. Les petites circonstances, comme les grandes, ont leur mérite devant le Seigneur. Je me trouve heureuse de pouvoir lui offrir quelques petits sacrifices, n'étant pas capable de lui en offrir de grands. Veuillez, ma chère et bien aimée amie, agréer tout ce que mon cœur voudrait vous dire, pour vous témoigner et mon attachement et ma reconnaissance

» Je n'ose vous prier de faire agréer mes hommages à madame la Duchesse; ce n'est pas par mes faibles expressions que je pourrais relever les éloges qu'elle mérite, je suis forcée de garder le silence, tant je me sens incapable de rien dire à sa louange.

» Je suis, etc., etc. »

Chambéry, le 16 novembre 1815.

Nous reçumes enfin réponse à la demande faite à la diète, pour traverser la Suisse. M. de Wyss, bourgmestre en charge, écrivit à la Reine :

« Madame,

» Le conseil d'état du canton directorial de Zurich se trouvant dans le cas de proposer actuellement une nouvelle décision *favorable*, par rapport au séjour prolongé de madame la duchesse de Saint-Leu dans le canton de Saint-Gall, je m'empresse de vous procurer, madame, le moyen de traverser la Suisse sans empêchement, et d'arriver à Constance pour y attendre, dans un séjour plus agréable, la décision du canton. Vous trouverez ci-joint, madame, le passeport nécessaire; et j'aurai soin encore de prévenir directement les gouvernements des cantons qui y sont indiqués, de votre passage prochain, en vous priant, madame, d'agréer mes hommages.

» J'ai l'honneur d'être, madame la Duchesse, votre très-humble et très-obéissant serviteur,

» DE WYSS, *bourgmestre.* »

Zurich, le 17 novembre 1815.

A cette lettre était joint un passeport, que je reproduis ici textuellement comme une preuve que rien n'y avait été oublié; et pourtant il devait nous susciter de nombreuses difficultés.

« Nous, les bourgmestres et le conseil d'état du canton de Zurich, directoire fédéral de la Suisse, prions toutes les autorités civiles et militaires des états confédérés ci-après nommés, de laisser passer librement madame la duchesse de Saint-Leu, son fils et sa suite, voyageant en voiture, laquelle se rend par les cantons de Genève, Vaud, Berne, Argovie, Zurich et Thurgovie, à Constance, dans le grand duché de Baden; de la protéger et de l'aider au besoin dans ce voyage, de lui fournir les moyens de l'accélérer, et d'avoir pour elle tous les égards dus à son sexe, à sa situation, et à l'intérêt que lui témoigne les hautes puissances alliées. En foi de quoi le présent passeport a été muni des signatures et du sceau de l'autorité fédérale de la Suisse.

» A Zurich, le 17 novembre 1815.

» Au nom du bourgmestre et conseil d'état du canton de Zurich, directoire-général,

» Le bourgmestre en charge,

» De Wyss,

» Le chancelier de la confédération,

» Mousson. »

En même temps que la Reine recevait ces papiers, il m'arrivait une lettre de ce bon M. de Krüdner, dont le zèle et l'obligeance ne se démentaient pas.

« Je viens, mademoiselle, d'être informé par M. le bourgmestre de Zurich, que mes demandes réitérées allaient être prises en considération, ce qui me fait espérer que l'autaurisation pour madame la duchesse de Saint-Leu, d'habiter le canton de Saint-Gall, ne tardera pas à être donnée par la majorité des cantons suisses, ce qui est nécessaire pour que la décision ait lieu. En attendant, M. de Wyss me mande avoir envoyé des passeports à madame la Duchesse pour Constance. Je suppose qu'elle n'aura pas tardé de se mettre en route. Je désire infiniment avoir l'honneur de lui faire ma cour, et de l'entretenir à son passage par Berne. Il m'est bien doux d'espérer un avenir plus conforme aux vœux de madame la Duchesse, personne ne lui ayant voué un attachement plus invariable que celui que m'ont inspiré les bontés dont elle a bien voulu m'honorer à Paris. Ma mère, qui vient de passer ici quelques jours avec moi, me charge de la rappeler au souvenir de madame la duchesse de Saint-Leu, ainsi qu'au vôtre, mademoiselle. Je me permets d'ajouter ici le tribut de mes respects, en attendant la prochaine occasion de vous en réitérer l'assurance, etc., etc. »

Le 1er décembre suivant, la Reine reçut les passeports des puissances alliées, que M. de Woyna lui envoyait; ils étaient accompagnés d'une lettre de sa part.

Paris, le 25 novembre 1815.

« Madame,

» La lettre que votre altesse m'a fait l'honneur de m'adresser le 19 de ce mois, ne m'est parvenue qu'après la clôture des négociations, lorsque plusieurs de MM. les plénipotentiaires avaient déjà quitté Paris. N'ayant pu alors me conformer au vœu que m'a exprimé M. le baron Devaux, d'obtenir une nouvelle décision qui vous autorisât, madame, à résider à Constance, j'ai dû me borner à recueillir, à cet égard, l'opinion de MM. les plénipotentiaires encore présents, ainsi que celle de M. le duc de Richelieu. Tous m'ont assuré que, d'après ce qui avait déjà été fait, rien ne s'opposait à ce que vous vous établissiez à Constance, madame, et que par conséquent toute décision ultérieure devenait par ce fait-là inutile.

» En m'empressant de rendre compte à votre altesse de cette réponse qui vient de m'être donnée, je vous supplie, madame, de recevoir l'hommage de ma plus vive reconnaissance pour la bonté et la bienveillance avec lesquelles vous voulez bien vous exprimer à mon égard. Je n'ai fait qu'obéir aux ordres de l'Empereur, en m'employant à ce qui pouvait vous intéresser; trop heureux, madame, si vous daignez agréer le zèle avec lequel je m'en suis acquitté comme un témoignage des sentiments respectueux, avec lesquels j'ai l'honneur d'être, de votre altesse, le très-humble et très-obéissant serviteur,

» *Le comte* DE VOYNA. »

IV.

Départ pour la Suisse. — M. de Marmold est malade. — Regrets de la sœur Saint-Jean. — Changement soudain des dispositions de l'Autriche à l'égard de la Reine. — M. de Voyna écrit à M. Appel. — Inextricables mystères. — Admirable générosité. — M. Cochelet s'embarque pour le Brésil. — Une nuit à Prégny. — Les trois commissionnaires arrêtés. — La visite domiciliaire. — Le roi Joseph travesti en femme de chambre. — Les gendarmes sensibles. — Les envoyés du gouvernement de Genève. — Un sous-préfet qui ne veut pas se compromettre. — M. Fabre et le baron du Martroy. — Le général Ameil. — Un usage singulier. — L'espion en tapinois. — Aventures d'un proscrit. — Bizarre rencontre. — Une famille d'émigrés. — Le banni dépisté. — Belle action de la Reine et de son frère. — Le général Ameil est arrêté en Hanovre. — Il meurt fou.

D'après les passeports, rien ne semblant plus s'opposer à notre départ, je commençai à tout disposer pour notre voyage. Privée du plus grand nombre des gens qui entouraient autrefois la Reine, il fallait leur suppléer, et c'était ce que je faisais de mon mieux. M. de

Marmold, le seul écuyer qui accompagnât la Reine, était infirme, presque toujours retenu dans son lit par la fièvre, et c'était plutôt un embarras de plus, qu'une personne pour nous aider. L'abbé Bertrand était entièrement occupé du prince.

Je quittais avec regrets les bonnes sœurs de l'hospice, surtout la sœur Saint-Jean, à laquelle je ne pus même faire mes adieux ; elle m'en témoigna son regret dans les deux lettres suivantes :

Chambéry, 25 novembre 1815.

« Ma chère amie,

» Dans la vie présente, l'homme propose et Dieu dispose ; je me proposais de faire une course à Aix, pour me procurer le plaisir de vous voir, et la providence a disposé les choses de manière à me priver de cette douce consolation. Mon départ ayant été différé, selon les apparences, pour quelque temps, sans faire beaucoup de réflexions, j'ai cru qu'il m'était aisé de prendre un jour pour faire ma visite à madame la Duchesse ; mais que Dieu en soit béni ! il est utile, pour mon avancement dans la vertu, que je pratique le renoncement à tout ce qui peut me satisfaire dans la vie. Aujourd'hui est échu la fin de mon triennal, c'est-à-dire la fin de mes trois ans d'exercice comme supérieure dans la maison de Chambéry. Je suis obligée de présenter mes comptes à monseigneur l'archevêque, ou, à son défaut, à son grand-vicaire. Ces comptes sont la dépense et la recette de la maison, l'emploi des remèdes donnés aux pauvres, leur qualité, leurs noms, leur demeure, en un mot tout ce qui concerne les bonnes œuvres auxquelles nous nous dévouons.

» Comme ces messieurs ne nous donnent pas les jours fixés pour la vérification desdits comptes, je reste-là en attendant, d'un moment à l'autre, leur commodité, sans que je puisse m'absenter un moment. Une autre circonstance à laquelle je ne m'attendais pas, et qui me donne mille sollicitudes, l'on vient de prendre de nouveaux arrangements pour notre établissement : la maison de Chambéry va être érigée en maison de noviciat ; l'on formera dans ladite maison des sujets pour être envoyés dans les divers établissements qui existent dans le diocèse. Suivant toutes les apparences, je me trouverai chargée de diriger cette œuvre. Si je consulte la nature, quelle répugnance n'éprouverai-je pas à m'en charger. Mais, lorsque je considère qu'étant si criminelle devant Dieu, je mérite de faire pénitence, je me soumets de bon cœur à tout ce que l'on désire de moi.

» Je ne sais comment vous faire mes excuses de n'avoir pas fait votre commission. Je vous avoue franchement que je n'ai pas bien compris l'endroit de votre lettre. Je vous envoie un livre contenant tous les évangiles; je ne sais s'il pourra vous convenir, sinon, renvoyez-le moi, je vous le changerai.

» Allons, ma chère amie, ayons du courage; élevons-nous au-dessus de tout ce qui est terrestre; que l'amour de la vertu, le désir de la pratiquer soient notre unique but. Si les peines de la vie sont grandes, la récompense vaut bien les souffrances; qu'il est consolant d'être à Dieu! il est toujours prêt à nous accorder de nouvelles faveurs. Ah! mon Dieu, que je voudrais que tout le monde comprît le néant des choses de la terre, et combien une âme est heureuse lorsqu'elle met tout son bonheur en Dieu!

» Recevez, etc., etc., etc. »

« Ma chère amie,

» Je vous écris, le cœur bien serré de ne pouvoir me rendre auprès de vous, avant votre départ. Il semble que le bon Dieu a ménagé toutes les circonstances pour m'accoutumer à vivre de privations. Il faut donc que je fasse de nécessité vertu, et que, sans murmurer, je me soumette à tout ce qu'il veut de moi. Ah! qu'il en coûte, quand on aime quelqu'un, de s'en séparer sans le voir. Il n'y a que l'espérance de nous voir un jour réunies dans le ciel pour ne nous quitter jamais, qui puisse adoucir les pensées de ce misérable exil. »

» Mon Dieu, ma chère amie, je voudrais que mon cœur pût accompagner ma lettre, il s'exprimerait mieux que moi sur l'amitié, l'attachement et la reconnaissance qu'il a pour vous; tant que je vivrai vous occuperez toujours une grande place dans mon cœur. Vous y êtes gravée en caractères ineffaçables, et j'espère que ni le temps ni la distance des lieux n'en pourront jamais effacer les traits.

» Nos bonnes sœurs, qui ne sont pas encore revenues de l'enthousiasme où elles furent le jour que vous avez bien voulu nous honorer de votre visite ont tant désiré de revoir madame la duchesse avant son départ, que je n'ai pu leur refuser cette faveur. Elles vous remettront cette lettre ; soyez, je vous prie, l'interprète de leurs sentiments auprès d'elle. Il n'y a que Dieu qui sache combien elle nous est chère, et je le prie de vous accorder un heureux voyage ; qu'il éloigne tout ce qui pourrait y nuire ; qu'il fasse que des santés qui sont si précieuses ne soient point altérées par la rigueur de la saison !

» J'ose espérer de vous une grâce, qui sera celle de me donner de vos chères nouvelles lorsque vous serez arrivée.

» Adieu, ma bien chère amie, je vous embrasse dans le sacré cœur de notre divin maître, qui nous a aimé jusqu'à mourir d'amour pour nous.

» Recevez, etc., etc., etc. »

Je me suis peut-être étendue trop longuement sur des circonstances sans intérêt; mais j'ai voulu faire bien juger la vie que nous menions à Aix et les idées qui nous y occupaient. Comment, après cela, expliquer l'acharnement qui se montrait contre la Reine, et la peur que sa présence aux frontières de France inspirait. Comment imaginer qu'un enfant en bas âge et une femme, affaissée sous le poids de ses souffrances morales et physiques, puissent inspirer des terreurs pareilles et motiver les investigations de la police de Paris. Les lettres que nous recevions étaient remplies de ces conseils : « Partez en toute hâte, vous n'êtes pas en sûreté; les assassins ont carte blanche dans le midi; ils se dirigent vers vous. Le gouvernement est fort préoccupé des bruits qui circulent sur votre compte. » Quels étaient ces bruits? Des contes tellement stupides que je serais honteuse de les répéter, puisque les jeux mêmes des enfants avaient été interprétés d'une manière sérieuse et même séditieuse.

Jusqu'alors l'Autriche, qui s'était chargée de protéger la Reine, avait toujours été bienveillante à son égard, et les ministres des puissances alliées, à Paris, avaient accueilli ses réclamations avec grande politesse; mais il arriva un moment où cet appui même lui manqua du jour au lendemain, et sans qu'elle en ait jamais deviné la cause ni le motif. Les mystères de la politique sont si inextricables, qu'aujourd'hui encore je ne me rends pas compte de ce qui a pu amener ce changement. C'était à M. Appel que M. de Voyna écrivait ordinairement, il ne s'adressait à la Reine que fort rarement; il lui transmettait par M. Appel le résultat des démarches qu'il faisait pour elle à Paris. Tout à coup, au moment où nous nous disposions à quitter Aix, M. Appel reçut de M. de Voyna une lettre où il lui disait en très-peu de mots : « Ne vous mêlez plus en quoi que ce soit, des affaires des personnes avec lesquelles vous vous trouvez, hâtez-vous de les quitter et de venir nous rejoindre à Dijon. »

Ce bon M. Appel ne s'expliquait pas mieux que nous cet ordre subit, et il avait le cœur gros de s'éloigner de nous.

Il fit part à la Reine de tous ses regrets de l'abandonner si brusquement en la laissant encore dans de très-grands embarras, et il me prit à part pour me montrer la lettre qui témoignait un tel changement de disposition envers la pauvre Reine. Ce brave M. Appel en était tout inquiet; ne nous ayant pas quittées un instant depuis notre départ de Paris, il pouvait mieux que tout autre dissiper des préventions aussi absurdes qu'injustes.

Nous allions rester presque seules en pays

non-seulement étranger, mais malveillant pour nous, sans autre cavalier que M. de Marmold et l'abbé Bertrand, qui n'étaient pas des champions bien rassurants pour des femmes timides et en voyage. La Reine donna une de ses calèches à M. Appel pour se rendre à Dijon, et mon frère partit avec lui. Quoique ce fût pour son avantage que mon frère s'éloignait, je ne m'en consolais pas, surtout en pensant à la distance qui devait nous séparer et à tous les hasards qu'il allait avoir à courir.

J'ai eu occasion déjà de nommer mademoiselle Elisa de Courtin (1), belle et aimable personne qui devait tout aux bontés de la Reine. Mon frère n'avait pu la voir sans s'y attacher beaucoup. Il lui avait plu, et je m'étais flattée de les voir heureux, dans le temps où la Reine pouvait grandement y contribuer. L'Empereur avait promis qu'une recette générale serait la dot de l'orpheline que sa bienfaisance avait adoptée. Il ne s'agissait plus que de trouver un mari qui méritât en même temps une telle femme et un tel emploi. Mon frère, par ses hautes qualités, justifiait le choix qu'on ferait de lui. Toutes ces espérances de

---

(1) A présent, madame Casimir Lavigne.

bonheur s'étaient évanouies au bouleversement des destinées de la Reine; mais celle-ci, toujours bonne, généreuse, plus grande que ses infortunes, ne voulut pas que son malheur s'étendît jusqu'à ceux qu'elle avait promis de rendre heureux. Mon frère ni mademoiselle Élisa n'ayant aucune fortune, il fallait s'en créer une; et cette fois-ci encore la Reine pourvoyait à tout. Elle donna à mon frère l'argent nécessaire pour se rendre au Brésil, et y ajouta une pacotille d'objets précieux à vendre. Le produit qu'en tirerait mon frère devait servir à acheter des terrains et à former un établissement agricole. Des tableaux, des bijoux, des dentelles ayant appartenu à l'impératrice Joséphine et à la Reine, furent bientôt réunis pour une somme de 60,000 francs. Mon frère partit rempli de courage et d'espérance; mais là encore le sort trahit ses efforts.

Nous quittâmes Aix, le 28 novembre au matin, dans *trois voitures, plus un char de côté et une carriole à quatre roues*, comme s'exprime le visa de la police de Genève, où nous arrivâmes le soir même. J'étais avec le prince et la Reine dans la première voiture, l'abbé et M. de Marmold dans la seconde, les femmes de chambre suivaient dans la troisième. La Reine décida qu'elle descendrait à Prégny ; elle économisait ainsi une dépense d'auberge, se rappelant qu'on l'avait fait payer *en reine*, c'est-à-dire fort cher, aux Sécherans. Nous arrivâmes tard ; la Reine se coucha harassée, cette longue journée de froid et de fatigue ayant épuisé ce qui lui restait de force.

En ma qualité de *factotum*, j'étais levée la première et couchée la dernière ; il ne me fut pas permis de prendre du repos cette nuit-là. Nous arrivions dans une maison inhabitée depuis longtemps, dont tous les appartements étaient d'un froid glacial, et où il manquait mille choses indispensables. Voulant profiter de la proximité de Genève pour y suppléer, j'envoyai un homme de la ferme chercher ce qui nous était nécessaire ; ne le voyant pas revenir, j'en fis partir un second, puis, au bout d'un certain temps, j'en expédiai un troisième. Aucun de mes commissionnaires ne reparut de la nuit ; ils furent arrêtés successivement à mesure qu'ils arrivaient à la porte de la ville. Des gens envoyés de chez la Reine devaient avoir des missions politiques ; c'est au moins ce qu'on feignit de croire. Nous avions couché la Reine, tant bien que mal, entourant son lit d'un grand paravent pour la garantir du froid, auquel elle a toujours été fort sensible.

Lasse d'attendre les commissionnaires, je me jetai tout habillée sur mon lit. J'y étais à peine, lorsqu'un étrange bruit d'armes et de pas de chevaux m'en fit descendre : cinquante hommes cernaient la maison, et m'auraient effrayée beaucoup, si je n'avais appris en même temps que le maire de Prégny les accompagnait, et qu'on attendait le point du jour pour la visite domiciliaire qu'on venait faire par ordre supérieur. A six heures du matin, on vint me signifier de me lever pour recevoir un officier de la gendarmerie de Ferney, qui était chargé de faire perquisition. J'appris alors que, tandis que le roi Joseph voguait vers l'Amérique, le bruit s'était répandu qu'il se cachait en Suisse, où on le traquait. On avait supposé qu'une femme de chambre de la Reine, nommée mademoiselle Lacroix, grande, forte et d'un visage peu féminin, était le roi Joseph travesti, et l'on venait pour s'assurer de la vérité du fait. Ce conte me parut si ridicule, que j'étais prête de partir d'un grand éclat de rire au nez de celui qui me faisait une pareille histoire; mais le sérieux et la colère l'emportèrent chez moi. Ce fut avec beaucoup de peine que le maire de Prégny remplissait une telle mission. On ne troubla pas le sommeil de la Reine avant sept heures; en attendant, les gendarmes explorèrent toute la maison, sans en excepter le moindre petit recoin, et lorsqu'ils arrivèrent à la chambre de la Reine, que j'étais allée prévenir, j'avoue que le courage leur manqua; par respect, ces messieurs refusaient d'entrer, ce fut la Reine qui les engagea à remplir leur devoir jusqu'au bout, et elle fit enlever le paravent qui entourait son lit, afin qu'ils s'assurassent bien que personne ne se cachait derrière. En voyant une femme frêle et délicate, dont le pâle visage n'exprimait que la douceur et la résignation, et dont la voix éteinte annonçait la faiblesse et les souffrances, les gendarmes fondirent en larmes, et l'officier me parut humilié du rôle qu'on lui faisait jouer : il balbutia quelques mots d'excuse et de regret, auxquels la Reine répondit en lui disant d'un air digne et calme, qu'elle était charmée qu'il lui eût fourni l'occasion de voir encore une fois des militaires français. Ces mots achevèrent de décontenancer l'officier, qui s'éloigna promptement avec tout son monde.

Des envoyés des autorités de Genève ne tardèrent pas à succéder à cette visite. Ils vinrent signifier à la Reine, de la part de leur *gouvernement*, qu'il lui était défendu de séjourner sur leur territoire. La Reine répondit qu'elle n'avait nullement cette intention; mais qu'une de ses voitures s'étant brisée la veille, il fallait au moins la journée pour la remettre en état. On alla s'assurer de la vérité du fait, et je suis encore à m'étonner qu'on ait eu la magnanimité de se rendre à l'évidence. Un troisième message suivit de près les deux premiers. Je le transcris ici textuellement.

Gex, le 29 novembre 1815.

« Madame la duchesse,

» J'ai l'honneur de vous communiquer la copie d'une lettre que j'ai reçue de M. le préfet du département. Vous y verrez, madame, par son contenu, quels sont les ordres qui me sont donnés à votre égard. Je vous prie donc instamment de ne pas me compromettre, en prolongeant plus longtemps votre séjour dans cet arrondissement.

» Je vous prie aussi de croire aux sentiments

distingués avec lesquels j'ai l'honneur d'être, madame la duchesse, votre très-humble et très-obéissant serviteur,

» Le sous-préfet de Gex,

» Fabre fils. »

Dans cette lettre était incluse celle du préfet à son inférieur :

Bourg, le 19 novembre 1815.

« Monsieur le sous-préfet, S. E. le ministre de la police générale me prévient que madame la duchesse de Saint-Leu, qui est en ce moment à Aix, doit quitter incessamment cette ville, et me prescrit, dans le cas où elle se présenterait dans ce département, de lui intimer l'ordre précis de retourner sur ses pas, jusqu'à ce qu'une décision spéciale ait fixé le lieu de sa résidence.

» Je vous invite donc à vous conformer avec soin aux intentions de S. E., et de signifier à cette dame l'ordre de quitter sur-le-champ votre arrondissement si elle pouvait vouloir s'y introduire.

» Agréez, etc., etc.

» *Signé* baron du Martroy. »

La Reine fit répondre à ce message comme au précédent, qu'elle n'avait pas la moindre envie de s'arrêter ni de compromettre personne, et qu'elle continuerait sa route aussitôt que sa voiture serait réparée, c'est-à-dire le lendemain matin.

La Reine quitta Genève sans regrets, le 30 novembre 1815, par un temps froid et brumeux. La terre était couverte de neige, et un vent piquant du nord tourbillonnait autour de nous; nous arrivâmes le soir à Lausanne et le 1er décembre nous fûmes coucher à Payerne. La Reine était fort souffrante, et le froid était si intense, que nous aurions pu difficilement faire de plus longues journées.

A peine étions-nous installées à l'auberge, qu'un homme y arriva, conduisant lui-même un cheval attelé à un petit char-à-banc; peu de temps après, on vint prévenir la Reine que le général Ameil était-là, qu'ayant appris son passage, il avait voulu absolument venir lui exprimer sa reconnaissance; car il était convaincu que sans le passeport et l'argent qu'il avait reçus d'elle, il aurait infailliblement péri.

La Reine le fit entrer; nous allions souper, elle était déjà assise, et, selon son habitude, elle s'était placée le plus près possible du feu. Un couvert fût ajouté à côté d'elle au bout de la table; et lorsque le général Ameil lui eut baisé la main, elle lui fit signe de prendre place. Aucun de nous ne s'avisa de penser que ce haut bout de la table, en Suisse était la place d'honneur qui se donne toujours au chef de la famille, ou à la personne la plus distinguée parmi les convives; cet usage nous était tout à fait inconnu. Pendant que nous soupions, un individu, profitant d'un moment où la porte s'ouvrait pour entrer les plats, s'introduisit dans la salle où nous étions, pour regarder ce qui s'y passait, Vincent le repoussa, le mit dehors, et personne ne vit cette apparition. Il n'en fut question que le lendemain ; alors nous sûmes que c'était *un espion*, comme il s'en trouvait alors partout sur notre passage.

La Reine gronda le général Ameil de s'exposer comme il le faisait en venant la voir; car à supposer même qu'il ne fût pas reconnu, il se compromettait par le seul fait de s'être rencontré avec elle. Le général lui répondit que, dût-il payer de sa vie la démarche qu'il venait de faire, il lui aurait été impossible de savoir la Reine si près de sa retraite, sans lui exprimer sa vive gratitude.

Il nous conta son existence aventureuse : depuis quatre mois qu'il avait quitté Genève, il avait voyagé à pieds dans les montagnes, allant d'un endroit à l'autre sans faire de séjour nulle part, dans la crainte d'être soupçonné, reconnu, et livré à la France, où il aurait probablement essuyé le sort funeste de Labédoyère et du maréchal Ney.

Le général Ameil, dans sa vie mystérieuse en Suisse, avait essuyé en plusieurs circonstances, mille désagréments. Sa tournure, ses manières, sa conversation le mettaient souvent en relation avec des étrangers de distinction, dont la plus grande partie étaient des Anglais, qui le traitaient fort bien; mais lorsqu'arrivait l'exhibition des passeports, et qu'on apercevait que ce n'était qu'un domestique, alors on en agissait fort lestement avec lui, aussi avait-il fini par se résigner à l'isolement, le préférant à une indiscrétion qui, même avec des étrangers, pourrait être dangereuse. Couchant à Martigny, il était déjà dans son lit, lorsque l'arrivée d'une caravane à l'auberge mit tout en rumeur. L'hôte entra chez lui, et lui demanda, le plus poliment qu'il put, la permission d'amener coucher quelqu'un dans un second lit qui était dans sa chambre; c'était, disait-il, la meilleure de la maison; d'ailleurs toutes les autres étaient entièrement occupées, et il s'agissait de loger un ambassadeur étranger, qu'on ne pouvait laisser passer la nuit dans la rue. Le général Ameil consentit à ce que son hôte voulait de lui; mais quel fut son effroi en reconnaissant dans l'étranger qu'on introduisait près de lui, M. le duc de Blacas, qui se rendait à la cour de Naples, et qui n'aurait pas manqué de le faire arrêter, s'il eût pu le croire si près de lui.

Au moment du débarquement de l'Empereur, lorsque le général Ameil se disposait à le rejoindre, ses projets ayant été découverts, il avait été arrêté et conduit devant M. de Blacas, aux Tuileries; il en avait été interrogé; ce qui avait duré fort longtemps. « Vous mériteriez d'être fusillé, » lui avait dit M. de Blacas à plusieurs reprises; puis il l'avait fait conduire en prison, d'après les ordres de Louis XVIII. La journée du 20 mars lui rendit sa liberté; mais, sans aucun doute, s'il eût été reconnu par M. de Blacas, à Martigny, rien n'aurait pu le sauver; le pauvre général le sentit si bien, qu'il prit à peine le temps de se couvrir des vêtements les plus nécessaires, et s'esquiva de l'auberge, laissant l'ambassadeur de

France à la cour de Naples en pleine possession de la chambre qu'il devait partager avec lui. Il passa la nuit à roder en plein air, et ne reparut à l'auberge, que lorsqu'il vit de loin les équipages de ce grand seigneur prendre la route d'Italie.

Le général avait continué quelques temps encore sa vie errante, jusqu'à ce qu'il arriva dans les environs de Payerne, à une maison fort retirée dans les montagnes. Cette maison appartenait à une famille française, qui avait émigré au commencement de la révolution, en 89 ; comme aucun intérêt ne la rappelait en France, et qu'elle se trouvait parfaitement heureuse en Suisse elle n'était pas rentrée dans sa patrie, quand les portes lui en avaient été ouvertes. Cette famille se composait du mari, et de la femme, et de deux jeunes enfants ; comme ils avaient été malheureux, ils surent comprendre le triste sort du général Ameil, et, sans lui faire d'indiscrètes questions sur sa position, ils lui offrirent de rester avec eux, s'il voulait donner des leçons à leurs enfants, en échange de la table et du logement ; le général accepta, et il vivait là, tranquillement depuis deux mois, lorsqu'ayant appris le passage de la Reine, il vint la voir. Cette démarche si simple d'un cœur reconnaissant le perdit.

La police, à force de recherches, pour apprendre quel était l'homme qui avait soupé avec la Reine, finit par savoir qu'un étranger avait trouvé asile dans l'une des habitations de la montagne; et le pauvre général fut obligé de quitter sa paisible retraite. A quelques mois de là, il écrivit à la Reine, à Constance, pour lui exposer de nouveau sa triste situation et lui réitérer sa demande de secours, en ajoutant que son projet serait de passer en Amérique; la Reine s'entendit avec son frère pour cette bonne action, et ils envoyèrent au général Ameil ce qui lui était nécessaire pour se rendre aux Etats-Unis. Avant de s'expatrier, il voulut revoir sa femme, qui étant hanovrienne s'était retirée avec ses enfants chez ses parents. Le général se rendit près d'eux en Hanovre, où il fut découvert, arrêté et jeté dans les cachots; sa tête ne put résister à tant de malheurs, il devint fou, et mourut misérablement. Telles furent les tristes suites des persécutions que les vengeances des partis et les réactions politiques lui firent éprouver; combien d'exemples de malheurs pareils pourrait-on citer à cette déplorable époque de notre histoire!

Mais revenons à Payerne, où nous étions loin de nous douter de ce qui allait nous arriver. Le général prit congé de la Reine, qui lui recommanda bien de la prudence; il monta dans son petit char-à-banc, et reprit la route de la montagne hospitalière.

V.

Le lac et l'ossuaire de Morat. — Un croquis interrompu. — La Reine est arrêtée. — Le gîte dans une mauvaise auberge. — M. de Fritz de Pourtalès. — Sa femme. — Leur ingratitude. — Susceptibilité des autorités de Fribourg. — M. de Marmold parlemente avec elles. — Arrivée à Berne. — La Reine en tête-à-tête avec le chef de police Watteville. — Discrétion dont il est mécontent. — Le roi Joseph toujours en Suisse. — Fermeté de la Reine, et courroux de M. de Watteville. — Utile protection de M. de Krüdner. — Une nouvelle lettre de sa mère. — Prédication étonnante. — Conversions opérées. — Charité sans borne. — L'Évangile de la bonne nouvelle. — Affluence des paysans. — La jeune fille abandonnée. — Le voile refusé.

En quittant Payerne nous continuâmes notre chemin vers Berne, où nous devions coucher le soir; nous avions côtoyé les bords du lac de Morat, le moins pittoresque des lacs de la Suisse, et que l'on ne visiterait guère, si son nom ne rappelait une catastrophe guerrière, un fait historique, qui a été poétisé souvent: l'Ossuaire, construit avec les os des Bourguignons, et la disparition de Charles-le-Téméraire, rendront à jamais ce lac célèbre. Nous arrivions par un beau soleil d'hiver, à la petite ville de Morat, où nous devions dîner, lorsqu'il prit fantaisie à la Reine de dessiner un effet de neige : une belle allée d'arbres centenaires se présentait sur notre droite; leurs branches, couvertes d'un givre brillant, dominaient une petite maison pittoresquement placée, qui fournit à la Reine le sujet d'un joli croquis. Elle venait d'en tracer la première esquisse, lorsque je remarquai avec inquiétude une douzaine d'hommes enveloppés de manteaux, qui arrivèrent de différents côtés, et qui finirent par cerner le petit groupe que nous formions autour de la Reine; les domestiques et nos voitures nous avaient précédés à l'auberge, où notre repas était commandé par le courrier. Je m'alarmais sérieusement de notre isolement, lorsqu'un de ces hommes s'approcha de la Reine, et lui demanda en mauvais français, si elle n'était pas la duchesse de Saint-Leu? Sur la réponse affirmative qui lui fut faite, il ajouta que lui et ses compagnons appartenaient à la gendarmerie de Fribourg, qu'ils avaient l'ordre de l'arrêter ainsi que toute sa suite, et de la retenir prisonnière à l'auberge, jusqu'à ce que les autorités du canton de Fribourg en eussent ordonné autrement. Pour appuyer ses paroles, il exhiba son ordre, dont il nous délivra une copie, que j'ai conservée, la voici :

« Fribourg, le 27 novembre 1815.

» *La direction de la police centrale de la ville et république de Fribourg, au lieutenant du gouvernement, pour l'arrondissement de Morat.*

» En correction des directions que je vous ai adressées, concernant le passage présumé de madame la duchesse de Saint-Leu, autrement l'ex-reine de Hollande, par votre arrondissement, je vous invite, pour le cas où elle arriverait à Morat, de la consigner et de la mettre en surveillance à l'auberge, sans permettre ni qu'elle continue son voyage, ni qu'elle rétrograde. Vous vous ferez ensuite remettre ses passeports et autres papiers, que vous m'adresserez pour attendre de nouvelles instructions.

» *Le directeur de police centrale,*

» *Signé* Ch. Schaller.

» Pour copie conforme, qui devra servir de consigne à la gendarmerie.

» *Le vice-lieutenant du gouvernement,*

» de Chatones. »

La Reine, n'ayant rien à opposer à la mesure ordonnée, se résigna tranquillement : nous nous acheminâmes donc vers l'auberge, escortées des gendarmes, et suivis d'une quantité de gens de la campagne, que la curiosité avait attirés autour de nous.

Il aurait été difficile de trouver un plus détestable gîte que l'auberge de Morat, qui avait alors l'aspect d'une véritable prison, et dont l'intérieur n'était rien moins que propre. Après que nous fûmes un peu réchauffés, et que nous eûmes pris un assez médiocre repas, qui avait refroidi en nous attendant, la Reine pensa à ce qu'il y avait à faire pour sortir de cette nouvelle situation ; elle décida donc que son écuyer, M. de Marmold, muni de tous les passeports qui autorisaient le passage de la Reine en Suisse, se rendrait à Fribourg avec Vincent.

Pendant ce temps nous restâmes à attendre, dans de mauvaises petites chambres qui n'avaient pas été chauffées de tout l'hiver, et où il fallait laisser portes et fenêtres ouvertes pour ne pas être étouffé par la fumée; c'était à en pleurer de dépit et de contrariété, surtout en pensant qu'à très-peu de distance de Morat était un superbe château, appartenant à M. Fritz de Pourtalès, dont j'ai déjà eu occasion de parler, ainsi que de sa femme, comme étant redevables d'infiniment de reconnaissance à l'impératrice Joséphine et à sa fille. Voyant la pauvre Reine si mal casée dans cette misérable auberge, il me vint à l'idée de prendre pour elle possession du château voisin, sûre que je croyais être de l'approbation des propriétaires. Quelle erreur était la mienne! Le château était habité, et par qui? par M. et madame de Pourtalès en personnes. Notre arrestation et notre arrivée avaient fait assez de bruit pour qu'ils en fussent informés; en quelques minutes on se rendait du village chez eux. J'attendais, pour la Reine, de moments en moments leur visite ou quelque message de leur part ; mais ce fut en vain ! Rien ne parut, et notre séjour près d'eux fut assez long (il dura deux grands jours), pour que la Reine eût lieu de s'étonner d'un manque de convenance aussi marqué de leur part. Moi, je ne revenais pas d'un pareil procédé, j'avais peine à me rendre à la réalité du fait, et à croire à une pareille ingratitude.

M. de Marmold s'était mis en route ; mais il arriva que c'était un dimanche, et qu'à Fribourg, comme dans toutes les autres capitales des cantons suisses, on ne faisait aucune affaire ce jour-là. M. de Marmold, morfondu de froid, usa sa patience à frapper à toutes les portes, et fut forcé de revenir comme il était allé, sans avoir pu parler à aucune des autorités. Il fallut retourner le lendemain, 4 décembre. Pour cette fois on voulut bien le recevoir et l'entendre. Le conseil assemblé, il lui fut dit que les autorités de Fribourg, n'ayant point été averties de donner passage à madame la duchesse de Saint-Leu, elles avaient dû arrêter sa marche. M. de Marmold s'empressa d'exhiber ses passeports ; mais on lui fit remarquer que le canton de Fribourg n'était pas nommé parmi ceux désignés pour le passage de madame la Duchesse ; c'était là un oubli ou une impertinence de la diète, qui ne devait pas ignorer que l'itinéraire, tracé par elle, passait par plusieurs endroits du territoire de Fribourg, et qui, par conséquent, aurait dû faire prévenir ce canton comme elle avait fait prévenir tous les autres. Les autorités fribourgeoises étaient très-irritées de cette omission ; et c'était pour apprendre à messieurs de la diète, qu'on ne méconnaît pas impunément leurs droits, qu'ils avaient fait arrêter la duchesse de Saint-Leu.

Cette explication terminée sur un ton des plus emphatiques, *Messieurs* de Fribourg donnèrent à M. de Marmold un ordre qui levait la consigne par laquelle nous étions retenus à Morat, et nous continuâmes notre route vers Berne, où nous couchâmes le lendemain.

J'avais prévenu M. de Krüdner de notre arrivée dans cette ville, et il ne savait à quoi attribuer le retard qui y était apporté. Il vint nous trouver à l'auberge sitôt qu'il nous sut débarqués. Il était avec nous dans l'appartement de la Reine, lorsqu'on nous annonça que M. de Watteville, chef de la police bernoise, demandait à parler en particulier à la duchesse de Saint-Leu. Nous nous retirâmes et laissâmes la Reine dans ce singulier tête à tête, qui dura fort longtemps, ce qui commençait à m'inquiéter. Lorsque M. Watteville sortit, la Reine, chez laquelle nous entrâmes, nous dit : « Je viens de faire un mécontent, et de prouver que notre sexe n'est pas aussi indiscret qu'on le suppose ordinairement. » Les espions qui la suivaient et la précédaient partout avaient rendu compte au gouvernement de Berne qu'un inconnu était venu trouver la Reine à Payerne; que non-seulement elle l'avait engagé à souper avec elle, mais qu'il occupait à côté d'elle *la place d'honneur, le haut bout de la table,* et que sans aucun doute ce devait être le roi Joseph que l'on cherchait partout. D'après ce rapport, M. de Watteville était venu demander à la Reine, si le fait était vrai, et où se trouvait le frère de l'Empereur. La réponse que fit la Reine ne le satisfaisant pas, il la questionna au sujet de l'homme qui avait soupé avec elle à Payerne; mais elle déclara avec fermeté que ce n'était pas le roi Joseph, en ajoutant qu'on n'obtiendrait d'elle aucun autre renseignement. Après avoir cherché en vain, de toutes les manières, à tirer de la Reine quelques indices propres à le guider dans ses investigations. M. de Watteville s'était retiré presque courroucé ; et Dieu sait ce qui nous en serait arrivé si les égards et les soins de M. de Krüdner n'avaient été dans cette circonstance une espèce de sauvegarde pour nous. M. de Krüdner me remit une lettre de son excellente mère, que je place ici :

Le 25 novembre 1815.

« Chère amie, j'ai reçu votre lettre et j'en ai été bien contente dans le fond du cœur, car j'étais inquiète de votre silence ; quant à moi, je n'ai, pendant le jour et depuis le matin, que très-peu de moments à moi : à peine puis-je prier, ce dont j'ai pourtant grand besoin. L'affluence du monde est si grande, que des villages entiers passent presque par ici ; je leur prêche l'Évangile de la bonne nouvelle, je les invite d'aller au Christ qui a versé son sang pour nous, je les incite à la repentance et à l'espérance dans ses mérites. Je leur donne, ainsi que ceux qui sont avec moi, des livres salutaires pour les rappeler à leur salut. Beaucoup d'enfants viennent en chercher. Que de larmes ! que de douleurs ! que de misères ! on n'a pas d'idée de la pauvreté du pays de Bade ! Dieu nous fait la grâce de nous donner de quoi faire l'aumône à chacun ; on ne peut pas donner beaucoup, mais quelque chose du moins, une soupe aux malades et aux voyageurs fatigués. La société qui s'est formée à Bade, de personnes qui se sont converties et qui sont entrées dans le véritable esprit de l'Évangile, qui est d'aimer le Sauveur et la charité qu'il commande, nous aide beaucoup. Enfin, voici les temps de calamités et de désolations qu'annonçaient les Saintes Écritures, qui approchent et qui sont déjà venus ; de grands châtiments envoyés par amour, appellent encore les hommes à se jeter aux pieds de la croix du Sauveur. Tout ce qui peut être sauvé est amené, par les douleurs si salutaires à l'homme, à d'éclatantes conversions. De souveraines victimes accourent sous les étendards de la Croix et rendent gloire au Christ, à qui seul gloire appartient. Tout doit prêcher aux hommes, tout annonce cette matinée radieuse d'un règne glorieux où le Seigneur du Seigneur, Jésus-Christ, régnera dans les Cieux, où tout reconnaîtra sa puissance, où l'empire tremblera et où les Chrétiens auront le bonheur au-dessus de tous les bonheurs de voir les genoux se ployer devant leur dernier Maître, et cette Croix si lâchement désertée par le monde, l'objet de la plus sainte reconnaissance et du plus ardent amour.

» Mais avant, quelle crise nous attend encore, quelles calamités ! Ne les craignez pas, chère Louise : si nous avons le roi des rois pour nous, donnons-lui toujours notre cœur et toutes nos affections, il saura nous préserver de tout danger et nous combler de ses premières bénédictions.

» Que je suis heureuse de vous savoir dans ces excellentes dispositions ainsi que votre amie, dont je sais bien apprécier les vertus et que j'aime avec un bien respectueux attachement.

» Le cœur me dit, chère Louise, qu'elle sera heureuse un jour aussi des affections dont son cœur a besoin, ainsi que le vôtre; Dieu se plaît à nous combler de biens quand une fois il a notre cœur, et que ce qui peut nous distraire de la première félicité de lui-même n'est plus à craindre, alors il nous donne le reste par-dessus le marché. Non, ma chère enfant, je ne vous blâme pas d'aimer vos amis, de désirer d'être réunie à eux, je vous dis seulement : aimez Jésus-Christ par dessus tout, le reste disparaît peu à peu à nos regards; nous devons aimer les nôtres pour leur propre bien, mais en Dieu ; nous devons savoir les quitter pour lui, et pour nous occuper de leur salut ; nous devons aussi souffrir tranquillement par la grâce du Seigneur, même ceux qui nous répugnent le plus ; il nous faut enfin les aimer pour l'éternité, et conquérir leurs âmes par nos constantes prières au pied de la Croix.

» Vous verrez, en avançant dans la vie divine, comme le reste est peu de chose ; nos plus chères affections nous deviennent insipides quand nous ne pouvons communiquer avec les personnes, leur faire part de ce que nous sentons, de ce que nous éprouvons, que nous les voyons tenir à des riens, que nous n'entendons que des choses qui nous font souvent peine pour de chers objets ; c'est alors qu'on sent que les amitiés terrestres et les liens du sang ne sont que de biens faibles rapports ; vous éprouverez ce que les vrais chrétiens éprouvent, que les liens en Dieu sont seuls délicieux de vie et de beauté. C'est en voyant ainsi les amis et les parents, que votre cœur reviendra à la religion vivante ; c'est alors, dis-je, que leur société vous sera véritablement douce et précieuse. Jusque-là la différence, l'attache à tant de choses dont vous vous détachez, ne produisent que des sensations pénibles.

» Je voudrais répondre longuement à votre lettre, mais je n'ai pas le temps, ce n'est que par petits instants que je puis écrire.

» Je commencerai par vous dire que je désire bien aussi, chère Louise, vous revoir. Laissez-moi penser ou plutôt demander au Seigneur de quelle manière ce serait le plus convenable, si c'est sa sainte volonté et si je dois aller plus loin surtout ; je voudrais voir la Reine, prendre ses ordres, savoir si je pourrai lui être bonne à quelque chose, lui parler de mon respectueux dévouement.

» Il est impossible, chère Louise, de s'expliquer sans se parler. Je pense pourtant que vous reviendrez sur bien des choses qui regardent l'ange (1), qui n'a jamais cessé un instant de lui témoigner le plus sincère intérêt. Que de fois j'en ai été témoin ! que de choses se font sans qu'il le veuille et qu'il le sache ! je sais combien il aurait désiré voir placer bien des personnes, et c'était impossible dans ce moment ; moi je pense que le temps n'est pas éloigné où vos vœux pourront être remplis à cet égard.

(1) L'empereur de Russie.

» Plus je vis, plus je vois combien on est heureux d'être dégagé de tout ce qui est terrestre. Le courage héroïque que Dieu vivant, Jésus-Christ seul donna à ses disciples, fait tout franchir et tout braver; que de fois j'ai dit à Paris, je ne conçois que la charité, les partis n'existent plus pour moi ; je prêche l'Évangile, je ne sais ce que sont les haines ; ni les intérêts du monde, j'ai quitté, Dieu merci, cette arêne-là, et c'est ainsi que j'ai eu le bonheur de voir des conversions qui ont étonné bien du monde !

» L'empereur Alexandre n'était si grand, que parce qu'il était chrétien et qu'il ne voulait point de cette petite gloire qui enivre et fait tomber. Gloire à Christ, voilà ce qu'il sentait, pensait et montrait par ses actions ; il ne me gênait en rien sur ce qui regardait la charité; mais il faut tout quitter et se quitter soi-même pour servir sous les étendards de la Croix. Mais aussi quel air on respire, quelle paix vous environne au milieu des clameurs du peuple, et de ses vertiges.

» Je voudrais, chère Louise, vous envoyer un excellent ouvrage que j'ai pour vous et qui vous serait utile; mais j'ai tant à faire ici avec des catholiques : aussi j'espère toujours que vous aurez un confesseur qui pourra vous satisfaire et gagner votre confiance. Au reste, le Seigneur inspirera toujours celui qu'il vous enverra; demandez au Seigneur avec simplicité, avec abandon, la grâce d'aimer par-dessus tout ce Dieu qui quitta les cieux pour vous chercher aussi sur cette terre de méfaits et de crime.

» L'amour est le grand guide, il nous ramène vers notre première patrie; il nous rend périssables et insipides, les plaisirs qui nous éloignent du bonheur ; car Dieu ne veut que notre bonheur ; voilà pourquoi nous devons être purifiés du monde. Oh! que vous serez heureuse de plus en plus d'être loin de Paris et d'avoir été bannie d'un séjour plein de trouble, je voudrais savoir ce que Paul y fait. J'aurais bien voulu voir cet homme intéressant dont vous me parlez, dont je devine le nom, et qui a de la disposition aux grandes idées. Je voudrais causer avec vous sur tant de choses; mais ici, c'est presque impossible, *les ombrageux* sont si bêtes, qu'on supposerait des intentions; il n'y a pas non plus la possibilité de trouver un coin inaperçu. J'ai été amenée dans cette petite maison par de grandes vues de miséricorde du Seigneur, par la quantité de personnes qui passent, et par les heureux fruits qui en sont produits.

»Remerciez bien votre amie, de ce qu'elle veut bien penser à moi, et de ce beau voile qu'elle voulait, avec son angélique bienveillance, me voir porter; mais priez-la de me pardonner si je ne l'accepte pas. J'ai dû renoncer à toutes les vanités, et je ne porte plus de dentelles; si je l'avais, je le vendrais pour les pauvres, dont la triste misère me fait peine chaque jour. Ma fille et moi depuis des années n'avons plus porté que les plus simples vêtements; nous avons de très-beaux diamants, des perles qui n'ont point été vendues encore; d'autres d'un grand prix l'ont été; je souffre aussi de penser que j'ai une quantité de très-belles pelisses qui se gâtent et rapporteraient aux pauvres, mais elles ne peuvent se vendre. Un voile serait ce qui me tenterait à cause de la commodité et de l'agrément; celui-ci me conviendrait à tous égards, mais tout luxe doit disparaître pour ceux qui prêchent la pauvreté. Il est singulier que je n'aie jamais osé faire meubler mon appartement à Paris; au commencement, je le voulais, je me disais: un appartement simple, décemment meublé, voilà ce qu'il faut. Il y eut bientôt des choses qui me montrèrent clairement que je devais rester ainsi avec mon appartement sans glaces, quelques chaises de paille et le simple nécessaire, très-simple encore. Je vis par la suite combien ces grands contrastes du luxe dans lequel j'avais toujours vécu, et de cet abandon de tous agissaient sur bien du monde ; combien au milieu de Paris on était frappé de me voir courageusement braver les convenances dont on est l'esclave, et montrer par la liberté de ceux qui sont enlevés à tous les faux biens, à quel point ils sont heureux. On voyait que je ne tenais plus à rien, et ceux qui peut-être n'avaient jamais réfléchi, pensèrent qu'il devait y avoir un bonheur positif dans cette religion de l'Évangile, dont le divin maître, le Dieu de l'univers avait pratiqué la pureté, après avoir quitté la gloire des Cieux, pour prendre la figure humaine et souffrir toutes les misères. O ma chère Louise ! que j'ai honte souvent de tenir aux vanités de ce monde.

» J'ai vu, l'autre jour, une jeune créature qui devait se marier à un homme qui l'a délaissée dans une affreuse misère, et près d'accoucher. Elle était mère à vingt ans, et dans un état qui la plongeait dans le désespoir; on la rejetait d'ici puisqu'elle était étrangère :

j'espère qu'elle va être placée chez de braves gens ; si vous pouviez, chère Louise, obtenir quelque chose pour cette infortunée, qui est si intéressante ; j'espère que désormais son âme et son corps seront soignés. Quelque peu que vous m'envoyiez, je le joindrai à autre chose, ou, s'il y a plus, je le partagerai entre d'autres encore plus à plaindre quelquefois. Si nous savions combien il est important que des prières nous obtiennent toujours plus de grâce du Seigneur, combien la charité est chère à Dieu, combien tout ce qu'on fait par amour du Sauveur attire de bénédictions.

» Si vous voulez m'envoyer quelque chose, mettez-le à la diligence sous l'adresse suivante :

» A monsieur Kelner, secrétaire de la société des Bibles, à Bâle, pour madame de Krüdner.

» J'ai déjà fait prier pour vous et votre amie, dans bien des endroits ; je voudrais qu'elle fût de toutes ces œuvres, comme elle est de celle des petits livres pour l'instruction des enfants. C'est parce que je sais combien tout cela est doux à recueillir dans l'éternité, combien cela est important, que je le désire ainsi.

» Je vous embrasse, chère ange. Pourrez-vous déchiffrer cette lettre ?

» Je vous aime bien, vous le savez?

» Que fait l'aimable sœur de la Miséricorde à Aix (1)? »

Nous ne restâmes qu'un jour à Berne : tous les domestiques y furent questionnés sur l'inconnu de Payerne; aucun d'eux ne sachant qui il était, et leurs réponses ayant été unanimes, on n'insista plus, et nous crûmes qu'on les tenait quittes de cette inquisition.

(1) La sœur Saint-Jean.

VI.

Les inquisiteurs Bernois. — Le mouton du prisonnier. — Résolution des amis de la Reine. — Talleyrand de Périgord, persécuteur ardent. — La comédie interrompue. — *L'ambassadeur meunier.* — L'hôtesse d'Arau, bonapartiste. — Celle de Frawenfeld. — Ses souvenirs. — Les généraux Lorge, Lecourbe, Molitor, Oudinot et Foy. — Masséna. — Une promesse du général Foy. — La Reine arrive à Constance. — Encore un désappointement. — MM. de Hosser et le baron de Guellingen. — Le grand-duc et la grande-duchesse de Bade. — Insupportable séjour. — L'abbé Bertrand et les anecdotes de la cour de Philippe-Auguste. — Le procès du maréchal Ney. — Favorable augure. — Madame la princesse de la Moskowa. — Nouveaux détails sur la mort du maréchal.

Nous nous étions mis en route de Berne. Au lieu où notre dîner devait être commandé, nous fûmes fort étonnés de ne pas trouver Vincent, qui nous précédait ordinairement; la Reine s'en inquiéta; et, lorsqu'il nous rejoignit le soir, il nous conta qu'il avait été tourmenté de questions à Berne, où on l'avait retenu, pour lui faire dire quel était l'inconnu qui avait soupé à Payerne avec nous. Comme c'était Vincent qui avait mis à la porte l'espion, lorsqu'il s'était introduit dans la salle à manger, on avait supposé qu'il était instruit du nom de l'étranger.

Le général Ameil n'étant jamais venu chez la Reine à Paris, aucun des domestiques ne le connaissait, pas même Vincent; mais, l'eût-il connu, ses réponses auraient été les mêmes. Lorsqu'on vit qu'on n'obtenait rien de lui par les promesses, on le jeta en prison avec un autre homme, qui avait mission de le faire parler, tout en ayant l'air d'être prisonnier comme lui; mais au bout de cinq ou six heures, comme il se montrait imperturbable dans sa discrétion, on lui rendit la liberté, et il se hâta de nous rejoindre; heureux, disait-il, d'en être quitte à si bon marché.

Les suites graves qu'avait, pour la Reine et pour les siens, l'extrême bonté avec laquelle elle accueillait toutes les infortunes, nous déterminèrent à prendre, entre nous, la résolution de ne laisser plus arriver personne jusqu'à elle. Souvent c'étaient des espions ou des intrigants qui, cherchant à l'apitoyer par des malheurs supposés, abusaient de sa générosité ; souvent aussi c'étaient de véritables infortunés qu'elle secourait ; et, pour prix de sa commisération, elle n'essuyait que les persécutions les plus acharnées. Elle avait bien assez des embarras de sa propre situation, sans se compromettre pour d'autres.

L'ardeur des autorités suisses était merveilleusement excitée par la réintégration de M. de Talleyrand de Périgord, qui venait de reprendre son titre de ministre de France, en Suisse, et qui portait dans l'exercice de ses fonctions, non-seulement le zèle de son dévouement aux Bourbons, mais tous les sentiments haineux de l'esprit de parti.

Les membres de la famille impériale devaient s'attendre à toute espèce de tracasseries de sa part. On prétend que l'animosité de ce diplomate contre tout ce qui tenait à l'Empereur lui venait d'un désappointement qu'il avait éprouvé par suite du retour de l'île d'Elbe. Il était alors ministre de France à Berne, et il donnait une brillante soirée dans laquelle différents amateurs de la société jouaient une comédie ; lui-même y remplissait le rôle d'un meunier, et pour plus de fidélité dans le costume, s'il était enfariné de la tête aux pieds : il en était blanc partout, sur ses vêtements, sur les mains et sur le visage. Comme il allait entrer en scène, et se promettait d'y recueillir force applaudissements, un secrétaire d'ambassade s'approche, et lui remet un paquet. Que lui annonçait-on? Le débarquement de l'Empereur dans le golfe de Juan. Ce fut un coup de foudre pour l'ambassadeur; sans prendre le temps de se déshabiller, il congédia toute sa société, et, s'entourant de ses secrétaires, le voilà à passer toute la nuit à expédier des dépêches à sa cour, ainsi qu'aux différents cabinets de l'Allemagne. Cette besogne le conduisit jusqu'au point du jour. A ce moment, on frappe à coups redoublés à la porte de l'hôtel; on ouvre; et c'est M. ***, ambassadeur d'une des cours d'Allemagne, qui, absent de Berne depuis la veille, y est revenu en toute hâte, et se présente chez son collègue de France pour lui demander des détails sur l'événement dont on s'entretient déjà partout. Quel ne fut pas l'étonnement de l'excellence allemande, en entrant dans le cabinet de M. de Talleyrand, de le voir *habillé en meunier*. Comme on n'était plus en carnaval, il crut que ce travestissement était déjà l'effet d'une peur anticipée.

Cette anecdote courut la ville, et, depuis ce temps, M. de Talleyrand ne fut plus désigné que par le titre de *l'Ambassadeur-meunier*.

En nous éloignant de Berne, nous nous aperçûmes que les opinions n'étaient pas plus unanimes en Suisse qu'ailleurs : tourmentés dans les cantons anciens, qui tous sont aristocratiques, nous étions bien accueillis dans les nouveaux, qui sont démocratiques. A Arau, où nous dînâmes le 5 décembre, l'hôtesse nous fit, sur la politique, un discours qui concordait si bien avec nos idées, que nous crûmes en vérité que c'était un espion qui prenait cette couleur pour nous faire causer ; mais nous fûmes bientôt détrompés, et nous rendîmes justice aux bonnes intentions de la brave femme.

A l'époque dont je parle, la Suisse n'avait point encore été explorée par tous les étrangers de l'Europe, comme elle l'a été depuis pendant vingt ans. Les routes étaient mauvaises, les auberges détestables, et rien ne ressemblait, dans ces pénibles voyages, aux rêves si agréables que nous nous étions faits sur ce pays ; le froid, la neige, la lenteur de notre marche, tout contribuait à rendre cette pérégrination des plus pénibles, surtout pour la Reine qui était toujours souffrante et malade.

Nous soupirions tous après la tranquillité et le repos : bien que nous ne fussions plus exposés à toutes les avanies qu'on nous avait faites précédemment, les jours nous paraissaient d'une longueur démesurée; Constance était pour nous la terre promise. Après avoir couché à Bade, nous dînâmes le 6 décembre à Zurich, dont la belle situation, et le souvenir de son immortel champ de bataille, eurent à peine le pouvoir de nous distraire un moment de nos tristes pensées. Nous couchâmes à Winterthur. Le lendemain, en dînant à Frawenfeld, capitale du canton de Thurgovie : nous éprouvâmes un véritable plaisir à descendre dans une auberge, dont l'hôtesse parlait français. Cela nous disposa à trouver son gîte le meilleur de toute la route, quoiqu'il ne valût guère mieux que les autres (1). A l'époque où nos troupes victorieuses vinrent occuper ces contrées, notre hôtesse était jeune et jolie; et depuis elle n'avait point oublié les leçons de français qu'elle avait reçues de nos galants officiers. Elle se rappelait avec bonheur plusieurs d'entre eux, dont les noms sont devenus

(1) L'hôtel de *la Couronne*, à Frawenfeld, est maintenant un des meilleurs gîtes de la Suisse.

célèbres : les noms de Lorge, de Lecourbe, de Molitor, d'Oudinot et de Foy, alors chef d'escadron d'artillerie légère, étaient cités par elle avec un intérêt des plus naïvement affectueux : elle demandait des nouvelles de tous ces généraux avec l'empressement d'une amante. Son auberge avait eu souvent l'honneur de loger le général en chef de l'armée qui avait gagné la fameuse bataille de Zurich.

Madame Rhok, qui vit encore au moment où j'écris ces mémoires, racontait avec enthousiasme, à la Reine, l'admiration qu'on avait conservée, à Frawenfeld, pour le sang-froid, la présence d'esprit et le courage du jeune chef d'escadron Foy. Je pris grand plaisir à recueillir son récit.

Le jeune Foy, se trouvant avec son escadron à Frawenfeld, voulut aller, à une lieue de là, voir un colonel de ses amis qui occupait, aux avant-postes, le village de Spfin; il était à cheval et seul. Tout à coup il est enveloppé par une troupe de cavaliers ennemis qui allaient en reconnaissance. Il n'y avait pas moyen de se défendre. Il se rend aux cavaliers; et, après lui avoir ôté seulement son sabre, l'officier qui les commande le remet à deux dragons, pour le conduire à Wimpfeld, au quartier-général de Korsakoff. Pour y arriver il y avait à franchir un défilé si étroit que deux cavaliers ne pouvaient y passer de front. Un des dragons prit alors le devant, ordonnant à son prisonnier de le suivre, pendant que son camarade, qui venait par-derrière, le gardait à vue. Tous les trois cheminaient ainsi, lorsque Foy, soulevant adroitement sa schabraque, sous laquelle étaient deux pistolets qu'on avait négligé de lui enlever, saisit avec prestesse une de ces armes, et brûle la cervelle au cavalier qui le précède; au même instant il se retourne, et il va, de la même manière, se débarrasser de l'autre dragon, lorsque ce dernier se reconnaît son prisonnier.

Le 7 décembre 1815, nous quittâmes Frawenfeld et son aimable hôtesse, pour nous diriger sur Constance, où nous arrivâmes fort tard dans une pitoyable hôtellerie.

La Reine, à moitié morte de froid et de fatigue, eut toutes les peines du monde à monter un petit escalier en colimaçon, qui conduisait à un second étage, où était le seul appartement habitable; nous étions maintenant dans le grand duché de Bade, que nous regardions comme un asile; la pensée qu'il nous serait facile de nous y installer mieux, nous faisait prendre patience. Cependant il y avait une chose dont la Reine ne pouvait s'accommoder, c'était l'odeur des poêles de fonte ; elle lui faisait tant de mal, que pour y échapper nous sortîmes dès le lendemain, par un froid très-rigoureux, et nous nous mîmes à parcourir cette ville, qui n'a guère conservé de son ancienne splendeur que son nom et son admirable situation ; ses rues, ses places silencieuses, où certainement l'herbe devait croître en été, l'air calme de ces bons et hospitaliers habitants, tout cet aspect de tranquillité souriait et plaisait infiniment à la Reine ; elle avait eu tant à souffrir de son conctact avec le monde et les grandeurs, que l'idée de la retraite, de la solitude même, avait le don de la charmer.

Nous cherchions une maison bien située, pour nous y établir et jouir de la vue du lac; malheureusement il y en avait peu qui nous convinssent. Ce n'est guère que du port qu'on peut découvrir cette belle étendue d'eau, qu'on prendrait pour la mer, si l'on n'apercevait sur la droite des cimes glacées d'un effet majestueux.

A notre arrivée, M. de Hosser, préfet de Constance, était venu en cette qualité présenter ses devoirs à la Reine; il revint peu de jours après, accompagné de M. le baron de

Guellingen, chambellan du grand-duc de Bade, qui l'avait envoyé de Carlsruhe, pour s'informer des intentions de la Reine, et lui exprimer combien il regrettait de ne pouvoir l'engager à se fixer à Constance; mais que cela était *de toute impossibilité*, les hautes puissances ayant décidé que les membres de la famille Bonaparte ne pourraient habiter que la Prusse, l'Autriche et la Russie. La grande-duchesse écrivait à sa cousine, et m'écrivait également, pour témoigner tout le chagrin qu'elle éprouvait de ce que son mari ne pouvait pas accueillir la Reine dans ses états.

Ce nouveau désappointement fut pour nous tous très-affligeant; la Reine le reçut avec cette fermeté d'âme qu'elle conserve dans toutes les circonstances. Elle répondit à M. de Guellingen, que l'état de sa santé et la rigueur de la saison ne lui permettaient pas d'aller plus loin; que les passeports qu'elle avait, l'autorisaient à attendre à Constance la *décision favorable* des cantons suisses, sur son projet de se fixer dans le canton de Saint-Gall; et qu'au surplus elle ne comptait rester à Constance que jusqu'au printemps, époque à laquelle elle espérait avoir alors une solution.

M. de Guellingen était un bon et brave

homme que nous connaissions déjà, et qui n'éprouvait pas moins de peine à remplir sa mission auprès de la Reine, que le grand-duc n'en avait ressenti lorsqu'il l'en avait chargé.

Les petits états ont toujours reçu la loi des grands; et alors la pauvre grande-duchesse, (comme parente de la Reine) était elle-même dans une position difficile, et en butte à la haine du parti qui dominait en Europe. Mille intrigues avaient été ourdies pour amener son mari à un divorce, dont il avait repoussé l'idée de toute la force de sa volonté. Il avait journellement occasion de soutenir sa femme, qu'il aimait tendrement, contre sa propre famille; et l'arrivée de la Reine dans ses états était pour lui un embarras de plus qu'il aurait voulu éviter. D'un autre côté, il aurait désiré être agréable à la Reine et satisfaire en cela à l'attachement bien marqué que sa femme lui portait; celle-ci écrivait pour sa cousine les choses les plus tendres, et finissait toujours par dire : « Prenez patience, tenez-vous bien tranquilles, et peut-être au printemps les choses s'arrangeront-elles à la satisfaction de tout le monde; d'ici là les passions seront calmées, et bien des choses oubliées. »

En attendant, il était difficile de mener une

vie plus monotone et plus triste que la nôtre. Tous les jours nous sortions à pied dans les rues de Constance, où il n'y avait pas alors le moindre objet qui pût reposer nos yeux, incessamment fatigués par la neige qui couvrait le pavé et les toits des maisons. Après notre dîner, lorsque le couvert était enlevé (car la même pièce nous servait de salon et de salle à manger), nous nous réunissions pour achever la soirée dans une petite rondelle qui était à l'un des angles de cette unique pièce ; nous n'avions ni piano, ni musique ; il avait été impossible de s'en procurer ; des livres français étaient chose peut-être encore plus rare à Constance (1). A force de fureter chez tous les revendeurs, l'abbé Bertrand avait fini par découvrir les *Anecdotes de la cour de Philippe-Auguste*, qu'il nous avait rapportées triom-

(1) Il y a quinze ans que Constance était totalement privée des ressources qu'on aime à trouver en voyage ; mais cette ville a bien changé depuis : de jolies boutiques et de brillants magasins se sont ouverts, des fabriques se sont élevées ; un casino y a été construit ; des bateaux à vapeur sillonnent le grand et le petit lac, et transportent chaque année des milliers d'étrangers. Les hôtels garnis de Constance rivalisent avec les beaux hôtels de la Suisse, qui ne se recommandent pas moins par la bonne chère qu'on y fait que par la propreté qui y règne ; enfin Constance, maintenant, est une des villes les plus dignes d'attirer les étrangers qui viennent admirer sa belle situation, qui n'a point d'égale en Europe.

phant; il nous en faisait la lecture à haute voix. Ce fut là, pendant quelque temps, notre plus douce distraction.

Nous ne tardâmes pas à recevoir les journaux français : ils étaient remplis de nouvelles les plus affligeantes pour nous. Au moment de notre départ, le procès du maréchal Ney venait de commencer. Traduit d'abord devant un conseil de guerre, le maréchal en avait décliné, peut-être à tort, la compétence. Il avait demandé à être jugé par la chambre des pairs, et, en attendant, sa femme, la princesse de la Moskowa, avait eu l'honneur d'être reçue par le Roi, et de rester plus d'une heure avec Sa Majesté. La reine Hortense avait tiré de cette circonstance un augure des plus favorables pour l'issue du procès : « En pareille circonstance, on ne se donne pas volontairement le désagrément de prononcer un refus, disait la Reine, qui comprenait toute la dignité du trône; un roi, qui a le droit de faire grâce, ne laisse approcher de lui ceux qui la demandent, que lorsqu'il a l'intention de l'accorder. »

Les réflexions de la Reine étaient si sages et si naturelles, qu'elles nous rassuraient sur le sort du pauvre maréchal. « Les Bourbons ne voudront pas sacrifier ainsi une des gloires de la France : ce serait impolitique à eux. Ils connaissent la susceptibilité de l'orgueil national : en frappant le maréchal Ney, ils frapperaient le peuple dans ce qu'il a de plus cher, la gloire des armées françaises ; ils ne le feront pas ! Ils doivent avoir le désir de ramener à eux l'esprit public, et ils en ont une bonne occasion, en faisant juger sévèrement le maréchal, et en le grâciant. D'ailleurs, les Bourbons ne sont ni méchants ni sanguinaires, rien n'annonce encore qu'ils soient implacables ni vindicatifs. » Les sanglantes réactions de cette époque ont fini par prouver que leurs partisans l'étaient !

La princesse de la Moskowa n'avait été jusque-là connue dans le monde que comme une femme aimable, douce, timide même, ayant une jolie voix, chantant agréablement, se mettant à merveille, et faisant avec élégance et bon goût les honneurs d'un brillant état de maison ; ses malheurs ont montré toute la force d'âme dont une femme de la plus faible complexion peut être capable, en présence des dangers d'un époux chéri : rien ne coûta à madame la maréchale Ney pour sauver des jours si précieux.

Le conseil de guerre avait eu lieu dans les

premiers jours de novembre. Renvoyé devant la Cour des pairs, le maréchal Ney avait obtenu un délai pour se procurer les renseignements utiles à sa défense; la maréchale avait été reçue par le Roi et ne désespérait point encore de sa clémence, lorsque arriva le 4 décembre, époque de la première séance du procès. Les débats continuèrent le 5, et, dans la séance du 6, le maréchal, malgré le talent, les efforts de ses avocats, malgré l'évidence d'une capitulation qui le mettait hors d'atteinte de toute procédure, et l'iniquité d'une pareille sentence, fut condamné à mort!... Le lendemain 7 décembre, jour fixé pour l'exécution, dès cinq heures du matin, la maréchale conduisit ses enfants à leur infortuné père; on l'arracha mourante des bras de son mari; et pourtant elle n'avait pas encore perdu toute espérance, car on l'avait trompée sur l'heure fatale : elle courut aux Tuileries pour se jeter aux pieds du Roi; mais, lorsqu'elle arriva, on lui dit qu'*il était trop tard!* Elle perdit connaissance, et ce fut dans cet état qu'on la transporta chez elle. Depuis vingt ans, la vie retirée qu'elle mène atteste que de si cruels souvenirs ne sont point effacés, et ne s'effaceront jamais de sa mémoire.

VII.

Lettre insolente de M. Barruel de Beauvert. — Ses calomnies sous le titre d'*Histoire de l'Empire*. — Son ingratitude; il meurt misérable. — Faux propos rapportés par la *Gazette de Lausanne*. — Indignation de la Reine à ce sujet. — Lettre de madame la comtesse de Valence. — Le choix d'une maison. — La Reine est très-difficile. — Condamnation de Lavalette; particularités nouvelles. — Il demande à être fusillé. — Atroce réponse de Clarcke. — Maître Tripier a disparu. — La Reine croit encore à la clémence des Bourbons. — Évasion de M. Lavalette. — Crédulité de la Reine. — Une caricature. — Lettre de madame de Krüdner. — La Reine dans son petit chez soi. — Lettre d'Isabey. — Les conseils d'un artiste.

Aucune lettre de France ne nous était encore parvenue; tant de malheurs et d'intérêts graves préoccupaient nos amis, que leur silence se trouvait motivé par les circonstances au milieu desquelles nous nous trouvions tous. Après cette longue attente, une lettre arriva enfin; une lettre de France! le timbre de Paris! l'émotion fut générale, et la Reine, à laquelle cette missive était adressée, l'ouvrit avec une vive impatience. Elle était de M. Barruel de Beauvert, et aurait mérité d'être conservée comme monument d'audace, d'insolence, de méchanceté et d'ingratitude.

Au sortir de la révolution, M. Barruel de Beauvert s'était, comme beaucoup de gens qui valaient mieux que lui, trouvé dans la plus profonde misère. Dans sa détresse, il n'implora pas en vain les bontés de l'impératrice Joséphine, qui lui donna des secours et lui fit obtenir une place avec laquelle lui et sa famille vécurent longtemps. Pendant les cent-jours, M. Barruel de Beauvert, qui devait à l'empire le bien-être dont il jouissait, sentit croître son ambition : il voulut plus encore, et sollicita une place de préfet ; la Reine, dont il avait invoqué la protection, consentit à appuyer sa demande, qui, plus tard, fut retrouvée dans les cartons du ministère de l'intérieur. Au retour des Bourbons, M. Barruel de Beauvert pensa qu'il réussirait mieux auprès d'eux ; il rechercha donc dans ses vieux souvenirs quels seraient ses titres à leur faveur ; et, n'en trouvant pas de réels, il songea à s'en créer de factices au moyen du mensonge et de la calomnie. Craignant que les bienfaits qu'il avait reçus de l'impératrice Joséphine, et la reconnaissance que l'on devait supposer qu'il en gardait, ne vinssent à lui nuire, ce fut contre ses bienfaiteurs qu'il tourna toute sa rage, et sur eux qu'il déversa son plus noir venin. Il inventa un tissu d'impostures, de contes absurdes et d'infamies, qu'il décora pompeusement du titre d'*Histoire de l'Empire*. Cet ouvrage était annoncé dans les journaux; et, pour que la Reine n'eût aucun doute sur l'identité de l'auteur avec son humble et suppliant solliciteur, cet infâme lui écrivait une lettre, la plus étrange qu'il soit possible d'imaginer, et que, dans son indignation, elle mit en morceaux. Je n'en ai retenu que cette phrase : « Je vous préviens que, dans mon ouvrage, je voue votre nom et celui de tout ce qui vous appartient à l'infamie. »

L'ouvrage, ou plutôt l'odieux libelle de ce misérable, était si dégoûtant, bien qu'il fût l'expression assez fidèle de l'exagération des passions politiques dans certains salons du faubourg Saint-Germain, que la police elle-même n'osa pas le prendre sous sa protection. Il put impunément appeler Napoléon Néron, Cartouche, Mandrin, etc.; mais, comme il ne traitait pas mieux les particuliers que les grands personnages, il lui fut intenté plusieurs procès; qu'il perdit. L'ouvrage fut supprimé, et son auteur retomba dans une détresse que les gens de bien regardèrent comme une juste punition de son ingratitude.

Les journaux nous apprirent enfin quel était le sort de l'Empereur; les premières nouvelles qu'ils nous donnèrent furent celles de son arrivée en bonne santé à Sainte-Hélène. Quoique les détails en fussent racontés avec l'insolence dont on usait alors envers lui, ils étaient pour nous remplis d'intérêt. Il était facile d'apprécier combien les paroles qu'on lui prêtait, ainsi qu'aux personnes dévouées qui l'entouraient, étaient dénaturées par la malveillance.

Vers le même temps, nous reçûmes la *Gazette de Lausanne*, où, en parlant du passage récent de la Reine par la Suisse, il était rapporté qu'elle avait dit de l'Empereur, qu'*il avait perdu la tête, et que, dans les derniers temps, il ne savait plus ce qu'il faisait ni ce qu'il disait*. Jamais je n'avais vu la Reine aussi courroucée qu'elle le fut à l'occasion d'une pareille allégation. « C'est par trop fort, s'écria-t-elle en se levant brusquement. Les infâmes ! placer dans ma bouche une insulte à l'Empereur! C'est affreux; certainement je ne laisserai pas cela sans réponse : les journaux sont obligés de publier les démentis qu'on leur donne, et je vais à l'instant même écrire à la *Gazette de Lausanne* pour qu'elle ait à se rétracter. »

La véhémence avec laquelle la Reine parlait ne nous permettait pas de l'interrompre; nous attendions que ce premier mouvement d'une colère si légitime fût passé, pour lui représenter tous les inconvénients qu'il y aurait pour elle à relever l'article malveillant de la *Gazette de Lausanne*. Il se débitait alors tant de propos de ce genre dans tous les journaux, qu'un de plus, un de moins, ne faisaient pas grand chose : d'ailleurs, celui dont la Reine avait à se plaindre devait échapper à l'attention au milieu du nombre; tandis que la démarche qu'elle aurait faite en écrivant directement à un journaliste, pour qu'il publiât sa lettre, ne pouvait manquer d'être remarquée. C'était fixer de nouveau sur elle les regards de toute l'Europe, lorsque, pour sa tranquillité, il était si nécessaire que l'on pût l'oublier; c'était continuer de s'identifier à cette cause de l'Empereur, qui alors soulevait contre elle tant d'animadversion. Nos efforts pour persuader la

Reine que pour elle le parti le plus sage était de garder le silence furent impuissants : l'affection, le devoir, l'honneur parlaient, et aucune autre considération ne pouvait balancer dans son cœur ce que ces sentiments lui dictaient. Elle écrivit au directeur de la *Gazette de Lausanne*, et en obtint toute satisfaction.

Enfin nous reçûmes quelques lettres qui nous firent plaisir. Je citerai celle que m'adressa madame la comtesse de Valence.

1815, jour de la Toussaint, à Paris.

« J'ai reçu, chère Louise, avec un bien vif intérêt, votre aimable lettre; vous me deviez ce dédommagement pour la peine que j'avais éprouvée de ne pas vous dire adieu avant votre départ; j'avais tant de choses à vous dire! dans des sentiments et des opinions pareils, il est si doux de s'entendre! et Dieu sait à présent quand nous nous reverrons. J'ai été bien des fois chez vous, je ne vous trouvais jamais, et j'étais désolée de ne pouvoir vous dire tout ce que je sentais pour vous, pour votre amie (1), si noble, si intéressante dans ses

---

(1) La Reine.

malheurs. Ah! du moins les sentiments profonds qu'elle a inspirés, et qu'elle mérite si bien, ne suivent pas les vicissitudes de cette fortune aveugle qui égare ses faveurs et départ ses rigueurs sur tant d'êtres qui n'avaient mérité d'elle que des bienfaits. On l'aimera autant et on l'admirera davantage en voyant sa douce résignation et ce vrai courage d'une âme élevée, cachée sous des formes si simples, si attrayantes. Je vous félicite, ma chère Louise, d'être associée à cette intéressante destinée, et de partager de si nobles malheurs. Combien elle a dû souffrir de se séparer de son fils aîné! Voilà des peines pour lesquelles le courage devient inutile, et je suis sûre qu'alors le sien a failli. Je vous conjure de mettre à ses pieds mes tendres hommages. Que j'aimerais à lui prouver tout ce qu'elle m'inspire! Je vais aller passer l'hiver en Belgique, avec ma fille aînée, dans un vieux château, ce que je préfère bien à une ville bruyante et étrangère pour moi : vous savez, ma chère Louise, que je n'ai jamais aimé les étrangers, depuis que pour la première fois ils nous ont apporté de la honte et des fers. Mais ne parlons pas de cela ; enfin, je ne désire que la solitude avec mes enfants, et je me fais un bonheur de la vie tranquille que je vais mener pendant quelques mois. J'aurais désiré emmener Rosamonde mariée; mais des obstacles ont fait retarder cette affaire, et je ne sais si elle pourra se conclure, car il faut de la raison dans une chose si importante. Si elle manque, le pauvre A... sera bien à plaindre. Quant à elle, sa parfaite raison régit toutes ses affections. Puisque vous êtes assez bonne pour vous intéresser à tout cela, je vous dirai ce qui en arrivera. Je n'oublierai jamais tout ce que votre amie m'a dit de bon à ce sujet. Hélas! elle aplanissait bien des difficultés : la reconnaissance me reste pour ses intentions pleines de bonté. J'ai reçu des nouvelles de la duchesse de Bassano. On m'a assuré qu'il leur avait été rendu, par l'empereur d'Autriche, une riche dotation en Italie. Je souhaite bien que ce soit vrai.

» Je vais souvent dans la rue Neuve... Je cause là à mon gré; je ne m'occupe pas de politique : ceux qui y comprennent quelque chose disent que tout marchera; tant mieux, si la paix, la tranquillité et le départ des étrangers sont le fruit de l'union intime. En attendant, la société est d'une intolérance révoltante : on se hait avec violence. Il me semble que de si vilaines passions doivent faire oublier d'aimer.

» Rosamonde compte vous envoyer une petite devise pour votre album, je l'adresserai de Bruxelles à M. de Lascours, pour vous la faire parvenir; je parle de vous avec lui, c'est un bon jeune homme (1). Son père a donné sa démission de préfet.

» Un de vos anciens amis (2) joue un grand rôle : lorsqu'il était en Hollande ou à Guatz, il ne pensait guère qu'il serait sur le quai Voltaire; il a écrit ces jours-ci une lettre rassurante.

» Chère Louise, pensez un peu à nous dans votre retraite; des deux bouts du monde il y a des cœurs que les opinions, la sympathie rapprochent, qui se devinent et s'entendent sans se voir, ceux-là ne sont jamais réellement séparés.

» Adieu, chère Louise, je vous embrasse bien tendrement. »

D'après ce que la grande-duchesse de Bade nous écrivait des bonnes intentions de son mari au sujet du séjour de la Reine dans ses états, et des démarches qu'il faisait près de M. Metter-

---

(1) Aujourd'hui général et pair de France.
(2) M. Decazes.

nich et près de la diète de Francfort, pour qu'elle fût autorisée à rester, sans être inquiétée, à Constance au moins jusqu'au printemps, nous pensâmes de nouveau à louer une maison dans cette ville. Pour être on ne peut plus mal dans une auberge, la Reine faisait une telle dépense, qu'elle n'aurait pu la continuer longtemps avec les ressources qui lui restaient; elle avait beau être déchue, exilée, persécutée, ruinée, les gens auxquels elle avait à faire persistaient toujours à voir en elle une Reine, de telle sorte qu'après avoir perdu tout l'éclat attaché à ce titre, elle en conservait toutes les charges et tous les désagréments.

La Reine voulait une habitation qui pût nous contenir tous, ce qui n'était pas difficile à trouver; mais la grandeur du local n'était pas la seule condition pour qu'il lui convînt, car en fait d'habitation elle était fort difficile.

On se rappelle à ce sujet toutes les courses, tous les plans qu'elle faisait du temps de sa splendeur, pour avoir dans le quartier Saint-Honoré un hôtel où sa chambre à coucher fût exposée au midi; dans les circonstances où nous étions à Constance, ses vœux étaient plus modestes, il ne s'agissait ni de palais, ni d'hôtel, mais bien d'une maison grande, propre, ayant une belle vue. Il n'y avait pas à y penser dans la ville, la Reine voulait le grand air, de l'espace, la vue de la campagne, et, s'il était possible, celle du lac. Nous trouvâmes enfin, dans une situation assez agréable, une grande maison sur laquelle la Reine fit ses plans d'installation : elle était située sur cette langue de terre qui se rapproche de Constance à l'endroit où le lac, se rétrécissant, rend le cours au Rhin, qui forme le trait d'union entre les deux lacs. Là est jeté le grand pont couvert, construit en bois, qui forme l'entrée de la ville du côté du pays de Bade.

Cette maison, qui par sa position a de loin quelqu'apparence, n'est en résumé qu'une bicoque mal construite; elle est percée de tant de fenêtres, que c'est une véritable lanterne ; on monte, par un escalier de bois, à une galerie ouverte également en bois, sur laquelle donne l'entrée de toutes les chambres de la maison, composée de cinq à six pièces assez mal closes et blanchies à la chaux.

Nous restâmes dans notre auberge en attendant que quelques réparations indispensables fussent faites.

Le 21 novembre, Lavalette avait été condamné à mort; mais comme il s'était pourvu en cassation, l'exécution de la sentence avait été ajournée. Ce bon Lavalette pendant tout le cours de son procès montra du courage, du sang-froid, de l'urbanité, unis à tout le calme d'un homme de bien. Lorsqu'il connut la composition du jury appelé à le juger, il se pencha à l'oreille de son avocat et lui dit: *Je suis condamné.* L'honorable M. Tripier, qui avait la plus grande confiance dans la bonté de sa cause, n'ajouta pas foi à ces sinistres paroles; aussi lorsqu'il entendit la terrible déclaration, en fut-il anéanti; se laissant tomber sur son banc, lui qui était d'une petite taille, il disparut en quelque sorte; alors Lavalette se tournant vers lui le chercha et lui tendit la main, puis, quand furent prononcés ces mots *à la peine de mort*, il lui dit: *Que voulez-vous, mon ami, c'est un coup de canon* (1). Et après

---

(1) M. Lavalette, qui avait les formes les plus douces, les plus polies, les plus affables, et qui possédait tout ce qui distingue l'homme le mieux élevé, avait cependant passé dans les camps la plus grande partie de sa vie, et, durant les guerres de la révolution, il s'était élevé à un grade supérieur. Le général en chef Bonaparte se l'attacha comme aide-de-camp en Égypte et en Italie. A cette époque, M. Lavalette avait été lié d'amitié avec le général Clarcke, que la Restauration avait fait maréchal de France, et qui se trouvait être un des ministres de

avoir salué de la main les employés des postes qui avaient figuré comme témoins dans le procès, il leur dit de la manière la plus affectueuse : *Adieu, messieurs de la poste.*

Madame Lavalette avait sollicité une audience du Roi ; elle avait été reçue aux Tuileries, et les amis de son mari en concluaient que Louis XVIII inclinerait à la clémence. Quant à moi, le triste sort infligé au maréchal Ney ne me rassurait guère ; mais la Reine ne désespérait pas.

« C'est trop, disait-elle, d'avoir sacrifié à la vindicte d'un parti une victime aussi illustre que le maréchal Ney ; et le mauvais effet qu'a produit sa mort déterminera certainement les Bourbons à ne pas renouveler de pareilles impressions. »

J'aurais voulu me rendre aux raisons que le bon jugement et le cœur de la Reine lui sug-

---

Louis XVIII. Lorsque M. Lavalette eut vu rejeter son pourvoi, il songea à échanger le supplice de la guillotine contre la mort infligée aux soldats ; il écrivit donc à Clarcke, et le pria d'obtenir pour lui, du roi, la faveur d'être fusillé. La réponse de l'ancien camarade de Lavalette ne se fit pas attendre ; mais on aura peine à y croire : Clarcke lui fit dire que l'échafaud était assez bon pour lui ! Lavalette avait les larmes aux yeux lorsqu'il nous racontait, pendant son exil, combien il avait été affligé de cet atroce procédé. « J'aurais cru, disait-il, l'amitié de Clarcke à l'épreuve des passions politiques. »

géraient, mais je tremblais trop pour les jours de cet excellent Lavalette, et ce ne fut pas sans un chagrin profond que j'appris le rejet de son pourvoi. Je n'attendais plus que les détails de sa triste fin, lorsque le journal du 21 décembre nous annonça son évasion. Les barrières de Paris avaient été fermées et les précautions si bien prises, que nous n'osions prévoir qu'il pût échapper aux recherches dont il était l'objet.

La Reine, toujours incorrigible sur sa croyance au pardon royal, s'affligeait presque de cette évasion (1). « On lui aurait fait grâce, disait-elle; il aggrave sa position, car à présent, s'il est repris, il est perdu. » Je le pensais comme elle; aussi était-ce avec une anxiété bien vive que nous attendions l'arrivée de chaque courrier.

Je reçus, dans ce temps, une lettre de ma

(1) Le crayon a reproduit d'une manière bien satirique le pardon que le souverain réservait à Lavalette. Une caricature représentait un prisonnier d'état s'échappant de sa prison ; non loin de là, un échafaud dressé attendait le patient ; puis, Louis XVIII, sur le premier plan du dessin, désignant de la main le fugitif et laissant échapper ces paroles : *Ingrat! tu fuis ma clémence.* Ce fut un des amis de Lavalette qui lui envoya cette caricature, dont nous nous amusâmes beaucoup et qui lui valut souvent, de notre part, mais dérisoirement, le titre *d'ingrat*, bien mal appliqué, suivant moi, car peu de personnes ont poussé plus loin la reconnaissance.

chère amie, madame de Krüdner, que je place ici, pensant que tout ce qui vient de cette femme, vraiment extraordinaire, doit vivement intéresser.

Bâle, le 21 décembre 1815.

« J'ai reçu hier votre lettre de Constance, chère Louise; je vous en ai adressé une à Berne, que mon fils devait vous envoyer; l'avez-vous reçue?

» A présent, revenons-en à votre douleur : pauvre amie, que vous avez souffert! Ah! ne doutez pas que le Seigneur des cieux et de la terre ne vous envoie ces épreuves pour que vous soyez tout à fait et sans réserve avec *lui*, à Jésus-Christ.

» C'est lui qui vous a acquis, par sa mort, le pardon de vos péchés et une félicité éternelle qui commence ici-bas. Vous verrez alors ce que goûtent ceux qui se confient en lui; priez souvent, chère amie; restez à ses pieds, souffrez avec résignation, et priez pour le cœur qui vous afflige; il sentira un jour le trésor qu'il a eu en vous, et ma chère Louise, tout à son Dieu, à son Jésus-Christ, et véritable et bonne chrétienne, deviendra l'ange de son avenir. Cette idée sublime, pour laquelle je vous convie, est faite pour les âmes nobles qui sont rentrées dans leur première origine.

» Sans doute, les douleurs du cœur sont cruelles; mais, ainsi que je le désire, souvent toute notre vie passée n'est qu'une goutte, car l'océan de l'éternité nous reste; et si nous n'avions pas ces douleurs, viendrions-nous à cette félicité que veut nous donner un Dieu immense en charité?

» Ah! nous ne pouvons seulement deviner ce que le Seigneur veut déjà nous donner sur cette terre; mon cœur l'espère avec douceur, avec bonheur; que vous, et cette chère Duchesse, soyez aussi heureuses que vous le méritez! »

La fin de décembre approchait; les caisses qui contenaient les meubles envoyés de Paris à Prégny, et qui nous avaient suivis à Constance, arrivèrent. Ce fut pour nous un moment heureux, que celui où nous retrouvâmes ces vieilles connaissances. Des papiers de tenture, tels qu'on avait pu se les procurer, avaient recouvert les murs blancs de plusieurs pièces de la maison que nous allions occuper; on s'empressa de tout déballer et d'y placer les meubles.

C'était avec une joie d'enfant que nous faisions mettre en place chaque objet, et que la Reine présidait aux arrangements de sa nouvelle demeure. Après avoir campé dans de mauvaises auberges de la Suisse, il y avait pour elle des délices incomparables à retrouver son grand lit, et échanger les chaises de bois ou de paille pour un bon canapé dont elle était privée depuis longtemps. Un piano fut établi dans la pièce *glorifiée* du nom pompeux de salon. La Reine s'enveloppait de son manteau pour se rendre de là, par la galerie ouverte, soit dans la salle à manger, soit dans sa chambre à coucher. Il y avait beaucoup à faire pour éviter le froid. Mais ces inconvénients de la localité, qui lui eussent semblé fort grands dans les moments de sa splendeur, disparaissaient pour elle, et elle était contente d'avoir enfin *un petit chez soi*.

Nous reprîmes nos occupations habituelles si longtemps délaissées : la musique, le dessin remplirent nos journées solitaires. Les croquis pris au vol furent remis au net, j'en avais envoyé quelques-uns d'Aix à Isabey; voici ce qu'il me répondit :

Paris, 26 décembre 1815.

« J'ai reçu votre première lettre, et aussitôt je me suis occupé de faire ce que m'inspirait le dessin qui y était joint, tant bien que mal. Vous verrez que l'intention de bien faire se réunissait au plaisir que j'ai de vous être agréable.

» Je voulais vous écrire et vous l'adresser du jour au lendemain ; pensant à vous, je disais j'écrirai, mais je n'en faisais rien, lorsque, pour augmenter les reproches que je me faisais, est arrivée votre seconde lettre accompagnée de deux vues du Bourget. D'après l'ordre et la permission que vous me donnez par écrit, je me suis empressé d'en faire une esquisse pour vous rappeler, ainsi qu'à madame la Duchesse, ce que moi et Thomas (1) nous avons si souvent répété : *tempérée est la couleur que prennent la terre, les arbres et les rochers, sur le ciel et sur l'océan*, particulièrement sur le lac du Bourget. Je n'ai jamais vu montagne soulevée avec autant de vigueur sur l'air immense qui semble l'enlever ; souvenez-

---

(1) M. Thomas était un paysagiste distingué ; il est mort il y a quelques années à la cour de madame la grande-duchesse Stéphanie.

vous bien de cela; puis, avant de commencer à faire du détail, faites des masses; que de loin votre paysage semble être terminé; alors vous le regarderez de près, et sans rien déranger du parti d'effet que vous y avez mis, vous bassolez des biorotes (ce qui veut dire, en style de M. Thomas, *minutieux détails*.)

Celui de madame la duchesse de Saint-Leu est mieux que le vôtre sous ce rapport; le vôtre est bien par la touche, ferme du devant. Il me plaira bien de vous donner des avis : je suis pour la peinture ce qu'un amant est pour sa maîtresse; j'aime à entendre dire : elle est aimable, elle est faite pour faire oublier tous les chagrins de la vie et en charmer tous les instants; je parle en amant passionné, mais vous me pardonnerez en vous souvenant que vous m'avez dit quelquefois que j'étais un de ses favoris; en tout cas je ne suis point ingrat, car je m'en occupe beaucoup. Tant qu'il fait jour je fais des portraits, et le soir je dessine tout ce qui me vient par la tête : histoire sacrée, romans, paysages, folies, folies gaies bien entendu, car c'est toujours là le faible d'Isabey.

J'ai intitulé cette petite suite du titre de mes soirées de 1815; et pour texte : *Plaisirs d'a-*

mour ne durent qu'un moment, plaisirs des arts durent toute la vie.

» Je vais répondre à votre première lettre, par laquelle vous me demandez une neige de Cicéri, de la sépia, des modèles de petites figures.

» Cicéri m'a promis et tiendra parole, je vous l'enverrai par la première occasion ; voici le seul bâton de sépia qui me reste, j'en attends de Rome, et vous en enverrai encore. Quant aux figures, je vous conseille de faire l'acquisition de la charmante collection de ces jolis costumes suisses, que bien sûr vous pouvez vous procurer, et mettez-en dans vos paysages. Si vous voulez des costumes de ville, abonnez-vous au *journal des Modes,* faites-en demander la collection, cette suite a été faite par Vernet père et fils ; elles sont composées à merveille : si vous le désirez, je vous en ferai la recherche.

» Relativement au désir que vous m'exprimez de correspondre avec moi, je vous le répète : à cela près de la peine que j'ai à me mettre à écrire, pour moi ce sera tout honneur et tout plaisir. En voyant cette immense lettre, il me semble vous entendre dire : il n'est pas si paresseux, car il en a écrit long! Hé bien.

dussiez-vous le dire, je ne quitterai la plume que lorsqu'elle vous aura assuré du profond respect de votre humble serviteur, et qu'elle vous aura prié de présenter à madame la duchesse les vœux que je fais pour que la paix soit dans son excellent cœur.

» Toute ma famille me prie de vous adresser leurs bons souhaits pour l'an 1816. »

VIII.

L'album quotidien. — Le commencement d'une nouvelle année. — Lettre du prince primat. — Les vieux conventionnels errants. — Mort de la femme de l'un d'eux. — Inhumanité des Suisses; affreuse misère. — Le citoyen Bréval, pensionné de la Reine et du prince Eugène. — Il devient fou; sa mort. — Le citoyen de La Brunnerie. — Énergie de son caractère. — Il condamnerait encore Louis XVI. — M. Lavalette hors de France. — Sa femme est prisonnière. — Elle tombe dangereusement malade. — On traque partout les proscrits. — Arrestation des officiers anglais, complices de l'évasion de M. Lavalette. — La princesse régnante de Hohenzollern-Sigmaringen vient voir la Reine. — Elle a pris soin d'Eugène et d'Hortense. — Son fils épouse une nièce de Murat. — Catastrophes prédites par madame de Krüdner. — Futur mariage du prince Léopold de Cobourg. — Mademoiselle Cochelet lui écrit. — Ses pillages en Champagne.

Ce fut avec les premiers jours de la prise de possession de notre nouveau bien-être, que commença l'année 1816; avec elle arrivait pour moi une vie nouvelle : les beaux temps de ma jeunesse étaient finis; mais j'espérais que le malheur aussi avait son terme. Là s'arrête le journal si fidèle de tout ce qui avait pour moi quelque importance. Cet album qui me gardait la date de mes plus doux souvenirs et auquel j'avais pris l'habitude de confier mes plus secrètes pensées a été jusqu'ici mon guide; mais les événements qui vont suivre, ayant une marche moins rapide, je n'aurai plus besoin de jalons pour les retrouver, et je regrette peu l'aide de mes vieilles paperasses.

Irrévocablement dévouée à la Reine, je me regardais comme ensevelie avec elle, dans notre profonde retraite; et nos journées s'écoulaient trop uniformément pour trouver de l'intérêt à prendre la date de chacune. Je suppléai bientôt à cette habitude d'écrire tous les jours, par une correspondance assez suivie avec mes amis absents; mes lettres à une personne que j'affectionnais beaucoup renfermaient les détails exacts de tout ce que nous faisions, si bien qu'elles auraient pu remplacer mon journal, mais je n'ai pas jugé à propos de les redemander.

Mon affection pour la Reine, pour son fils si intéressant, me tenait lieu de tout; et les témoignages honorables d'estime que je recevais de différentes personnes me montrèrent qu'en obéissant aux impulsions de son cœur, on obtient aussi quelquefois l'approbation accordée à l'accomplissement d'un devoir. Je ne citerai, pour preuve de cette vérité, qu'une lettre du prince primat, qui m'avait toujours honorée d'une bonté toute particulière. Cet homme de bien si respectable était, comme nous, frappé par les événements.

Ratisbonne, 19 décembre 1815.

« Mademoiselle,

» Il est bien digne de votre excellent caractère de vous dévouer, pour la vie, dans le profond sentiment d'une vive et constante amitié, à l'excellente duchesse de Saint-Leu, dont l'âme noble et sublime est si supérieure aux événements de ce monde versatile. Hortense, digne fille de Joséphine, sœur d'Eugène, tendre mère d'excellents enfants, inspire l'attachement, commande la vénération des cœurs. Jouissant du bonheur de la connaître personnellement, j'ai le pressentiment que le prince Eugène, admirable sous tous les rapports, sera la boussole parfaite de sa sœur chérie, et qu'elle-même sera la boussole de son amie Cochelet.

» Depuis le commencement de la guerre, j'ai perdu pour toujours mon existence, mon titre et ma fortune. Dans le calme de mon âme et la pureté de ma conscience, je vis plus heureux que jamais. Comme archevêque de Ratisbonne, je prie pour les pauvres auxquels je consacre les faibles débris de ma fortune. Le conseil ecclésiastique de Constance est chargé de l'administration de son diocèse, trop chargé pour que je puisse m'acquitter moi-même de ce devoir.

» C'est ainsi que je compte finir mes jours, adressant sans cesse mes vœux au ciel pour le parfait bonheur de la duchesse de Saint-Leu, de ses aimables enfants et pour la vôtre.

» Agréez l'hommage,

» Mademoiselle, etc., etc.

» CHARLES, archevêque. »

Au milieu des jours les plus froids de l'hiver de ces climats rigoureux, nous vîmes arriver plusieurs pauvres vieux conventionnels qui, chassés de France, ne trouvaient nulle part un coin où reposer leurs têtes. Ils s'étaient d'abord réfugiés en Suisse; mais, repoussés par le gouvernement, ils avaient reçu l'ordre de quitter immédiatement Berne, où ils avaient compté passer l'hiver. Ils étaient tous infirmes et malheureux. L'un d'eux avait sa femme avec lui : elle s'était enrhumée; obligée de partir à l'improviste, elle fut atteinte d'une fluxion de poitrine en route, et mourut à Constance peu de jours après son arrivée. Ils marquèrent ainsi, par une tombe, le lieu de leur premier repos!!! Ils recoururent à la Reine, dans leur détresse, et en furent secourus autant que cela était dans ses moyens. Ce qui ne manquait jamais à ses bienfaits, c'était l'accueil bienveillant qui console et rend éternelle la reconnaissance douce au cœur de celui qui la doit.

Parmi ces pauvres conventionnels, il en était un qui se nommait Bréval : dans le temps de la terreur, pendant laquelle l'impératrice Joséphine avait été arrêtée, M. Bréval lui avait rendu des services qu'elle n'avait jamais oubliés : la Reine et le prince Eugène se réunirent pour lui faire une pension, qu'ils lui continuèrent jusqu'à la fin de ses jours. Il devint fou, et vécut encore quelques années dans ce misérable état. Au nombre de ces vieillards affaiblis par l'âge et les souffrances, on en citait un qui supportait ses maux avec la plus étonnante philosophie ; dans son exil, il conservait l'âme énergique qui l'avait lancé dans la tourmente révolutionnaire. Il était d'un département méridional de la France, et se nommait de Labrunnerie. Il séjourna quelques années à Constance, où il mourut. Je l'avais rencontré souvent dans une famille avec laquelle j'avais des relations. Lorsqu'on l'interrogeait sur la part qu'il avait prise à la condamnation de Louis XVI, dont il expiait alors la trop grande rigueur, il répondait que, si c'était à recommencer, son vote serait le même ; que, suivant sa conscience, Louis XVI trahissait la France; qu'il s'entendait avec les étrangers, auxquels il avait eu l'intention de la livrer, qu'ainsi il s'était rendu coupable de haute trahison, et avait été puni justement.

Le silence que les journaux et les lettres particulières gardaient sur le sort de Lavalette nous donnait l'espoir qu'il avait échappé à toutes les recherches. Nous apprîmes enfin, par une lettre de la grande-duchesse de Bade, du 29 janvier 1816, qu'il avait été assez heureux pour sortir de France : qu'il avait passé par Carlsrhue en bonne santé, et qu'il avait continué sa route en pays étranger. Sa malheureuse femme ne fut, hélas! pas rassurée aussitôt que nous sur son sort : retenue en prison, à la Conciergerie, dans un état de santé des plus inquiétants, et qui demandait de grands ménagements, ses organes succombèrent à des épreuves au-dessus de ses forces. Elle relevait de couches quand elle fut arrêtée. La chambre humide qu'elle occupait, le manque de soins, les continuelles et pénibles interrogations par lesquelles on espérait arracher à cette jeune et intéressante femme des éclaircissements sur l'évasion de son mari, tout contribua au mal cruel dont elle n'a pu guérir.

Tandis que nous apprenions que son mari était à peu près hors de danger, les journaux nous donnaient la nouvelle que, le 11 janvier, il avait été *exécuté en effigie en place de Grève*. Ainsi, évidemment on l'aurait sacrifié, s'il avait été repris. Combien madame Lavalette devait être à plaindre si elle cherchait dans les papiers publics une diversion à ses peines d'alors! Une pareille exécution, outre les mauvais traitements dont elle avait à souffrir, devait lui laisser peu de confiance dans la miséricorde de ses persécuteurs : l'organisation des cours prévôtales, la nomination de leurs présidents, le 13 janvier, et cette cruelle loi d'amnistie, qui semblait rechercher de nouvelles victimes au lieu de les absoudre ; toutes les actions du nouveau gouvernement, enfin, lui auraient inspiré de nouvelles terreurs. Il n'y avait pas de jour où il n'y eût des arrestations, des procès, des condamnations à mort, *sans grâce !* Les conseils de guerre, les cours d'assises et les cours prévôtales fonctionnaient sans cesse ; ceux que les sentences fatales ne pouvaient atteindre, fuyaient proscrits, sans savoir où trouver un asile.

La Belgique recevait, de plus puissants qu'elle, l'ordre de chasser de son territoire tous les exilés, à moins qu'une permission expresse de séjour ne leur fût accordée par la Sainte-Alliance. Le gouvernement suisse allait au-devant de ces mesures sévères ; il repoussait les proscrits, et faisait chercher partout le malheureux Lavalette. Les officiers anglais qui avaient aidé à sa fuite furent arrêtés le 14 janvier, et ils expièrent, par trois mois de prison, les nobles sentiments d'humanité dont ils avaient donné un si bel exemple pour un homme qui leur était tout-à-fait étranger.

Dès le 18 janvier, les journaux nous avaient dit Lavalette réfugié en Bavière ; mais nous ne fûmes réellement rassurées sur lui que lorsque nous sûmes, par la grande-duchesse de Bade, qu'il était passé par Carlsruhe.

Dans l'isolement profond où nous vivions, la Reine reçut pourtant plusieurs marques de souvenirs affectueux, auxquels elle fut très-sensible. A peine fut-elle arrivée à Constance, que la princesse régnante de Hohenzollern-Sigmaringen se rappela à elle de la manière la plus tendre : nous ne fûmes pas plus tôt installés dans notre demeure, que cette princesse vint y passer un jour avec elle. Née princesse de Salm-Kirbourg, elle avait épousé fort jeune le prince de Hohenzollern-Sigmaringen ; elle avait beaucoup vécu à Paris, chez son frère, qui avait fait bâtir le délicieux hôtel de Salm, aujourd'hui le palais de la Légion-d'Honneur. La princesse s'était liée intimement avec M. le vicomte de Beauharnais et sa jeune et aimable compagne. Lorsque les malheurs de la révolution arrivèrent, M. et madame de Beauharnais, inquiets pour leurs enfants, les confièrent à la princesse et à son frère le prince de Salm, qui se réfugiaient en Angleterre ; mais un décret ayant été rendu contre les individus qui émigreraient, M. de Beauharnais ne voulut plus que ses enfants quittassent la France, et il les fit redemander à la princesse, qui était encore dans une terre de son frère, près de Saint-Pol, en Flandre. Elle revint à Paris pour y ramener Eugène et Hortense. Cette circonstance fit qu'elle ne quitta pas la France. Son frère, plus tard, fut emprisonné et périt sur l'échafaud. Lorsque M. et madame de Beauharnais furent arrêtés à leur tour, leurs enfants, abandonnés aux soins d'un précepteur et d'une gouvernante, retrouvèrent dans la princesse de Hohenzollern la tendresse et la sollicitude d'une mère. Tous les jours on les conduisait près d'elle, au palais de Salm, qu'elle habitait encore sous la garde d'un gendarme.

Lors des grandeurs de l'empire, l'impératrice Joséphine et la reine Hortense furent heureuses de se rappeler la reconnaissance qu'elles devaient à l'affection et à la sollicitude de la princesse; et les princes de Hohenzollern-Sigmaringen furent toujours bien traités par l'empereur Napoléon, qui fit épouser au fils de la princesse une nièce de Murat, qu'il avait fait élever et qu'il dota avantageusement.

Le voisinage de Sigmaringen, comme on le pense bien d'après les détails que je viens de donner, entrait pour quelque chose dans le désir que manifestait la Reine de se fixer à Constance. Le malheur qui lui avait valu les soins de l'excellente princesse de Hohenzollern Sigmaringen dans son enfance était revenu dans un autre genre, et elle retrouvait en elle, comme dans les temps passés, l'affection d'une mère tendre.

La princesse avait été une des plus belles personnes de son temps; lorsque nous la revîmes à Constance, elle était encore charmante; sa bonté, son esprit vif et cultivé, le calme et l'élégance de ses manières avaient survécu à l'âge, et en faisaient toujours une femme aimable et remarquablement distinguée. La Reine, qui lui était fort attachée, ne tarda pas à lui rendre sa visite à Sigmaringen où elle fut reçue comme elle l'eût été du temps de sa haute fortune! cette noblesse de cœur, cette véritable grandeur, ne se trouve pas chez tous les princes comme dans la maison de Hohenzollern.

Je reçus vers la fin de janvier des nouvelles de cette bonne madame de Krüdner. Je crois devoir placer ici sa lettre.

Bade, le 27 janvier 1816.

« Chère amie, j'ai reçu votre lettre hier, et elle m'a vivement touchée. Vous savez comme je vous suis dévouée et à cette chère Duchesse, qui déjà il y a sept ans fit une profonde impression sur moi. Oh! combien elle sera heureuse quand son cœur, toujours plus rempli du Dieu vivant, éprouvera les délices attachés à la religion du Christ. Nous sommes au moment de voir les plus terribles calamités, peu de mois peut-être, et l'Europe sera bouleversée. O ma chère Louise! employez le peu de temps de repos qui reste à vous habituer toujours plus à la prière; allez tout dire au Sauveur, non avec beaucoup de paroles, mais en lui donnant votre cœur. Il peut, il veut nous donner une félicité sans bornes; mais comment y parvenir si nous n'imitons sa vie, et comment entendre sa voix au milieu de ce qui nous absorbe et flatte nos goûts, nos passions si contraires à la vie divine!

» O ma chère Louise! je vous en conjure, ne négligez pas le temps qui vous reste pour votre salut éternel, vous pouvez avoir un Sauveur compatissant qui vous montre ce cœur qu'il fit déchirer pour votre salut; ne lui refusez pas quelques misérables sacrifices, marchez comme vous avez commencé et pensez qu'il est terrible d'avoir un juge!

» Oui, votre cœur vous le dit bien, Dieu est un abîme d'amour, mais il veut que nous ne refusions pas l'immense grâce qu'il nous offre; le sang de l'Homme-Dieu versé nous montre assez que le monde, qui est le péché, est en horreur à Dieu.

» Persévérez, priez : l'heure de la tentation approche; je vous conjure de veiller et d'être souvent en prière au pied de la Croix ; rappelez-vous *ce que je vous ai déjà dit*, les calamités approchent comme un ouragan qui s'élève tout à coup, si votre amie cède à la tentation, elle est perdue! Qu'elle se rappelle ce que lui offrit l'ami généreux vers lequel son cœur la porte, qu'elle en fasse usage, et fuie dès que les grands événements s'approcheront. Je réponds que son pays lui sera ouvert.

» Je n'ose écrire à la Duchesse aujourd'hui, il faut en tout que je sache ce qui m'est entièrement permis ou non; les formes ont cessé pour moi, elle ne peut douter que j'aie pour elle les égards respectueux commandés par sa position, mais je puis dire de plus que mon cœur la chérit, que mes prières demandent son bonheur et le vôtre, chère amie.

» Aimez-moi, ma chère Louise, vous le devez. Je suis charmée que vous ayez écrit à l'ange du Nord. Je n'en n'ai pas de nouvelles depuis longtemps, mais j'en attends incessamment. Madame Armand veut vous écrire et vous donner des extraits et des fragments du journal de notre vie, qu'elle fait et qui est si remarquable.

» Nous venons d'éprouver des persécutions à Bâle, les miracles de conversions étaient si grands, la foule se portait tellement vers nous pour faire des aveux de cœur, les assemblées que tenait le jeune prêtre que vous connaissez ont produit des fruits si beaux de repentance, que les ténèbres en ont été épouvantées; de mon côté, depuis le matin les personnes les plus riches comme les plus pauvres venaient me parler de leur âme, se confesser sur différentes choses, quelquefois sans me connaître du tout.

» Enfin, le magistrat de Bâle a supposé des vues politiques, je pense, car on a été fort inquiet. J'ai répondu que partout c'était la même chose, qu'on ne pouvait empêcher d'obéir au Seigneur, que les temps de calamités approchaient, que nous étions des messagers qui allions d'un endroit à l'autre prêcher la repentance et la bonne nouvelle de l'Évangile de Christ notre adorable maître et sauveur, qui ne veut que sauver; que partout nous avions notre culte domestique, que nous n'avons pu nous empêcher de nous rendre aux sollicitations de ceux qui voulaient y venir, mais que pour tranquilliser les magistrats, j'irais à quelque distance de Bâle.

» Je vous écris d'une petite maison délicieuse pour moi, c'est-à-dire des bords du Rhin, où j'ai deux chambres, quelques tables de sapin, un banc, deux chaises, et un matelas. C'est le Seigneur qui m'y a conduit lui-même : il me semble que le paradis est en moi. Je pense à ces vanités que nous achetons si chers, à ces palais que j'habitais, et où j'étais si malheureuse. Oh! que nous sommes dégradés et aveugles! nous pouvons avoir Dieu dans notre cœur, avoir les félicités les plus inouïes, et nous nous prostituons au monde.

» Je n'ai plus le temps de continuer. Soyez sûre que mon fils vous est bien dévoué; mais il n'écrit pas, il est très-harassé par sa position, n'ayant pas tiré ses appointements, éprouvant de mauvais procédés, et je ne puis rien lui envoyer; d'ailleurs sa délicatesse me cache tout; mais je le sais (ceci entre nous). Madame A... va vous écrire plus en détail. Que je suis aise de votre désir de vous confesser! le Seigneur vous enverra quelqu'un, en attendant confessez-vous à *lui*.

» Portez-vous bien, chère Louise, je vous remercie de tant d'amitié, témoignez-en ma vive reconnaissance à votre amie, que je voudrais bien revoir; mais ma destinée est celle d'un enfant, je ne fais pas un pas sans être conduite, et je crois que c'est vers le Nord que je vais aller; au reste, je l'ignore encore.

» Je n'aurais guère pu vous écrire, je voyais tant de monde que je ne pouvais plus écrire à personne; il est trop important d'être fidèle à ma mission. Je suis la servante misérable, il est vrai, mais enfin la servante de mon Dieu Jésus-Christ.

» Monbl.... est tout-à-fait converti; ce sera un grand homme!

» Ma fille est à Bâle, et vous est bien dévouée.

» *Mes tendres respects à madame la Duchesse.* »

Quoiqu'il y eût longtemps que je n'eusse

aucune correspondance avec l'excellent prince Léopold, l'amitié, l'intérêt que nous lui portions, me fit recevoir avec un vif plaisir la nouvelle du brillant mariage qui se préparait. La première annonce nous en fut donnée par le journal du 20 janvier; d'autres feuilles publiques nous ayant confirmé cet événement, je lui écrivis pour le complimenter.

AU PRINCE LÉOPOLD.

Constance, 2 février 1816.

» *Un bruit assez étrange est venu jusqu'à moi, Seigneur,* et je le crois très-digne de foi; on dit que vous allez devenir *roi* ; avant de vous donner ce titre, permettez-moi de vous appeler encore, et de vous croire pour toujours mon ami. Vous voyez que je lis les gazettes, elles sont souvent bien menteuses, mais, pour cette fois, je veux les croire comme l'Évangile, aussi, *mon roi,* comme je vous le disais, ce printemps, vous serez le meilleur; *sire, que votre majesté ne se mette pas en colère,* ce n'est pas beaucoup demander. Trève de plaisanterie, direz-vous; mais ce qui n'en est pas une, et vous en êtes bien convaincu, c'est que vous ne serez jamais aussi heureux que mon cœur le souhaite. Vous imaginez le plaisir que cette nouvelle a fait à notre amie; elle me charge bien de vous le répéter : Vos sujets, qui sont nos ennemis, deviendront par là nos amis. Je crois que je ferai un voyage dans votre île avec un grand plaisir; vous n'y serez pas comme Robinson, mais je crois que si vous y régnez, on pourra la surnommer *l'Ile heureuse*. Je me trouve bien la dupond'un courtisan; mais comme il ne faut gâter ceux qu'on aime que lorsqu'ils le méritent, je dirai donc au prince Léopold, que je suis fâchée avec lui : il a passé à Berne le même jour que nous; son bon génie ne l'avertit donc pas que nous étions là; et certes Dieu nous devait bien ce dédommagement que nous puissions voir un ami dans cette ville. Les Bernois, je ne changerai rien au dicton, sont *des ours mal léchés*. Vive la liberté de la Suisse! Allez, c'est bon dans un roman, comme leur hospitalité envers le malheur; et, dût-on me mettre en prison, je répète ce que j'ai dit à d'autres, parce que c'est juste : *Une partie des cantons suisses jouent au gouvernement, comme les enfants jouent au régiment.* Me voilà loin de mon sujet; mais ces Bernois me mettent hors de moi. Vous passez donc à Francfort, on vous y parle de moi; la personne qui me rappelle à vous est si bien pour moi, depuis qu'elle me croit malheureuse : elle vous fait parvenir ma lettre qui en contenait une autre, qui valait bien que vous me dissiez l'avoir reçue. Accusez-vous, cela vaudra mieux que de mauvaises excuses. Je me plains ainsi, parce que je crois à votre intérêt, et ce n'est qu'en l'apprenant par vous, que je pourrais croire que vous n'êtes plus le même pour vos amis. Je vous disais donc dans cette lettre tous les mal entendus pour ces cassettes qu'on devait vous remettre; la reconnaissance n'en est pas moins la même que si le service était rendu (1).

» Je reviens à notre histoire. Au bout d'un mois d'auberge, et quelle auberge dans cette saison ! nous avons trouvé, enfin, une campagne qui pourrait être celle de Neptune; elle pourra devenir délicieuse dans trois mois; mais dans ce moment, pour parler plus chrétiennement, s'il arrivait quelque inondation, j'espère que Dieu en ferait une petite arche.

(1) Ces cassettes contenaient les diamants de la Reine, dont le roi Léopold avait offert de se charger pour les lui faire parvenir d'une manière sûre.

Certainement je compte plus sur lui pour nous que sur tous *les anges terrestres* que nous connaissons. Devons-nous encore les aimer? Souvent je dis *non*, et mon cœur me ramène à dire *oui*. Voilà pour tout autre que pour vous; mais vous savez bien de quel ange je veux parler (1). Non, non, ne parlons pas du tout de son intérêt, d'abord parce que notre habitude n'est pas de nous vanter; et certes, jamais vanité n'eût été si mal placée. Je crois à cet intérêt; mais, jusqu'à présent, c'est bien sur parole. Au reste, qu'on nous laisse dans notre retraite : elle est profonde; mais elle nous convient par goût et par position; car vous savez que toute cette fortune est un peu le pot au lait de Perrette. La comparaison est peu noble; mais elle convient à des personnes dont les goûts et l'ambition sont les champs. Nous changerions volontiers nos couronnes d'*épines* contre celles de fleurs. J'appelle les premières celle des rois, et j'ai bien vu par expérience que le bonheur n'était pas dans leurs palais. Pour continuer mes folies, vous devriez bien vous en faire bâtir un par Berthellemot (2),

---

(1) L'empereur Alexandre.
(2) Fameux confiseur au Palais-Royal, à Paris.

comme celui du roi de Cocagne; cela ne déplairait pas à un pillard de confitures : vous seriez à même de faire une restitution à cette chère madame d'Harville (1). Mais moi qui fais les confitures comme on doit en manger au paradis, on ne sait pas ce qui doit arriver, je vous demande donc par avance cette charge dans vos états, avec un brevet. Si je relis tout ceci, vous l'enverrai-je? moi si triste; mais vous savez bien qu'avec vous je retrouve ma gaieté et le bon temps si passé. Eh bien! après tant d'événements malheureux, le cœur si froissé de toutes manières, si j'étais bien tranquille sur l'avenir de mon amie, sur le sort de ma chère famille, je me trouverais à merveille.

» Je ne regrette pas le monde, ce gouffre des passions; même ma patrie : elle est trop étrangère dans ce moment. Donc je voudrais rester ici, réunir les miens, quelques amis, et

---

(1) Le prince Léopold, à qui mademoiselle Cochelet reprochait, en 1814, le pillage des armées ennemies dans lesquelles il avait un commandement, s'excusait, pour sa part, d'y avoir contribué ou de l'avoir toléré; toutefois, il avouait fort gaiement qu'étant logé en Champagne, chez une madame d'Harville, qui avait abandonné sa maison, il trouva, dans la chambre où il était couché, une grande armoire vitrée remplie de pots de confitures, qu'il n'avait pu résister à la tentation d'en manger, et il ajoutait qu'elles étaient fort bonnes.

je serais heureuse, je me souviendrais de quelques beaux jours. Qui connaît dans ce moment une de nos journées, connaît les semaines et les mois. Notre intérieur est le plus modeste des modestes. Notre cher prince, l'abbé, M. de Marmold, voilà notre société. Avant dîner, qui est à midi, chacun reste chez soi; on se promène après, si le temps le permet; ensuite nous nous désunissons à quatre heures : chacun rentre dans sa chambre; moi j'écris ou je reste avec mon amie. Ses qualités augmentent avec ses malheurs. Nous soupons à sept heures; après elle fait un peu de musique. Constance l'inspire : elle y a fait des romances charmantes. Nous lisons, et à dix heures on va se coucher. Personne à voir dans ce bon et beau pays.

» Je suis cependant depuis huit jours au lit, d'une fièvre nerveuse; je prends courage. Mon Esculape n'entend pas le français : cela me désole. Je veux apprendre l'allemand, et le seul maître à Constance est fou : il se croit le prince des Asturies.

» Vous devriez bien m'envoyer un petit dessin, pour en remplacer un que vous m'avez fait, et qui n'est guère bon pour un particulier, encore moins pour un prince ou un roi. Adrien vient me rejoindre dans un mois. L'ange aurait bien dû tenir ses belles offres pour lui! Que c'est triste à son âge, sans carrière, avoir perdu sa fortune et obligé de renoncer à sa patrie! Ma position rend celle de mon frère peu bonne. Voilà où mon cœur est desséché. Carli part dans un mois pour l'Amérique; c'est peut-être un adieu éternel! Je vous quitte; je retombe dans mon caractère d'à présent, qui est la tristesse. Adieu, cher ami! »

IX.

Momeries et hypocrisie de la restauration. — Cruauté et bigotterie. — Le testament de Marie-Antoinette. — Le mariage du duc de Berri, espoir des proscrits. — Dureté de Decazes envers madame Lavalette. — Cette femme intéressante est frappée de démence. — Lettre de madame la duchesse de Bassano. — Les Bernois, espèce de bêtes féroces. — L'archi-duchesse Marie-Louise. — Talleyrand, ou le méchant boiteux. — Lord Kinaird. — Le prince Eugène vient voir sa sœur. — Joie de la reine. — Elle achète une chaumière. — Un site admirable. — Demande au grand-duc de Bade. — Refus de ce prince. — Toute la diplomatie en émoi. — La politesse de M. de Metternich. — La reine reçoit de lui un passeport pour Bregentz. — Lettre de la princesse Wolkonski. — Lettre de madame de Krüdner. — Ses prédications. — Le célèbre Pestalozzi converti par elle. — Les couventionnels demandent à suivre la reine à Bregentz. — Réponse du capitaine de ce cercle.

Depuis quelque temps la religion semblait reprendre vigueur en France, et les journaux étaient remplis de récits d'actes pieux : c'étaient des sermons, des conférences, des services expiatoires, des anniversaires, des commémorations funèbres et des attendrissements incessants sur les victimes des vingt dernières années. Tant de momeries étaient comme des intermèdes aux condamnations, aux exécutions et aux assassinats. A travers ces dévotieuses parades, une ombre de sensibilité et de sympathie pour les victimes que l'on immolait chaque jour à l'esprit de parti n'eût osé se faire jour. On venait de retrouver le testament de Marie-Antoinette chez le conventionnel Courtois; on l'imprimait, on le distribuait, on en faisait le sujet de communications aux deux chambres; mais personne ne souffla jamais un mot des lettres de Louis XVIII, conservées par la même occasion.

On commençait aussi à parler du mariage du duc de Berri : c'était un espoir pour les malheureux atteints par la tourmente politique; car on ne doutait pas que le gouvernement ne profitât de cette circonstance pour accorder quelques grâces. En attendant, la sévérité était toujours la même, et cette intéressante madame Lavalette, qui était si malade en prison, ayant demandé, le 27 janvier, à se faire soigner chez elle sous caution, ne put l'obtenir; ce ne fut que le 18 mars qu'elle recouvra sa liberté; mais trop tard pour rappeler sa raison qui avait succombé à tant d'épreuves.

Parmi tant d'amis particuliers, il en était dont mon cœur suivait plus particulièrement les destinées; telle était la duchesse de Bassano, dont je reçus une lettre de Gratz.

« Gratz, 2 mars 1816.

» J'ai reçu hier votre lettre du 16 février dernier, ma chère Louise; je ne peux vous dire tout le plaisir qu'elle m'a fait. Il me paraissait bien pénible d'ajouter à une si triste séparation le chagrin de ne pouvoir s'écrire; j'avais craint jusqu'à présent de le faire, et puis je ne savais comment vous adresser mes lettres. J'ai eu de vos nouvelles par cette excellente madame de Valence, qui est à Bruxelles. Quelle aimable personne! que je vous ai plaint lorsque j'ai appris par les journaux votre passage dans cet infâme canton de Berne : vous aurez su tout ce que j'y ai souffert; ce sont des bêtes plus féroces que les ours qui habitent leurs fossés (1); je leur ai voué toute la haine et tout le mépris qu'ils méritent.

(1) Alors l'aristocratie était à la tête du gouvernement.

» Mon Dieu, ma chère Louise, combien nous avons souffert depuis que nous ne nous sommes vues ! que les malheurs personnels sont peu de chose en comparaison de ceux qui atteignent nos amis ! que d'angoisses le père (1) de Joséphine m'a données ! quelle longue agonie ! ma santé en est extrêmement altérée ; combien j'ai pensé à tout ce que votre amie et vous avez dû ressentir ! Dieu merci, le ciel l'a tirée de là par miracle. Il faut rendre grâce à ceux qui ont facilité ce miracle ; on nous fait espérer qu'ils ne s'en tiendront pas là.

» Nous avons trouvé ici un abri contre la persécution, mais voilà tout. Je ne sais si vous avez appris la manière étrange dont il nous a été offert. Mon mari, arrêté à Berne par l'ordre de l'archiduc Jean, n'a recouvré sa liberté qu'à la condition d'aller en Autriche. D'après cette manière un peu brusque de s'emparer des gens, nous avons dû croire que l'on mettait quelque intérêt à nous avoir ici. Mais on semble tout à fait nous avoir oubliés ; nous avons déjà demandé à aller à Florence, ce qui nous laisserait toujours sous la domination autrichienne. Mon mari a fait valoir sa santé,

(1) Lavalette.

qui souffre beaucoup d'un climat si rigoureux: on ne nous a fait aucune réponse. Nous avions cru de notre devoir d'écrire à l'impératrice Marie-Louise, pour la nouvelle année; elle a gardé le même silence. En vérité, il faut croire que c'est un grand crime d'avoir soutenu les droits et les intérêts de sa famille et de sa maison. Ce crime, si c'en est un partout ailleurs, devrait trouver grâce près d'elle; mais il paraît qu'il en est autrement. Nous sommes donc décidés, après avoir fait de nouvelles démarches, et si on nous traite avec la même sévérité, d'aller chercher moins de rigueurs ailleurs. Voilà, ma chère Louise, quelle est notre position; en France, on la croit bien différente. S. M. Marie-Louise passe ici dans huit jours; on dit qu'elle ne s'arrêtera pas. Il est probable que l'on ne nous permettra point de la voir. C'est, au reste, nous éviter un vrai chagrin; car depuis que je sais qu'elle passera si près de moi, j'ai le cœur bien serré. Il faut se résigner à tout, comme dit votre amie; elle est le vrai modèle de la résignation.

» Je reçois rarement des nouvelles de Paris; jusqu'à présent les lettres de madame G... me parviennent exactement; mais depuis trois courriers je n'ai rien reçu; je ne sais à quoi attribuer ce silence : elles étaient pour nous d'un grand intérêt.

» Vous savez sûrement toutes les querelles du méchant boiteux (1); il est à couteaux tirés avec ceux qu'il a si bien placés. On lui a fait dire plusieurs fois de partir; il résiste, et cette résistance me persuade qu'il leur prépare encore quelque plat de son métier. Notre lord (2) a fait des siennes; on l'a renvoyé. En vérité, tous ces fous seraient conseillés par moi, qu'ils ne feraient pas mieux, à leurs méchancetés près, qui passent les bornes.

» Adieu, ma chère Louise, écrivez-moi souvent; j'ai toujours grand plaisir à recevoir de vos nouvelles; mon mari vous dit mille choses; je vous embrasse, ma chère fille, comme je vous aime. »

Une grande joie se préparait pour la Reine; ses maux allaient, pour quelques jours, être suspendus, oubliés dans l'épanchement de cette amitié qui avait été toute sa vie la consolation à ses peines, et la plus pure comme la plus noble de ses jouissances : le prince Eugène, son frère chéri, allait venir la voir.

(1) Le prince de Talleyrand.
(2) Lord Kinaird.

Depuis qu'elle était à Constance, elle recevait souvent de ses nouvelles, et c'était là un grand allégement à ses ennuis. Quoiqu'il fût le seul appui qui lui restât, elle n'avait pas l'idée d'aller se réunir à lui ; elle craignait de le compromettre, de gâter sa position en s'y associant; et le bonheur, la tranquillité que goûtait ce bien-aimé frère, passait pour elle avant tout. La Reine comptait les jours en l'attendant, et retrouvait à son approche la vivacité, la gaieté et presque la santé de la première jeunesse. Elle allait d'un pas léger d'une pièce à l'autre de sa modeste habitation, pour voir si tout était en ordre; elle avait présidé elle-même à l'arrangement de la chambre qu'elle destinait à son frère ; elle y retournait maintes et maintes fois pour voir s'il n'y manquait rien ; son visage se ranimait en parlant de lui, et chaque bruit de voiture la faisait tressaillir comme l'annonce de son arrivée. Il vint enfin! que de choses ils avaient à se dire? Ils se contèrent réciproquement leurs souffrances et leurs inquiétudes l'un pour l'autre. La Reine avait espéré que, pendant cet hiver si solitaire, si paisible et si rigoureux, elle avait été oubliée, et que les craintes qu'elle inspirait s'étaient enfin calmées! « Détrompe-toi, lui disait son frère, la haine et la malveillance ne dorment jamais. » Les uns la trouvaient trop près de France ; qu'était-elle donc venue faire à Constance ? Comme si elle avait eu le choix d'aller où elle voulait ; d'autres lui imputaient à tort les secours qu'elle avait donnés à de malheureux réfugiés qui s'étaient adressés à elle, surtout aux conventionnels. « Tu auras beau faire, lui disait le prince Eugène, on te fera toujours agir d'après ta position politique, et jamais d'après ton caractère et tes sentiments particuliers. »

Ce bon, cet aimable prince passa avec nous la semaine sainte, et ce temps s'envola comme un éclair pour sa sœur ; elle lui contait ses plans pour l'avenir, toujours basés sur la possibilité de s'établir à Constance ; à force de chercher, elle avait trouvé dans les environs un site admirable pour lequel elle s'était passionnée ; c'étaient les bois de Lorette, à proximité de Constance, du côté du grand-duché de Bade ; une petite maison de paysans, au bord du grand lac et au bas d'un petit enclos, sur le penchant d'une colline, avait été à vendre ; la Reine avait fait acheter, sous un prête-nom, cette petite bicoque, en attendant que la permission de se fixer dans le pays lui fût bien positivement accordée. Elle mena son frère voir sa nouvelle propriété et lui expliqua sur les lieux le parti qu'elle voulait en tirer : la bicoque était destinée à servir d'écurie, et un joli pavillon d'habitation devait être construit au haut de l'enclos, d'où l'on jouit d'un admirable point de vue. Pour que tous les projets de la Reine fussent praticables, il fallait que le grand-duc de Bade consentît à lui vendre une partie de forêt, dont les beaux arbres promettaient à la Reine des promenades ravissantes et un parc digne de son bon goût.

Le prince Eugène nous quitta, emportant avec lui, non-seulement la gaieté et le bonheur, mais les projets et les espérances.

La Reine avait écrit au grand-duc, pour obtenir de lui la cession des bois de Lorette, qui autrefois avaient appartenu à l'évêché de Constance, et qui depuis étaient devenus la propriété de l'empereur Napoléon, lequel s'en était dessaisi en faveur du prince Louis de Bade pour compléter son apanage : si c'eût été une ancienne propriété de famille, la Reine eût peut-être reculé devant la démarche à faire pour l'acheter, mais elle faisait si nouvellement partie du domaine de la maison de Bade, qu'il lui semblait chose facile de la remplacer par une autre propriété.

J'avais aussi écrit à la grande-duchesse de Bade, qui me disait dans sa réponse, « que le grand-duc s'était chargé d'écrire à la Reine, sur une chose qui lui aurait fait bien du plaisir, si elle eût été possible, c'était concernant la demande d'achat des bois de Lorette ; nous avons tout retourné pour pouvoir l'arranger, disait-il, mais la moindre chose substituée amène tant de difficultés, quand on veut changer de propriétaire, surtout quand le propriétaire est le prince Louis, et de plus encore, le prince Frédéric, que cela a été impossible. J'aurais bien désiré que la Reine pût trouver quelqu'autre chose qui lui convînt, ajoutait la grande-duchesse de Bade, car la pensée qu'elle possède une propriété ici, me serait une si grande consolation pour tout ce que j'ai éprouvé ; car chacun a ses peines, chère Louise, et ce n'est pas dans ma position, avec *mon nom et le pays qui m'a vue naître*, qu'on en est exempt, et il me semble qu'en la sachant là, je retrouverais *famille et patrie !...* »

Ce mécompte n'était pas le dernier pour la Reine : la visite que son frère lui avait faite avait mis toute la diplomatie en rumeur ; le prince le sut à son retour à Munich et il lui en écrivit. Elle ne tarda pas à en avoir la preuve elle-même : au moment où elle s'y attendait le moins, elle reçut pour Brégentz, un passeport qui était accompagné d'une lettre de M. de Metternich, la plus polie, la plus prévenante et la plus aimable ; il lui disait qu'ayant appris que les bords du lac de Constance lui plaisaient il s'empressait de mettre à sa disposition un passeport pour Brégentz, où elle serait traitée par les autorités autrichiennes, *avec tous les égards qui lui étaient dus.* »

Je reçus en même temps des livres de M. et de madame de Krüdner et de madame la princesse Zénaïde Wolkonski ; voici ce que celle-ci m'écrivait :

Paris, le 16 avril 1816.

« Je vous remercie mille fois, aimable Louise, pour votre si aimable lettre. Je prends une part sincère à tout ce que vous devez souffrir et pour vous, et plus encore pour votre amie ; votre attachement pour elle, le dévouement vraiment rare que vous lui avez montré dans toutes les occasions doivent vous donner du courage ; mais ce qui l'ôte tout-à-fait, c'est de voir souffrir celle pour qui l'on a tout quitté ; celle à qui les sacrifices qu'on a faits ne peuvent faire oublier ceux de son propre cœur. Sophie m'a envoyé depuis longtemps un anneau qui vous est destiné ; elle me disait de le garder jusqu'à ce qu'elle m'envoyât une lettre pour vous ; mais, ne la voyant pas arriver, je me décide à vous faire parvenir l'anneau. Je vous prie, de sa part, de le porter, de penser à elle, et de l'aimer toujours. C'est sûrement son voyage d'Asie, pour aller voir son père, qui l'a empêchée de vous écrire jusqu'ici. Paris est toujours le précieux pays pour les ressources ; je m'y plais beaucoup, et si Sophie était avec moi, je ne voudrais pas le quitter si tôt. Un de mes regrets bien sincères, c'est de ne pas vous y voir. Je retournerai dans la *cara patria* à la fin de mai, pour y être arrivée au mois de juillet ; mais, hélas ! je ne passerai pas par la Suisse. Mon mari vous prie de recevoir ses hommages, et moi je vous demande de me garder votre souvenir et de parler quelquefois de moi à votre amie.

» Jochon se porte bien ; mademoiselle Angélique Pio, qui demeure chez moi, se rappelle à votre souvenir ; Marie J... est dans les grandeurs. »

Je transcris maintenant la lettre de madame de Krüdner.

Arau, le 12 août 1816.

« Me pardonnez-vous, chère Louise, de ne pas vous avoir encore répondu, et de ne pas avoir remercié votre amie ainsi que vous de ce que vous m'avez envoyé pour les pauvres ? Que le Seigneur de paix et de miséricorde remplisse son cœur et le vôtre de douces félicités. J'aurais voulu que vous vissiez ceux qui, dans ces temps si pénibles où la charité est si refroidie, étaient ranimés par les aumônes que Christ vous fit faire par son amour même, pour vous en faire recueillir les fruits.

» J'ai été si occupée ces derniers temps, que souvent j'ai passé dix heures de suite, sans interruption, à voir et à parler à des affligés ou à des gens qui venaient me confier les intérêts de leurs âmes. C'est ainsi que, en quittant Bâle, j'ai été amenée dans la capitale du canton de l'Argovie, où des personnes ont désiré me voir, et où, depuis le matin jusqu'au soir, les gens de la ville et des environs abondent sans que je puisse m'occuper presque d'aucune autre chose que de ce grand devoir. Les temps de grâce où l'Évangile est prêché à toutes les nations sont arrivés, et les grandes calamités approchent. Le miséricordieux Sauveur veut attirer à lui tout ce qui peut être sauvé; voilà pourquoi il envoie partout maintenant des missionnaires. Nous avons trois réunions de prières par jour ; vous pouvez vous figurer par là la quantité de personnes qui viennent. J'ai vu ici des prêtres catholiques bien distingués, et je voudrais qu'ils fussent dans votre voisinage.

Le 20 avril 1846.

« Cette lettre est commencée depuis longtemps, chère Louise, et a été interrompue par de nombreuses occupations; il est temps de vous l'envoyer telle quelle, et d'attendre, ainsi que je l'espère, s'il plaît au Seigneur, que je vous voie moi-même, ou que je puisse vous écrire plus longuement. Quand je vous écrivais l'autre jour, une quarantaine de jeunes filles sont venues; elles étaient avec toutes les maîtresses de pensions. J'ai vu quelque chose de bien touchant en leur parlant du bonheur de donner leur jeune cœur à Jésus-Christ pour l'aimer et pour être heureuses en faisant sa sainte volonté : je n'ai entendu que de touchantes promesses accompagnées de sanglots. Mon cœur en a été si ému que moi-même j'ai pleuré avec délire, en espérant que ce Dieu de mon âme serait reçu dans ces cœurs que le monde n'a pas encore dévastés.

» En venant ici, je n'y connaissais pas une âme; un des hommes les plus remarquables de notre temps, l'ingénieux Pestalozzi, que ses instituts pour les jeunes gens ont rendu célèbre, m'avait fait prier de venir à Arau. Pestalozzi, venant de loin pour me voir, moi, n'étant qu'à une journée de Bâle, je suis venue et j'ai eu le bonheur qui m'était connu d'avance par les grandes voies du Seigneur, de voir Pestalozzi, qui était un ange de bienfaisance déjà, mais non encore un chrétien tout-à-fait convaincu, et donnant son cœur entier à Jésus-Christ; c'est ainsi que, par la grâce, il pense à faire un bien infini, qui, jusqu'à présent, n'a pas été produit.

» Je vous raconte ceci *entre nous :* dès que j'ai été ici, il s'est présenté du monde, et tant et tant, que le canton entier, pour ainsi dire, est venu à moi.

» On ne peut méconnaître les grandes voies de miséricorde de Dieu, qui veut, avant les grands châtiments, faire avertir son peuple de sauver ce qui peut être sauvé. Il donne un tel attrait pour moi à tout ce monde, un tel besoin de m'ouvrir leurs cœurs, de me demander conseil, de me confier toutes leurs peines, enfin, un tel amour, qu'il n'est pas étonnant que les gouvernements, qui ne connaissent pas l'immense puissance que le Seigneur accorde aux plus misérables créatures qui ne veulent que sa gloire et le bonheur de leurs frères, n'y comprennent rien ; et, plus la terre s'enfuit sous nos pas, plus je méprise, plus je hais ce que les hommes ambitionnent, plus j'ai de pouvoir sur leur cœur. O ma chère Louise ! priez pour moi, afin que je sois fidèle à tant de grâce; le Seigneur a exaucé l'ardent désir que j'avais conçu dès ma conversion, de lui amener des âmes. Ah ! déjà dans mon adolescence, j'étais prosternée pendant des heures entières, je cherchais le Dieu qui m'était voilé, qui n'était encore qu'un Dieu caché, et dont la majesté me faisait trembler ; il fallait auparavant que je connusse bien des douleurs, que je me les attirasse moi-même en buvant avec le monde à sa coupe de vertiges, pour juger du néant de tout, pour apprendre d'autant plus à aimer et à plaindre les autres, et pour sentir en me prosternant avec la plus profonde reconnaissance, combien était grande cette miséricorde si immense qui cherche le pécheur et lui ouvre les trésors de son amour.

» Encore une fois, aimable et chère amie, remerciez la Reine de ce qu'elle a bien voulu m'envoyer; remerciez-la de ce voile qui m'est cher, puisqu'elle l'a porté. Puisse cette femme angélique jouir de tout le bonheur que mon cœur désire pour elle !

» Et vous aussi, chère Louise, soyez de plus en plus à ce Dieu que vous appelez du haut de cette croix, où nous apprenons en nous prosternant, à tout pardonner, où se dévoile en nous un bonheur sans fin, donné par celui qui seul sait aimer.

» Ah ! ne prostituons pas aux créatures un cœur fait pour lui seul.

» Ma fille est restée à Bâle ou auprès de Bâle ; elle est extrêmement occupée toute la journée, portant aux pauvres et aux infortunés, priant avec eux, distribuant des aliments et des choses restaurantes aux malades et à un peuple que la misère dévore. J'espère cependant la voir.

» Je vous embrasse, mon ange, priez souvent et de cœur. Aimez, aimez le Seigneur, c'est la science des sciences pour le bonheur et pour la vertu qui lui plaisent; espérez tout de cet amour qui versa son sang pour nous sauver, etc., etc. »

Pendant que la Reine réfléchissait à l'usage qu'elle ferait du passeport qui lui était envoyé, et qu'elle remerciait évasivement M. de Metternich, les conventionnels qui étaient à Constance reçurent l'ordre d'en partir. Ils apprirent, je ne sais comment, qu'il était question que la Reine irait habiter Brégentz, et ils écrivirent aux autorités de cette ville pour obtenir la permission d'aller s'y fixer aussi; ils en reçurent bientôt la réponse suivante, qui me fut communiquée et qui décida la Reine à ne pas profiter de la bonne réception qui lui était offerte en Autriche.

Le 17 avril 1816.

Le capitaine du Cercle de Brégentz en Voralberg, aux exilés français à Constance.

« Messieurs,

» Enfin je me trouve en état de vous communiquer l'information, attendu que c'est seulement les ambassadeurs impériaux et royaux qui sont autorisés de donner des passeports pour pouvoir entrer dans les provinces autrichiennes et s'y arrêter.

» Il vous faudra donc, messieurs, adresser vos demandes à un de messieurs les ambassadeurs impériaux et royaux à Berne, Carlsruhe, Stutgard ou Munich, pour obtenir de tels passeports.

» En outre, je ne manque point de vous informer de plus, que vous n'aurez jamais la permission souhaitée de pouvoir vous établir en Voralberg ou en Tyrol, parce que c'est déjà une chose décidée, que vous pourrez vous arrêter seulement dans la Carinthie, dans la Styrie, dans la Basse-Autriche en Moravie, en Silésie ou en Bohême, et j'entends *pas tous ensemble*.

» Aussi, je crois vous devoir prévenir qu'il ne vous sera pas permis de suivre, peut-être, madame la duchesse de Saint-Leu (laquelle même ne pourra pas séjourner ici à Brégentz que pour quelque temps); sa demeure dans l'avenir sera dans les états Autrichiens.

» Je profite de cette occasion pour vous assurer de rechef de l'estime avec laquelle j'ai l'honneur d'être, messieurs, etc. »

X.

La reine ne tombe pas dans le piége de M. de Metternich. — La maison de madame de Fingrelin. — Mademoiselle Cochelet appelle auprès d'elle sa mère et son frère Adrien. — Lettre de madame la comtesse de Valence. — Une fable du poëte Arnaud. — M. Lavoestine, colonel belge. — Le colonel Brac. — Madame la maréchale Gérard. — Le fat du désert. — Madame de ....., M. de Montron et madame Hamelin. — Cambacérès. — Le peintre David. — Il refuse les faveurs du roi de Prusse. — Les d'Aremberg, grotesques personnages. — Le sénateur malgré lui. — Mademoiselle Tascher de La Pagerie. — Le général Mouton-Duvernet. — Il est condamné à mort. — On demande 20,000 fr. à la reine, pour le faire évader. — M. le marquis de Lavalette. — Le comte L... de B... coupable de la plus odieuse escroquerie. — La reine donne son plus beau diamant pour sauver le général Mouton-Duvernet. — Troubles à Grenoble. — M. de Montlivaut et le général Donnadieu, bourreaux de leurs concitoyens. — Lettre compromettante, écrite à dessein par le comte L... de B... — Sa condamnation aux galères. — Il veut se suicider. — Le banquier dupé. — La reine le dédommage. — Lettre de madame de Nicolaï.

D'après la réponse que le capitaine du cercle de Brégentz avait faite aux conventionnels, il était clair qu'une fois en Autriche, la Reine ne serait plus maîtresse de choisir le lieu de son séjour; et que l'on se proposait de l'attirer en Autriche afin de la retenir prisonnière. Comme elle ne pouvait pas se méprendre sur les intentions du gouvernement autrichien, elle se décida à rester à Constance. Une maison appartenant à madame de Fingrelin venait d'être mise en vente ; c'était une des plus belles de la ville, on présumait que la Reine l'achèterait, tandis qu'elle n'y songeait aucunement. Cette maison, bien que située dans une rue étroite, était comme une sorte d'hôtel d'une grande dimension ; voilà pourquoi on pensait qu'elle devait convenir à la Reine. La voix publique la lui décernait, lorsque tout à coup on apprit que le grand-duc venait en toute hâte d'en faire l'acquisition sans bruit, sans but, sans convenance ; on pensa qu'il n'avait agi de la sorte que pour empêcher la Reine de l'acheter et la faire renoncer à l'idée de se fixer à Constance. Alors notre installation y était si complète, que j'avais cru devoir écrire à ma mère de venir nous rejoindre ; j'avais également hâte de voir mon frère Adrien hors de France. Il me semblait qu'il n'y était pas en sûreté : toutes les personnes qui avaient servi ou qui avaient été employées pendant les cent-jours, étaient exposées à tant de tracasseries et de persécutions, que je craignais pour mon frère, en raison des fonctions de préfet du département de la Meuse, qu'il avait remplies pendant ce laps de temps, de manière, je puis le dire, à s'attirer l'estime et la sympathie de ses administrés. J'en parlai à la Reine; elle comprit mes soucis et eut la bonté de permettre qu'il vînt auprès de moi immédiatement, et j'eus le bonheur de le voir bientôt à l'abri de tous les dangers que j'avais redoutés pour lui.

Une lettre bien aimable de la comtesse de Valence m'arriva à la fin d'avril; elle contenait, outre ses sentiments bien vifs d'amitié pour moi, une jolie petite fable, que notre poëte Arnaud avait faite dans son exil.

« Je vous écris, ma chère Louise, à tout hasard, à Constance; nous n'avons pas l'espoir que vous y soyez encore, mais vous aurez sûrement dit, en partant, où on devra vous adresser vos lettres. Combien la vôtre m'a intéressée! Ah! croyez que tout n'est pas oublié dans ce triste siècle où nous vivons; il y a encore des cœurs qui sentent profondément l'attrait d'un noble malheur, et qui aiment plus leurs amis dans l'infortune que dans la prospérité! Vous savez cela, et cependant je vous l'adresse, parce que la destinée que vous partagez me semble être devenue la vôtre, et je me dis que vous ne pouvez plus en être séparée non plus que l'on ne peut se séparer de soi-même. Suivez cette intéressante carrière, chère Louise, vous y trouverez plus d'aliments pour votre cœur que dans le monde actuel, où sont choqués les yeux et flétrie l'âme; mon Dieu, comme vous m'occupez souvent! Il faut que votre intéressante amie me permette de l'aimer. Je pense sans cesse à elle, à ses bontés; et quoiqu'elle n'ait pu les réaliser, dans l'affaire qui m'intéressait le plus au monde, ma reconnaissance est la même, et mon attachement éternel. Hélas! que de cœurs devraient rester à une personne si bonne, si parfaite et si attachante, que le prestige de la grandeur lui était bien inutile! mais il y a tant de gens qui ne suivent que cette illusion! et il n'est que trop certain que beaucoup de gens, qui croyaient l'aimer, regrettent plus son rang que sa personne. Où la suivrez-vous? Où ira-t-elle? Où lui sera-t-il permis d'exercer ses douces vertus? J'aimais à me la représenter dans ce beau pays, au bord de ce beau lac, peuplant ces heureuses solitudes de ses bienfaits. Elle devrait aimer cette retraite, elle si sensible aux beautés de la nature! Je vous demande instamment, chère Louise, de me mander où elle se fixera : vos lettres auront un double intérêt pour moi; elles seront de vous, et elles parleront d'elle; je peux vous écrire avec plus de liberté, pendant mon séjour en Belgique, car il règne dans ce pays une liberté maintenant inconnue en France, et une libéralité de gouvernement que notre pauvre pays ne connaîtra pas de longtemps.

» Le roi des Pays-Bas accorde la plus grande, la plus noble hospitalité aux infortunés réfugiés; la liberté de la presse est entière, et le roi paraît fort décidé à ne pas la comprimer. Il est donc permis d'écrire d'ici que la France est aussi malheureuse qu'opprimée; la haine et les basses vengeances planent sur elle, et elle n'a plus même sa gloire qui, autrefois, la dédommageait de ses malheurs. Le règne de la Terreur était horrible; mais la France n'était pas avilie, et toute sa gloire était réfugiée dans ses armées. Aujourd'hui humiliée, outragée dans ce qui était glorieux pour elle, il ne lui reste que des fous. On emprisonne, on juge, on parle de clémence en écrasant tout le monde. Dites-moi donc, ma chère Louise, est-ce l'intérêt de l'Europe qu'un tel ordre de choses dure? Je suis étonnée de ce que vous me dites de Fortuné (1). Il est, je vous assure, incapable de négliger ses amis. Il a donné sa démission, et s'est retiré à Paris, dans un quartier éloigné. Il y vit en *philosophe*, lisant, fascinant les cœurs, et ayant renoncé à la politique. Anatole (2) est décidément fixé dans ce pays-ci; il est colonel belge. Il a été très-bien accueilli, et porte la cocarde orange; il habite paisiblement une petite maison à la porte de Bruxelles. La France n'est plus la France; il a bien fait de la quitter. Armand est en Angleterre, comme vous le savez. Je ne crois pas que ses anciens projets, qui m'étaient chers, s'exécutent. Voilà le fruit des révolutions; elles bouleversent toutes les destinées et anéantissent tous les projets. Anatole compte vous écrire, il se met aux pieds de votre noble amie; ses bontés sont gravées dans son cœur.

» J'ai passé tout l'hiver dans un vieux château avec mes enfants. J'y ai été très-heureuse; je n'ai entendu aucun discours qui

---

(1) M. Brac, aujourd'hui colonel du 4ᵉ régiment de hussards.
(2) Le général Lavoestine.

m'ait chagrinée, et j'ai éprouvé tout le charme de vivre avec des personnes d'opinions pareilles. A Paris je n'aurais pas eu le même avantage. Dites, je vous prie, à M. de Marmold, qu'il a été fort regretté pour la grande affaire des plantations. On se rappelle ici combien sa société était agréable et facile. Il s'intéressera de savoir qu'il y a eu de grands travaux de faits ; nous avons tous un goût passionné du jardinage, et quant à moi, je ne fais plus, depuis trois semaines, que planter, bêcher, semer à m'en excéder. Je vous rappelerai, chère Louise, que vous m'avez promis un dessin depuis longtemps. Dans les loisirs d'une vie solitaire, si vous en avez la bonne volonté, vous pouvez remplir cet engagement. Rosamonde (1) se promet de vous envoyer une devise pour votre livre ; mais où faut-il à présent vous l'adresser? Je risque cette lettre, mais j'en attendrai une de vous pour vous récrire ; je serai bien impatiente de savoir où vous irez, vous avez déjà fait un voyage si pénible ! On m'a raconté que Fritz Pourtalès et sa femme avaient été affreux, est-ce vrai? Je ne veux pas le croire. Que la nature humaine

---

(1) Devenue madame la maréchale Gérard.

est laide à voir de près ! que d'ingratitude, de bassesse, de rancune ! cela flétrit l'âme. Les hommes ne sont bons que dans les romans ou sur le théâtre, parce qu'on les peint faussement. Il y a cependant quelques exceptions, et c'est pour celles-là que l'on existe; mais la masse est horrible. Ces malheureux temps, où nous vivons, font revenir malgré soi des illusions de toute la vie.

» Je suis comme vous : ces bons Anglais m'ont raccommodé avec leur nation que je n'aime pas. Leur politique est de nous nuire; ils suivent bien ce système. Avez-vous lu la lettre de lord Kinaid ? On attend le procès de ces trois coupables, et ils seront convaincus du crime capital de générosité. Je ne connais, des trois, que celui que madame de Staël appelait assez plaisamment *le fat du désert*.

» J'ai eu des nouvelles de notre ami commun, qui demeurait en dernier lieu rue des Mathurins : sa solitude l'ennuie; et je crois que, surtout, ses sentiments et la fatigue, voilà le plus grand mal du moment.

» Je voudrais vous dire des nouvelles de la société; mais je ne sais rien. Votre amie E. se promène à Paris, à cheval, avec M. de Montron. Madame Hamelin est à Bruxelles; on n'en parle guère. Ce pauvre Arnault (1) y est avec tous les honneurs de la proscription, puisqu'il est des *trente-huit*. Voilà une jolie fable de lui, que je vous envoie, que vous ne connaissez sûrement pas. Cambacérès se promène au Parc, à Bruxelles, comme il faisait au Palais-Royal. David, le peintre, est directeur-général des beaux-arts de la Belgique, quoique l'ambassadeur de France ait fortement représenté au roi qu'il fallait le chasser comme régicide ; mais les rois qui se font aimer n'ont pas peur des régicides, et non-seulement David est resté, mais il est placé honorablement. Le roi de Prusse lui avait fait offrir une place dans ses états. Les d'Aremberg, qui sont ici des personnages, y sont *plats* à faire rire, s'ils ne faisaient pitié ! Le duc aveugle a toujours une horreur invincible (à ce qu'il dit) pour Bonaparte ; c'est sans doute malgré lui qu'il était *sénateur*, et que son fils aîné a épousé sa parente (2).

» Je conçois bien qu'il y ait des gens plats et bas dans le fond du cœur, mais je ne conçois pas que l'on ose le laisser voir; et, dans

---

(1) Auteur de *Germanicus*.
(2) Madame Tascher de La Pagerie.

ce moment-ci, on voit ce genre d'indépendance à toute minute.

» Adieu, chère Louise; écrivez-moi, aimez-moi un peu; mon cœur est bien à l'unisson du vôtre *en tout*. Adieu. Mille et mille tendres amitiés de moi et de Rosamonde, qui doit aussi quelque amitié au bon abbé Bertrand.

» Mettez mes hommages aux pieds de votre amie, et, je vous en conjure, parlez-moi beaucoup d'elle. »

Voici la fable :

LA FEUILLE.

De ta tige détachée,
Pauvre feuille desséchée,
Où vas-tu ? — Je n'en sais rien;
L'orage a brisé le chêne
Qui seul était mon soutien;
De son inconstante haleine,
Le Zéphyr ou l'Aquilon,
Depuis ce jour me promène
De la montagne à la plaine,
De la forêt au vallon.
Je vais où le vent me mène,
Sans me plaindre et sans crier;
Je vais où va toute chose,
Où vont la feuille de rose
Et la feuille du laurier.

» Adieu, chère Louise. Est-ce qu'on vous

enlèvera encore ce cher enfant? J'ai trois jolies petites filles qui font mes délices. Adieu, adieu. »

Bruxelles, ce 25 avril 1816.

Le général Mouton-Duvernet, arrêté, comme tant d'autres, avait été écroué à Lyon le 17 mars, et son procès s'y instruisit le 14 avril. Il venait de choisir son défenseur, lorsque la Reine reçut une lettre dont elle se garda bien de nous parler, craignant que nous ne l'empêchassions de répondre à l'appel qui lui était fait, comme la bonté de son cœur et sa générosité l'y portaient.

On lui écrivait que, selon toute apparence, le lieutenant-général Mouton-Duvernet serait condamné et exécuté, nulle grâce n'ayant été faite jusqu'à ce jour. En conséquence, des amis dévoués s'occupaient de le soustraire au sort funeste qui le menaçait. Le geôlier était séduit; il devait le laisser s'évader aussitôt que la somme qui lui était promise serait réalisée. Diverses personnes s'étaient déjà réunies pour coopérer à cet acte d'humanité; mais il manquait 20,000 francs, que l'on ne savait où trouver; et l'on désignait en toute confiance la Reine et son frère pour compléter la somme promise au geôlier. Afin de donner à la Reine toute confiance dans la personne qui lui écrivait, on lui envoyait une lettre de la main de M. le marquis de Lavalette, dont elle devait sans doute reconnaître l'écriture, puisqu'il avait été son receveur des forêts. La Reine savait que le marquis était en prison à Lyon, et les termes dans lesquels il parlait de la personne qui s'entremettait pour obtenir les 20,000 francs étaient si honorables, que l'on ne pouvait suspecter cette personne; d'ailleurs on indiquait une adresse sûre pour faire parvenir la somme demandée, et la lettre était signée le comte L... de B... Je tais ce nom par égard pour ceux qui le portent encore !

La Reine passa une nuit fort agitée. Après la réception de cette lettre, elle avait écrit à son frère, à Munich, pour lui demander ses conseils et son secours dans cette circonstance, et elle calculait avec effroi le temps qu'il lui fallait pour qu'elle reçût la réponse, et celui qu'il faudrait encore pour faire parvenir à Lyon la somme demandée. Elle se trouvait sans argent, et n'aurait pu, au prix de 20,000 francs, sauver sa propre vie; cependant, quand elle envisageait que celle d'un brave général français dépendait de ce qu'elle pourrait faire, elle comptait avec une angoisse douloureuse les heures qui s'écoulaient.

Le lendemain matin, sa résolution était prise. Elle possédait un fort beau diamant, dont la valeur était au moins équivalente à ce qu'on lui demandait ; elle le mit dans une boîte, sur laquelle elle appliqua un cachet de fantaisie, et chargea son fidèle Vincent de l'envoyer à Lyon. J'avais vu la Reine soucieuse et préoccupée le soir, je la trouvai plus calme le lendemain, mais sans qu'elle me dit un mot de ce qui s'était passé en elle. A quelque temps de là, elle reçut d'un banquier de Bâle le cachet qu'elle avait mis sur la boîte, avec un mot qui lui disait que son envoi était arrivé à sa destination. Elle en respira plus librement, et cherchait avec un vif empressement, dans tous les journaux, les articles relatifs au procès du général Mouton-Duvernet, dont elle espérait d'un moment à l'autre apprendre l'évasion. Le prince Eugène avait répondu à sa sœur qu'il approuvait ce qu'elle lui proposait, et s'associait pour moitié dans cette œuvre de salut. Pendant que la Reine comptait les jours avec une impatience qui lui rendait leur longueur insupportable, les journaux du 9 mars nous apprirent que des troubles avaient éclaté à Grenoble. Je lisais avec chagrin le détail de ces nouveaux malheurs de mon pays, en m'indignant de voir le nom de M. de Montlivault (dont la famille et la personne avaient été comblées de bienfaits par l'impératrice Joséphine) figurer à côté de celui du général Donadieu dans cette cruelle affaire, où l'ordre de mort partit de Paris et arriva à Grenoble par le télégraphe, lorsqu'une exclamation de surprise échappée à la Reine me fit apercevoir qu'elle venait de recevoir une lettre qui lui causait autant de contrariété que d'étonnement.

Le même banquier de Bâle qui avait déjà écrit à la Reine lui envoyait une lettre ouverte, dont il avait pu prendre connaissance; elle était encore de M. le comte L... de B..., et était des plus compromettantes. Il ne disait pas un mot du diamant ni du général Mouton-Duvernet; mais il donnait à la Reine les plus amples détails sur les troubles de Grenoble, comme si des lettres précédentes l'eussent déjà mise au courant de ce qui s'y passait, donnant à croire par là que toutes ces choses étaient pour elle de l'intérêt le plus direct.

La Reine comprit qu'elle avait affaire à un intrigant, et ne voulant pas être davantage compromise par lui, elle écrivit de suite au banquier de Bâle pour le prier de faire savoir à son correspondant qu'il eût à se dispenser à l'avenir de lui adresser de pareilles lettres; qu'il n'était ni dans sa position ni dans ses intentions de se mêler en rien maintenant de ce qui se passait en France ; qu'elle avait pu recevoir une lettre de M. le comte L... de B.. lorsqu'il s'agissait de secourir l'infortune; mais qu'elle désirait ne plus entendre parler de lui.

Le procès du général Mouton-Duvernet commença le 15 juin, puis se termina par sa condamnation à mort. Il obtint un sursis : sa femme accourut à Paris pour se jeter aux pieds du roi et de sa famille; elle fut impitoyablement repoussée, et le mot *grâce* fut encore une fois vide de sens parmi les prérogatives royales. Nous lûmes enfin, dans le journal du 30 juillet, l'exécution de ce malheureux général. « Je suis jouée, » s'écria la Reine aussitôt que ses yeux tombèrent sur cet article; et ce fut alors qu'elle nous montra les lettres qu'elle avait reçues, et nous conta toutes les émotions qui s'en étaient suivies. Elle sut bientôt à quel homme elle avait eu affaire, par un article de journal ainsi conçu :

« L'ex-comte L... de B..., condamné par la cour d'assises du département du Rhône à dix ans de travaux forcés et au carcan, s'est empoisonné le lendemain du jour où il apprit que son pourvoi avait été rejeté à la cour de cassation. »

J'ignore si la tentative d'empoisonnement a eu lieu; mais, ce qui est sûr, c'est qu'elle n'a pas eu de suite, et que de nouveaux traits de la vie aventurière de cet homme pourraient être ajoutés à celui que je viens de rapporter. Nous vîmes bientôt accourir à Constance le banquier de Bâle par l'entremise duquel la Reine avait reçu la lettre de cet audacieux fripon. Ce banquier était désespéré; la lettre que lui avait écrite la Reine venait de lui ouvrir les yeux. Il lui conta comme quoi M. le comte L... de B... était parvenu à lui soustraire différentes sommes, en lui persuadant que la Reine et le prince Eugène les lui rendraient. Le comte se prétendait leur agent politique, et comme la Reine avait reçu sans hésitation le cachet qui lui était renvoyé en preuve de ses relations précédentes, il n'avait pas mis en doute la vérité de tous les contes que cet intrigant lui faisait parvenir de Lyon. Selon lui, les choses allaient changer en France; l'impératrice Marie-Louise y était attendue comme régente; elle arrivait, accompagnée de son fils, et rentrait par la Suisse, Grenoble et Lyon; la reine Hortense l'accompagnait. Les troubles de Grenoble, dont il l'entretenait dans la dernière lettre qu'il lui avait envoyée à Constance, étaient le prélude de ces grands événements.

Le banquier se consolait d'autant moins d'une mystification pareille, qu'il en était pour une assez forte somme; il menaçait la Reine d'un procès, si elle ne consentait à lui tenir compte de ses déboursés. La Reine, en refusant de le faire, aurait certainement été dans son droit, puisqu'elle aussi était dupée par un fripon; mais, pour éviter un éclat, elle voulut bien rembourser au banquier une partie de l'argent qui lui avait été si adroitement extorqué, et elle prit son parti de cette perte, comme elle l'avait déjà fait de son diamant.

La vie serait trop amère si à côté de tant de tromperies et de déceptions, ne se trouvaient les amitiés et les dévouements véritables; nous reçumes bien tôt de tous côtés des marques d'intérêt, et des lettres charmantes ; j'en vais citer une de madame de Nicolaï :

Bercy, le 20 mars 1816.

« Malgré ton silence, ma chère Louise, je ne puis me faire à la pensée d'être étrangère à ton amitié. Je viens donc la première rompre ce silence qui m'affecte, mais qui ne peut changer mon cœur ; toutes les preuves de froideur que tu me donnes maintenant ne peuvent effacer de ma mémoire toutes les preuves d'attachement que j'ai reçues de toi ; j'éprouve un bien vif regret de ne pouvoir te le répéter de vive voix, tu ne m'as pas même laissé cette consolation lors de ton départ, tu m'avais promis de venir m'embrasser, mais tu as oublié et ta promesse et ton amie.

» J'ai eu l'honneur d'écrire à madame la duchesse de Saint-Leu, je ne sais si elle a reçu ma lettre ; si tu m'écris, dis-le moi, et, je t'en prie, donne-moi des nouvelles de sa santé et de la tienne. Nous avons passé l'hiver à la campagne, je voudrais que mon mari consentît à y fixer son séjour.

» Paris m'est désagréable au-dessus de toute

expression, aussi n'y vais-je presque jamais; cependant je me propose, un de ces jours, d'aller voir ta mère et de lui présenter ma petite fille qui devient si gentille, sans prévention maternelle. Quand je ne songe qu'à moi, je me trouve bien heureuse de l'avoir; mais quand je pense à la masse des peines qui forment le lot de chacun, je n'ose plus me réjouir de son existence.

» J'ai vu, il y a quelque temps, madame la comtesse d'Arjuson, nous avons beaucoup parlé de madame la Duchesse à laquelle elle est restée fort attachée, ce qui me fait trouver un double charme dans sa société. Madame Campan, notre digne institutrice, est à Mantes; elle a été assez bonne pour me donner le portrait de madame la Duchesse, ayant hérité de celui qui était chez M. Auguier; le prix que j'y attache m'en rend digne.

» Veux-tu bien présenter à madame la duchesse de Saint-Leu l'expression de mon attachement? Christian se joint à moi et se rappelle de même à ton souvenir.

» Adieu, ma chère Louise, tant que j'existerai, mon cœur ne cessera de te porter l'amitié d'une tendre sœur, adieu, adieu, encore Écris-moi, je t'en prie, et surtout aime-moi toujours.

» Siri de Nicolaï.

» J'oubliais de te dire que depuis longtemps, mon petit mémoire avec madame Collian est acquitté; c'est afin de te tranquilliser sur cette petite dette que je t'en parle. »

XI.

Le vocabulaire mystérieux. — Correspondance avec mademoiselle Ribout et le duc d'Otrante. — Sa fausse ambassade à Dresde. — La Reine refuse de se rapprocher de Fouché. — Curieuses lettres de lui. — La sœur de mademoiselle Cochelet. — Le songe de Fouché. — Il plonge dans le lac de Constance. — Le cadavre de la patrie. — Lettre du comte de Lavalette. — Notre-Dame des Bois. — La sainte du Paradis. — La duchesse d'Angoulême calomnie madame Campan. — Elle ne lui pardonne pas d'avoir élevé des reines. — Lettre de madame Campan. — Comme dit la chanson de *l'Epreuve Villageoise*. — La belle mademoiselle de Courtin. — La *Gazette de Schaffouse* et madame de Krüdner. — Ses opinions religieuses. — Elle rallie toutes les sectes. — Le pasteur Empeytas. — Le costume de l'inspirée. — Détails curieux.

En quittant la France, nous nous étions promis, mademoiselle Ribout et moi, de nous écrire; pour mettre notre correspondance à l'abri de toute inquisition, nous étions convenues d'un petit vocabulaire, à l'aide duquel nous pouvions parler de tous les gens qui nous intéressaient, sans que personne pût en prendre connaissance. Ces lettres étaient *si longues, si multipliées*, qu'elles ne sauraient trouver place ici. De temps en temps, le duc d'Otrante y ajoutait pour moi quelques lignes très-gracieuses, et le dévouement le plus complet pour la Reine s'y trouvait toujours exprimé de la manière la plus aimable; en répondant à mademoiselle Ribout, je mettais quelques mots pour le duc, et nous finîmes par être tout-à-fait en correspondance pendant *longtemps*

Mademoiselle Ribout, qui s'était entièrement dévouée à la famille du duc, s'identifiait à tout ce qui lui arrivait d'heureux, comme à ce qu'elle éprouvait de fâcheux. Elle m'avait conté longuement le mariage de Fouché avec mademoiselle de Castellanne, dont il était fort épris, leur départ de Paris, l'ambassade de Dresde, et enfin, le 1ᵉʳ janvier 1816, la révocation de l'ambassadeur, et l'ordre donné au duc d'Otrante de ne pas rentrer en France. Ce commencement de malheur m'avait donné pour Fouché, pour sa jeune épouse et pour mademoiselle Ribout, qui leur était si attachée, un redoublement d'intérêt, que je lui exprimais vivement dans mes lettres. Il me semblait que dans des positions tellement analogues, nous n'avions rien de mieux à faire que de nous rapprocher ! Je le fis pressentir à mon amie ; mais, lorsque j'en parlai à la Reine, cela me valut de sa part une petite réprimande, à laquelle je fus d'autant plus sensible que j'étais habituée à son indulgence.

La Reine me dit que j'avais eu tort de mettre en avant une idée pareille, qu'un rapprochement avec le duc d'Otrante ne pouvait pas lui convenir ; que sa position, quoique à l'écart, était toujours politique, et faisait que toute relation avec un homme supérieur, qui avait si souvent joué des rôles importants, devait être regardée comme suspecte par ceux qui s'obstinaient à interpréter en mal ses actions les plus innocentes et les plus inoffensives. Le duc d'Otrante, heureusement, en avait jugé comme la Reine ; ce que je vis par sa lettre du 10 mai, et dans une autre lettre datée du 5 juin. Les voici toutes deux :

Dresde, le 10 mai 1816.

« Je n'ai point reçu les détails que vous m'annonciez par votre dernière lettre ; ils me sont cependant nécessaires avant de hasarder une démarche solennelle. Mademoiselle Ribout vous a écrit tout ce que je pouvais vous dire, je n'ai que peu de chose à y ajouter... Nous sommes très-disposés à visiter la Suisse pour y prendre l'air et les eaux avec vous; mais nous vivons dans un temps où l'on mêle la politique à tout, où les choses les plus simples paraissent graves; on ne croit plus aux purs sentiments de l'amitié.

» Nous sommes forcés de nous imposer la plus grande réserve; toutefois, nous espérons qu'on ne verra dans nos projets de réunion loin de la France que le désir de nous fixer dans un pays tranquille.

» Je n'ai point encore écrit à M. de Saint-Albin; je ne voudrais pas lui faire une demande avant de savoir qu'elle ne souffrira pas de difficulté. J'aurais beaucoup de regrets qu'il éprouvât la moindre contrariété par rapport à nous. Confions-nous à sa prudence, il connaît mieux que nous l'état actuel des choses. Il me semble que ceux qui ont voulu notre éloignement doivent se féliciter de notre résolution, à moins que ce qui fait les douceurs de notre vie ne fasse le tourment de la leur. Les gens qui ont une mauvaise conscience sont bien incommodes : s'ils ont absolument besoin de nous calomnier, donnons-leur à conter quelques petites intrigues amoureuses, elles nous divertiront plus qu'eux, car leur dépit dépend de nous.

» N'est-ce donc pas assez d'offrir notre résignation à nos ennemis? faut-il leur souhaiter des forces? Ce serait un effort au-dessus du cœur humain, et peut-être un vœu contraire aux intérêts de notre patrie.

» Je vous prie d'être auprès de votre sœur (1) l'interprète de tous nos sentiments ; vous connaissez les miens pour vous, vous les jugerez mieux quand vous les verrez de près. Adieu. Nos amitiés à tout ce qui vous entoure. »

Dresde, le 5 juin.

« Vous avez bien raison de croire que vous avez fait ma conquête, j'ai rêvé que j'avais fait aussi la vôtre, et ce rêve n'est pas sans quelque réalité, comme vous allez le voir.

» Nous nous promenions ensemble, la semaine dernière, dans les environs de Constance, la chaleur du soleil nous attira vers le lac, et, en un instant, vous me parûtes au

(1) La Reine.

milieu de l'eau, je m'y plongeai après vous, et je vous ramenai sur les bords. Comme une bonne action a toujours sa récompense, vous devinez quelle fût la mienne!

» J'espère que je ne me trouverai pas toujours à mon réveil sur les bords de l'Èbre.

» Nous faisons des projets de voyage; et, dans tous, *Constance* est le but, s'il n'est pas le terme. Dites bien à Madame que le bonheur de la revoir entre dans les arrangements de notre vie, une société intime est un asile bien doux dans les moments d'orages.

» Nous n'avons pas le désir de rentrer en France, nous n'y trouverions plus que des acteurs inconnus qui se heurtent, au gré du sort, sur *le cadavre de la Patrie!*

» Toutefois, comme je ne crois pas *à l'éternité des peines*, je conserve de l'espérance. Le ciel ne sera pas toujours d'airain, nous serons un jour réunis en France, et nous y trouverons *indépendance et sécurité*, sans lesquelles il ne peut y avoir de vrai bien dans la vie.

» Je n'ai pas besoin de vous parler de mon attachement, après la déclaration que je viens de vous faire; présentez nos hommages à votre excellente dame et à son cher enfant; nos amitiés à tout ce qui vous entoure. »

La Reine avait un si grand besoin de sa tranquillité, qu'elle aurait redouté d'avoir près d'elle un personnage aussi fameux que Fouché; tandis que, dans son isolement, je pensais au contraire qu'il pourrait lui être utile d'avoir quelquefois les conseils de cet homme habile; mais la Reine se souvenait de ses intrigues du divorce, et elle ne voulait pas se prêter à une rencontre. Ainsi, de toutes manières, je n'eus qu'à regretter d'avoir montré trop d'empressement pour une réunion qui ne convenait pas à la Reine. Il me fallut revenir sur les espèces d'avances que j'avais faites. La chose était délicate; cependant je sus y mettre tous les ménagements qu'exigeaient l'amitié et l'intérêt que je portais à cette bonne madmoiselle Ribout et au duc d'Otrante, dont je n'avais eu qu'à me louer en toute circonstance; n'était-il pas malheureux comme nous?

Ce bon Lavalette était aussi bien à plaindre dans sa cachette; cette lettre, qu'il m'écrivit, peint bien la situation de son âme à cette époque.

15 mai 1816.

« Mille remerciements, chère filleule, de votre joli dessin. Il me fait souvent du mal ; mais je ne l'en aime pas moins. Je les ai tous les deux devant moi, soir et matin, quand je suis seul, et je rêve à mon aise. J'ai quitté mon ermitage pour aller m'établir à quelques lieues plus loin. Là je suis mieux parce que je suis plus seul et plus tranquille, du moins quant aux étrangers, car j'ai pris le parti de me donner pour compagnie une personne de mon sexe qui dessine fort bien. Je travaille depuis six heures du matin jusqu'à midi ; et depuis deux heures jusqu'à six. J'espère que cette personne me restera quatre à cinq mois, je saurai quelque chose à la fin de la campagne. Ce n'est pas un plaisir, mais une distraction, et peut-être, par la suite, une ressource, du moins contre l'ennui. Ce que vous me marquez de votre vie me charme, et je vous envie vos sentiments ; avec le temps, cela viendra aussi pour moi ; mais j'ai des répugnances et des doutes qui ne me permettent pas encore d'entrer dans le chemin battu. Le principal y est, le reste viendra ; nous en causerons, si jamais nous nous revoyons. Je vous remercie des nouvelles que vous me donnez de nos amis.

» Notre-Dame-des-Bois me fait de la peine ; car, du caractère dont elle est, elle ne peut être heureuse ; pauvre femme! Elle a du moins ses enfants près d'elle, c'est beaucoup. Avez-vous des nouvelles de votre sainte du paradis (1)? Je suis tranquille sur la famille de Saint-Léon; ils ne seront pas tourmentés. Si vous le pouvez, recommandez-moi bien à l'autre dame aux cheveux noirs; si elle pouvait me donner des nouvelles de ma bonne souris, cela me ferait grand plaisir. Je passe ma vie à regretter et à désirer, et je ne voudrais rien oublier, quoique les souvenirs fassent bien du mal; mais ils sont du cœur, et il ne faut pas les en bannir; les affections ne viennent pas du monde, et, croyez-moi, dans notre grossière organisation, il n'y a de bon que ce que Dieu y a mis : la reconnaissance, l'amitié et l'amour épuré. Je ne donnerais pas mes affections pour sauver un malheur réel, même *celui que j'ai évité.* Hélas! malgré soi tout s'affaiblit et s'efface: le temps porte son fruit partout; je saurai du moins ce que mon âme a acquis.

» Je ne sais pas si l'été séjourne dans votre pays; dans celui que j'habite, l'hiver est venu avec tous ses caprices; un beau jour sur dix, cela vous plaît, cela me désole. Le soleil em-

---

(1) La duchesse de Raguse.

bellit tout, et il me semble que tout le monde est heureux. Je vois mes chères amies à la promenade ; elles sont mieux portantes, elles ont plus d'espérance ; je sens le parfum des fleurs qu'elles respirent, je parcours avec elles de beaux jardins, je me repose sous de beaux ombrages ; mes illusions sont plus puissantes, les souvenirs sont plus vifs, le passé est plus présent. J'attends les fruits comme un enfant, peut-être le bonheur viendra-t-il avec la verdure. Comme à nos pâtres, il m'apparaît quelquefois et souffle sur ces nuages dorés ; j'ai eu alors quelques jouissances ; et je me rendors pour rêver encore. Je ne sais si mon cœur ne succombera pas à ce régime, mais il me fait plaisir, et je veux en jouir jusqu'à la fin. Il est donc vrai que je vous verrai toutes deux ! mon Dieu, que cette espérance me charme ! Mon âme bondit à l'idée de revoir votre compagne ; je pardonne tout le mal qu'on lui a fait. Adieu ; aimez-moi tant que vous pourrez. »

Vers la même époque, je reçus une lettre de madame Campan. Elle aussi avait été en butte à la méchanceté : sur douze cents jeunes filles élevées sous ses yeux, en était-il une seule qui n'eût pas répondu complétement aux soins qui lui avaient été donnés, on s'autorisait de cette exception pour parler mal de toutes les autres et pour accabler d'outrages l'institution d'où elle était sortie. A la cour, chez la duchesse d'Angoulême surtout, on ne pardonnait pas à madame Campan d'avoir fait des élèves qui étaient devenues princesses et reines; heureusement, l'estime des honnêtes gens, hautement manifestée, vengeait notre chère institutrice des injures qu'elle n'avait pas méritées. Je lui avais écrit pour me plaindre de son silence, voici sa réponse:

Mantes, 16 juin 1816.

» Vos reproches sont fondés autant qu'obligeants pour moi, ma chère Louise; mais j'ai été fort peu hors de France: c'est, pour le moment où nous sommes, ce qu'il y a de mieux à faire. Une chanson de *l'Épreuve villageoise* dit: *C'est bien la peine d'écrire à des gens qui ne savent pas lire;* on peut dire qui ne pourront vous lire. Cette première idée n'ôte pas celle du cœur, mais comprime toutes celles qui passent par la plume. Je vous paraîtrai plus coupable encore quand Élisa n'aura pas de lettre à vous donner de moi; mais aussi n'en aura-t-elle pas pour l'abbé: ainsi, point de jaloux entre mes enfants : c'est bien là une maxime de bonne institutrice.

» La société de mon fils était vraiment mon unique consolation ; deux mois du plus triste séjour n'y avaient porté aucune atteinte, et une imprudence légère vient de le rendre bien malade, pour avoir pris trop à cœur la culture de mon petit jardin ; je crains que sa convalescence me prive d'aller voir ma nièce à sa terre. Je compte envoyer six petits tapis à ma chère élève ; il me reste les trois plus grands à faire, mes yeux n'ont pu soutenir, en y travaillant, l'obscurité de la chambre de mon fils.

J'ai dernièrement eu un mouvement de sang aux yeux, qui me fit perdre un moment la vue à force de les mettre, les sangsues m'ont retirée dès le lendemain de cet état qui m'avait fait *peur*. Eh ! quoi ? en ce monde, quelques amis, un fils, le soleil, l'air des champs que l'on respire, la vie enfin, les attraits naturels qui existent au moral et au physique, l'emportent sur les douleurs de l'âme, sur celles du corps, et quand vient le moment de tout quitter, pour ce sommeil que nos sentiments mélancoliques nous font quelquefois envier, nous disons comme le bûcheron.

» Ah ! rendez-moi mon fagot.

» Élisa vous dira que ma demeure est bien jolie et que la ville est charmante; si je n'avais point, sans aucun tort de ma part, conservé sur ma ferme l'hypothèque de ce que je perdis dans les trois dernières années de Saint-Germain, et que ce bien fût liquidé et à ma disposition, je me trouverais heureuse; mais on ne sut pas dans le temps ce que la sortie de trente élèves étrangères, ou tenant à des villes de commerce maritime, me fit perdre depuis la rupture de ce traité. Je ne devrais pas le dire, un établissement est comme une maison de commerce, on doit en cacher le déficit. Ma perte fut très-considérable; après cela d'année en année j'espérais voir mon fils placé, je vivais séparée de lui, je ne pouvais diriger et sa jeunesse et sa dépense, et je n'ai pu profiter de l'augmentation de mon revenu pour m'acquitter; mais je ne pouvais croire à *neuf années de noviciat* pour mon fils; et de six mois en six mois, l'espérance, qui ressemble souvent aux plus trompeurs des feux follets, m'a trompée jusqu'au dernier moment, où sont arrivés des événements qu'aucune prévoyance ne pouvait faire pressentir. Ce qui me fait peur dans ma position, c'est de n'avoir de pain assuré que sur des pensions; si je n'avais personne après moi, je m'en consolerais. Bien sûr, bien sûr, quand tous les esprits dans l'Europe entière seront calmés, refroidis sur les événements passés; quand on pourra dire je vais ici, je vais là, par de seuls sentiments d'amitié, de vieil attachement; je suis maigrie, je suis courageuse, je puis encore voyager, j'irai voir ma chère élève. Je resterai un peu longtemps, d'abord, pour jouir plus longtemps du bonheur de la voir; puis, c'est que, ma chère Louise, les voyages sont chers, et qu'étant pauvre, la suspension de ma dépense habituelle devra faire l'indemnité de la route. Je n'ai que soixante-trois ans, j'ai encore cinq ans, si je vis, à être capable de soutenir une route longue; la décrépitude ne commence qu'à soixante-dix ans; n'est-ce pas, cher abbé, que tout cela est fort raisonnable? Adieu, ma chère Louise, pardonnez-moi mon silence, et croyez que je m'éviterai de me le faire pardonner. Nous recommençons une troisième existence, rendons-la paisible. La pauvre nièce (1) que je vais voir n'est-elle plus aimée par une personne qu'elle ne cessera de chérir? elle s'en afflige et assurément la vraie tendresse peut ajouter des douleurs à sa douloureuse position. Adieu, ma chère Louise, croyez à ma sincère amitié. »

(1) Madame la maréchale Ney.

On voit, par cette lettre, que nous allions revoir la belle mademoiselle de Courtin; lorsque la Reine avait quitté si précipitamment la France, elle l'avait laissée près de madame Campan, se réservant de la rappeler près d'elle lorsqu'elle serait fixée quelque part. Aussitôt qu'elle avait été installée dans sa modeste maison à Constance, elle avait pensé à faire venir Élisa, et il était convenu que ma mère nous l'amènerait; la nourrice du prince, qui le suivait partout et qui avait deux enfants en France, obtint plus tard de la Reine de les avoir également avec elle. Madame Lacroix, la femme de chambre de la Reine, dont le mari était employé dans la maison, avait aussi laissé deux enfants à Paris; elle fit venir par la suite son fils, et l'accroissement de cette petite colonie, qui devait grossir la nôtre à Constance, était un objet d'impatience pour chacun des intéressés.

Il y avait longtemps que je n'avais reçu des nouvelles de madame de Krüdner, lorsque la gazette de Schaffouse, du 1er mai, nous en apporta. Voici ce qu'elle disait de notre chère prophétesse.

« Madame de Krüdner (de Riga), que la régence de Bâle a, comme on le sait, forcé de quitter cette ville, se trouve depuis quelques semaines à Arau, où elle prêche l'Evangile ; les protestants des campagnes accourent de tous les côtés pour l'entendre. Elle a aussi tous les soirs une conférence pieuse en français avec la classe des habitants d'Arau qui ont l'esprit cultivé. On prétend que cette dame, qui a beaucoup de connaissances, et surtout celle du grand monde, a contribué à l'alliance sainte qui a été conclue entre les trois grandes puissances, et sur laquelle la chambre des communes d'Angleterre a fait tant d'observations politiques.

» Madame de Krüdner ne donne de préférence à aucune *secte*. Ses opinions, qui tendent à la réunion de toutes les sociétés religieuses, sont basées sur les principales vérités de toutes les confessions chrétiennes ; aussi reçoit-elle des pélerins de toutes les communions, qui se retirent édifiés après l'avoir entendue. »

Un journal du 1er juin ajoutait cet autre article sur cette chère et bonne inspirée.

« Au commencement de l'année, madame de Krüdner se trouvait avec M. Empeytas, ecclésiastique genevois, à Bâle, à l'auberge du *Sauvage*, où elle établit des exercices spirituels et journaliers pour un cercle composé de personnes dont la plupart avaient une réputation de piété. Ces exercices n'avaient d'abord lieu que dans sa chambre ; mais le nombre des auditeurs s'augmenta bientôt, au point que madame de Krüdner fut obligée de les recevoir dans la grande salle à manger de l'auberge. La séance commençait par l'oraison mentale. M. Empeytas récitait ensuite une prière à haute voix, et prononçait un discours très-soigné, qu'il terminait par une prière que tous les assistants écoutaient à genoux. Après cet acte de culte, des personnes choisies obtenaient de madame de Krüdner une audience particulière ; on la voyait souvent debout au fond de plusieurs chambres sombres, avec un costume qui imitait celui d'une prêtresse.

» Pendant ces exercices, elle restait dans le recueillement et le silence ; mais elle s'occupait de distinguer les personnes qui paraissaient le plus touchées ou avoir le plus besoin d'un changement dans leur conduite ou dans leur disposition; c'était à celles-là qu'elle adressait dans sa chambre des instructions particulières, avec tant d'onction qu'elle a produit le changement le plus frappant dans la conduite de quelques demoiselles des premières familles, qui ont mis à sa disposition leurs économies, qu'elle a distribuées aux pauvres. Mais les pères de ces jeunes personnes ne partageaient pas toujours l'enthousiasme de leurs filles; quelques-uns même prétendirent que les soins du ménage diminuaient à mesure que les exercices spirituels se multipliaient; de plus, plusieurs personnes ayant tourné en ridicule et troublé ces exercices par des scènes scandaleuses, le gouvernement a défendu à M. Empeytas et à madame de Krüdner de les continuer, en offrant néanmoins au premier, dans le cas où il se légitimerait comme ecclésiastique, de lui permettre de prêcher dans l'église française; mais M. Empeytas a quitté Bâle avec madame de Krüdner, et ils ont essayé de rétablir leur culte dans le voisinage. Au bout de quelque temps, la ferveur de la nouveauté s'étant ralentie, ils se sont rendus à Arau, où l'on sait qu'ils ont repris avec succès leurs exercices. De tous côtés, les habitants des campagnes accourent en foule pour y prendre part. Madame de Krüdner fait des prières dans la matinée, et harangue ses auditeurs en allemand; l'après-midi, M. Empeytas prêche en français devant les personnes instruites et d'un esprit cultivé. »

XII.

Lettre de madame de Krüdner. — La Reine va voir son frère. — Le roi de Bavière. — Les frères Bacheville. — Mademoiselle Cochelet les prend pour des espions. — Ils sont, malgré elle, secourus par la Reine. — Prix du dîner des têtes couronnées. — L'hôte qui ne comprend pas. — Excessive politesse du gouverneur autrichien de Brégentz. — La Reine ne se laisse pas prendre à cette amorce. — Un courrier du prince Eugène. — Désolation du Prince et de sa femme. — Les enfants du prince Eugène, nichée d'amours. — La princesse Joséphine Beauharnais, mariée au prince Oscar. — Sa sœur Eugénie. — Le prince Auguste, son frère. — La future impératrice du Brésil. — La petite Théodelinde. — Le prince Max. — Refuge de M. le comte Lavalette. — Dévouement d'un employé. — Sir Robert Wilson.

Je m'inquiétais de ne plus recevoir directement des nouvelles de madame de Krüdner, et je supposais, qu'occupée comme elle l'était, de remplir sa sainte mission, elle m'avait totalement oubliée, lorsqu'une lettre datée des environs de Bade vint me rassurer à cet égard.

« Chère enfant, m'écrivait-elle, je suis loin

de vous avoir oubliée, je pense à vous avec l'intérêt dont vous-même ne doutez pas un instant; je vous aime, c'est tout dire; mais si vous connaissiez ma vie, les centaines de misérables et de souffrants qui me réclament; la misère, le malheur, le désespoir qui, sous mille formes (suites affreuses du péché), couvrent maintenant une terre de crimes et de désolation, et ne sont que le commencement de ces justes et terribles châtiments de l'amour infini qui veut encore sauver ce qui peut être sauvé, alors vous ne vous étonneriez pas de mon silence.

» Vous me verriez, chère Louise, ainsi que ma fille, occupée à entendre les secrètes douleurs de l'âme, à consoler, à ramener le désespoir aux pieds de la croix, à porter des vêtements, ou des secours, ou des aliments à ces malheureux qui assiégent ma porte, le travail manquant partout, et dont il faut calmer la faim ainsi que les douleurs, ce qui ne peut se faire qu'en leur disant d'aller par la prière, le repentir, et l'espérance dans le sang de la Rédemption et aux pieds du Sauveur qui a calmé aussi votre âme.

» O mon amie! quand j'ai un moment à moi, ne pensez-vous pas que j'ai un besoin moi-même de me prosterner devant le Dieu de mon âme, de le prier de me guider, de me fortifier, de me donner du courage, de la patience, de la fidélité, des accents de cet amour, de cette charité que demande l'Évangile? Chacun, presque, se décourage. Les gens qui ne connaissent pas comme moi les devoirs de cette charité, que je n'ai encore que si imparfaitement apprise, m'en veulent. Les envieux de la croix me déchirent. Les aveugles, qui ne voient rien au-delà de leur passion, me supposent des vues politiques. Ceux qui n'aiment pas la vérité craignent mon influence. Ceux qui connaissent l'empire du ridicule, et qui, étant du monde, n'ont rien que le néant des conceptions du monde, veulent m'atteindre par le ridicule.

» Dites, mon enfant, pour passer à travers de tout cela, pour naviguer sur cette mer orageuse, que deviendrait ma faiblesse, mon incapacité, ma fragilité humaine; que deviendrait-elle au milieu des plus rudes combats, des déchirements de l'âme que me font éprouver les peines des autres, et des injustices qui m'attaquent dans ceux qui devraient le mieux me connaître?

» Que deviendrais-je sans la prière, si je ne

cherchais des secours et des forces dans celui qui mourut sur une croix d'ignominie pour expier nos forfaits, qui nous aime si profondément et qui appelle ceux qui veulent l'aimer à suivre ses traces, à souffrir, à aimer, à lutter par la prière et les larmes, et à bénir ceux qui les persécutent?

» Je cherche donc quelques moments pour la prière, chère enfant, j'en ai tant besoin; et je vois autour de moi des lettres de toute l'Europe : que faire? comment répondre?

» Ne me jugez donc pas, croyez que je vous aime; je ne m'excuse pas, je pourrais être plus exacte, mais vous aimez à me pardonner.

» Je vous ai écrit, il y a quelque temps, d'Arau, avez-vous eu ma lettre? Nous y avons eu jusqu'à quatre réunions par jour, c'est-à-dire des hommes qui m'accompagnaient et prêchaient Christ le crucifié et les splendeurs de la miséricorde pour ceux qui viennent repentants *à lui*. On distribuait des ouvrages, il y avait des prières pour les enfants, la grâce agissait si puissamment en eux, qu'on entendait leurs sanglots, et ils se convertissaient et faisaient la joie de leurs parents.

» J'ai tant de choses à vous dire ; mais le temps presse ; je suis bien aise que vous ayez le bonheur de voir votre maman, vous pouvez travailler à son âme afin qu'elle aille aussi aux pieds du Christ et qu'il lui soit dit : *Tes péches te sont pardonnés*. Nos vertus ne nous conduisent pas au bonheur de trouver grâce, comme pécheur elles nous donnent de l'orgueil, et ne sont rien ; le sang Christ est *tout*, voyez comme le Seigneur vous aime, de vous amener ainsi les vôtres. O ma chère ! aimez-le bien.

» Ce que vous me dites de ce jeune homme, votre ami, à Bade, m'intéresse bien ; sa mélancolie, sa tristesse, la beauté de son âme, tout parle pour lui : je désirerais le voir, si c'est la volonté du Seigneur ; je suis presque persuadée que ce serait pour son repos, et que cela sera. Demandez-lui s'il ne viendrait pas en Suisse ; peut-être me craint-il, vous devinez pourquoi ? Mais, chère amie, tout a disparu ; je ne cherche que le salut des âmes ; il me faut tout quitter pour suivre la Croix du Dieu de mon âme.

» Je laisse ma lettre comme elle est, il m'a fallu la reprendre à plusieurs reprises ; pouvez-vous la lire ? Êtes-vous de retour de Munich ?

e croyez pas que notre ange (1) ait été fâché de vous voir chez moi, à Paris, ce sont des contes, je ne sais rien de lui, et je ne suis pas étonnée qu'on cherche à me nuire; mais comme je ne veux qu'aimer, par-devant tout, Christ mon Dieu, le reste n'est que sujet de réflexions; le Seigneur fait toujours triompher la vérité.

» Mes respects à votre amie; avez-vous vu la lettre où je lui présentais ma vive reconnaissance de son sac, et de ce qu'elle a fait pour les pauvres?. . . . .
. . . . »

Depuis la visite que le prince Eugène avait faite à sa sœur, il l'engageait dans chacune de ses lettres à venir la lui rendre. Il se faisait d'avance un vrai bonheur de la voir au milieu de sa charmante petite famille, qu'elle ne connaissait pas, tous les enfants du prince étant nés en Italie. La Reine, de son côté, avait grand désir de réaliser ce projet de voyage, et elle attendait, pour se mettre en route, qu'elle sût son frère à la campagne, où il lui semblait que la visite qu'elle lui ferait attirerait moins l'attention qu'à Munich. Sitôt qu'elle apprit qu'il était près du lac de Wurmsée, dans une

(1) L'empereur Alexandre.

petite campagne de son beau-père, ce bon et digne roi de Bavière (1), qui la lui avait prêtée, elle fixa le jour de son départ.

Nous étions occupées des petits préparatifs que nécessite toujours un déplacement, lorsque Vincent vint trouver la Reine : « Madame, lui dit-il, il y a un Français qui arrive, et qui m'a paru bien malheureux et bien digne de la commisération de Votre Majesté ; il m'a dit être de la garde impériale, et il est proscrit ainsi que son frère qu'il attend ici ; tous les deux ont été à l'île d'Elbe avec l'Empereur. Ils se sont échappés des mains de la gendarmerie, et toute la police de Lyon est à leur poursuite. On désirait les offrir en victimes, afin d'effrayer les bonapartistes de cette ville et des environs ; mais ils ont montré qu'ils étaient décidés à vendre chèrement leur vie, et, après avoir mis en déroute l'escorte qui les emmenait prisonniers, ils sont enfin parvenus à franchir la frontière, mais sans aucune ressource, sans aucun moyen d'existence, sans espoir de s'en procurer. »

Le pauvre Vincent n'avait pas achevé son

---

(1) Le roi Maximilien, qui était bien le meilleur des rois comme le meilleur des pères. Il avait pris en grande affection son gendre, le prince Eugène.

récit, que je m'impatientai contre lui, de le voir écouter, avec autant de complaisance, toutes les histoires qu'on lui faisait; et sans laisser à la Reine le temps de s'apitoyer : — « N'en croyez rien, madame, lui dis-je; c'est encore quelque espion qu'on vous envoie, et qui abusera de ce que vous aurez été généreuse envers lui, pour confirmer ces bruits absurdes, que vous distribuez des millions aux mécontents. — Mais, qui te dit que c'est là un espion? — L'avez-vous reconnu, demandai-je à Vincent, pour être de la garde? — Madame, il en a bien la tournure; mais il y avait tant d'officiers dans la garde, que je ne puis me les rappeler tous. — Vous voyez bien, madame, repris-je, que Vincent ne l'a pas reconnu, et je crois que ce serait une grande imprudence à vous de lui donner les secours qu'il réclame. — Vous a-t-il dit son nom? demandai-je encore à Vincent. — Oui, madame, *Bacheville*. — Certainement, madame, dis-je aussitôt à la Reine, ce n'est là qu'un nom supposé; car parmi les centaines de procès que nous lisons tous les jours dans les journaux, et le grand nombre d'arrestations faites jusqu'à ce jour, je ne me rappelle pas avoir vu le nom de Bacheville.—C'est vrai, dit tristement la Reine; mais pourtant il serait affreux, si cet homme est réellement dans le malheur, de le laisser sans secours si près de nous; un Français aux prises avec le besoin, et encore en pays étranger! — Sûrement, madame; mais on peut prendre des informations, et si Votre Majeté le permet, j'en prendrai moi-même à l'auberge. » La Reine me fit, de la tête, un signe de consentement. Vincent se retira, et là finit la conversation à ce sujet.

Je crus, en laissant la Reine, l'avoir ramenée à mon avis; mais à peine l'avais-je quittée, qu'elle fit rappeler Vincent pour lui adresser de nouvelles questions.

« Cet homme a-t-il vraiment l'air d'être dans la détresse? lui demanda-t-elle. Comment est-il vêtu? — Je n'y ai pas fait grande attention, madame; mais ses bottes sont déchirées, et il n'irait pas loin sans se blesser. »

Ces mots allèrent au cœur de la Reine : elle appréciait le dévouement que dictait notre prudence, elle approuvait nos raisons; mais sa bonté et sa générosité l'emportaient sur toutes les considérations possibles. « Que personne ne le sache dans la maison, dit-elle à Vincent; mais il faut que vous alliez porter une petite somme à cet homme; au moins de quoi payer son auberge, s'acheter des bottes et pouvoir continuer sa route, sans manquer de ce qui est indispensable pour vivre. Allez vite et soyez discret. » Vincent obéit; et la Reine, tranquillisée sur le sort de l'inconnu, ne parla plus de lui.

Le lendemain matin, je me rendis à l'auberge de l'Aigle, que nous avions habitée, et où était descendu le soi-disant officier de la garde. L'hôte, auquel je fis mille et une questions, me conta que le frère attendu était arrivé la veille au soir. Il prononça un nom tout différent de celui qui avait été donné à Vincent, et ajouta que ces étrangers se donnaient pour des bijoutiers de Genève, qui voyageaient, vivant de leur industrie, et vendant des montres. Je rentrai, triomphante des renseignements que je venais de recueillir, et qui confirmaient pleinement mes soupçons.

« N'avais-je pas raison, madame, dis-je à la Reine, de vous engager à la prudence? Quelle apparence que des bijoutiers, portant avec eux des marchandises, aient besoin qu'on leur paie leur souper? » Je revenais toujours à dire : ce sont des espions qui n'ont pas trouvé de meilleur moyen de s'introduire près de vos gens, et d'arriver jusqu'à vous, que de vous intéresser par des malheurs imaginaires.

La Reine ne répondit point, et je m'en tins à l'approbation de M. de Marmold et de l'abbé, avec lesquels j'étais d'accord pour éloigner, autant que possible, de la Reine, tous les gens qui nous paraissaient suspects.

Le jour suivant, je partis pour Berg, avec la Reine et le prince Louis; nous nous arrêtâmes à Brégentz, dans une assez mauvaise auberge, où l'on fit payer 25 *louis* le plus médiocre de tous les dîners. L'hôte, à qui on fit des représentations sur la cherté du repas, répondit que c'était le prix pour les têtes couronnées. Il affirmait que l'empereur Alexandre et l'empereur d'Autriche n'avaient pas payé moins, et il ne voulut jamais comprendre (moi, je crois qu'il le faisait exprès) qu'une Reine qui n'avait plus de couronne dût être traitée comme une simple particulière.

Avant notre départ, le gouverneur de Brégentz vint présenter ses devoirs à la Reine; mais ses politesses ne lui suscitèrent pas la tentation de renoncer à Constance, pour venir habiter une ville qui se trouvait sous la domination de l'Autriche.

Nous couchâmes le soir à Kempten : à peine

étions-nous descendus à l'auberge, qu'un courrier, envoyé par le prince Eugène, accourut au-devant de la Reine; il venait lui apprendre la triste nouvelle que la dernière petite fille du prince venait de mourir. Quoique ce ne fût qu'un enfant de quelques mois, c'était une très-vive douleur pour la princesse, qui avait eu, jusqu'à ce jour, le bonheur d'élever heureusement ses charmants et nombreux enfants.

La Reine, qui avait tant souffert de la perte d'un enfant déjà grand, connaissait la peine que devait éprouver sa belle-sœur: elle s'associa de cœur à ses chagrins, qui firent évanouir toutes les joies produites par la certitude de notre venue prochaine; et pourtant, que de consolations restaient à la princesse, qui voyait grandir autour d'elle sa jolie famille! A notre arrivée à Berg, la Reine fut reçue et fêtée avec une grâce charmante par tout ce petit monde; je n'ai jamais vu tant de délicieux visages réunis, c'était une véritable *nichée d'amours*. L'aînée était une jolie petite fille de sept ans, nommée Joséphine, dont la beauté a tenu tout ce qu'elle promettait alors; à seize ans, elle fut mariée au prince royal de Suède (Oscar). Il n'y avait certainement pas en Europe, à cette époque, une princesse plus belle, et dont l'éducation eût été plus soignée. Sa sœur Eugénie, un peu moins âgée qu'elle, sans avoir dans les traits la régularité idéale de sa sœur, était un petit ange de grâce, de fraîcheur et de gentillesse (1); D'un an plus jeune, le prince Auguste était un superbe enfant, qui était fort bien élevé, il montrait les plus heureuses dispositions, et nul doute qu'il ne dût être un prince aimable et distingué ; il était destiné à faire un jour l'espoir et l'orgueil de sa famille (2). Le quatrième enfant était une fille, un bijou, un véritable amour ; lorsqu'à seize ans, elle épousa don Pédro, il était impossible de ne pas la comparer à un frais bouton de rose ; sa beauté en se développant a pris un autre caractère, et l'impératrice du Brésil sera

(1) La princesse Eugénie, mariée fort jeune au prince héréditaire de Hohenzollern-Hechingen, se fait chérir et adorer de tous ceux qui la connaissent.

(2) Le destin, dans son inexorable arrêt, a frappé de mort le jeune prince quelque temps après son union avec la reine dona Maria ; perdu de bonne heure pour sa famille, ayant adopté sa nouvelle patrie, perdu pour cette patrie où ses nobles sentiments, ses connaissances étendues ainsi que son libéralisme promettaient un ferme appui aux Portugais, le prince Auguste a beaucoup été regretté de ce peuple qui l'aimait et qui était fier d'avoir pour souverain le digne fils du prince Eugène.

Note de l'éditeur)

toujours citée comme une personne aussi remarquable par ses formes admirablement suaves, que par les qualités de son âme, et le charme qu'elle répand autour d'elle.

« Voilà la tienne, dit le prince Eugène en apportant à sa sœur son cinquième enfant, qui était une petite fille toute blonde et toute rose, qui se tenait à peine sur ses pieds, je trouve qu'elle te ressemble d'une manière étonnante quand tu étais enfant, et je désire bien vivement, chère Hortense, qu'elle te ressemble en tout! » La petite Théodelinde, déposée sur les genoux de sa tante, semblait, par sa grâce et sa gentillesse réaliser d'avance le vœu que venait d'exprimer son père. La princesse recueillait avec orgueil les éloges que la Reine donnait à ses enfants (1); mais en pensant à celle qu'elle venait de perdre, ses yeux se remplissaient de larmes.

Le prince Louis avait d'abord été un peu intimidé en voyant tant de visages inconnus; mais il ne tarda pas à se remettre, et il eut

---

(1) A cette époque, le prince Max, le dernier des enfants d'Eugène, n'était pas né encore. Dès sa plus tendre jeunesse, il était remarquable par un bel ensemble : sa taille élevée et des plus élégantes, et sa *physionomie*, annoncent les plus nobles qualités de l'âme; la franchise est son caractère. Il se destinait à la carrière des armes, c'est vers ce but qu'a été dirigée la brillante éducation qu'il a reçue.

bientôt fait connaissance avec son cousin et ses cousines ; les deux aînées s'emparèrent de lui : les jeux, les gambades commencèrent, sa gaieté et sa vivacité, ajoutées à celle du jeune cercle au milieu duquel il était introduit, finirent par le rendre des plus animés et des plus bruyants.

Lorsque les enfants furent couchés, une causerie non interrompue commença entre la princesse, le prince et sa sœur; elle se prolongea si longtemps, que je tombais de sommeil lorsque le signal du repos fut donné.

Le lendemain matin, nous eûmes un grand plaisir à revoir ce bon, cet aimable Lavalette, échappé récemment à tant de dangers, et pour lequel nous tremblions depuis si longtemps; il était caché dans une petite maison, sur les bords du lac Wurmsée, d'où il pouvait facilement venir tous les jours au Staremberg voir le prince Eugène à des heures convenues, durant lesquelles il était sûr de n'y trouver personne.

Je l'embrassai de bon cœur; et ce fut avec un bien vif intérêt que nous écoutâmes le récit de toutes ses tribulations depuis que nous l'avions quitté à Paris ces détails, qu'il nous raconta n'étaient alors connus que de quelques personnes.

Une fois sorti de la Conciergerie, où sa femme était restée à sa place, M. Lavalette trouva apposté à la descente de sa chaise à porteur un cabriolet, où un de ses amis, qu'il ne reconnut pas d'abord, le fit monter. Cet ami le conduisit dans une maison qui lui était tout-à-fait inconnue ; là il fut logé dans une mansarde, où il ne passa pas moins de trois mois à attendre que les recherches que l'on faisait pour le trouver se fussent un peu ralenties. Afin d'éviter toute espèce d'indiscrétion, il était servi dans son galetas par les personnes mêmes qui lui accordaient gratuitement une hospitalité si dangereuse, et d'autant plus méritoire, qu'elle compromettait leur existence et celle de leur famille, en blessant, par cette générosité, le gouvernement de qui elles tenaient l'emploi qui les faisait subsister. M. le comte Lavalette appelait de tous ses vœux le moment de les débarrasser de sa présence, qui pouvait leur être fatale. Ce moment arriva enfin, et ce fut M. Robert Wilson qui conduisit M. de Lavalette hors du territoire, et qui, comme on l'a vu, s'attira ainsi la vengeance des Bourbons. Heureusement le trait d'humanité des hôtes du pauvre fugitif resta ignoré et n'eut pour eux aucun fâcheux résultat. On ne peut célébrer et citer en exemple un dévouement aussi désintéressé que celui de ces deux officiers anglais, sauvant un homme auquel ils étaient complétement étrangers, un homme dont le malheur était le seul titre à une assistance, dont la tentative était déjà périlleuse.

XIII.

M. de Lavalette à Munich. — Discrétion du roi de Bavière. — Il ne se fie pas au prince royal son fils. — L'asile au lac Wurmsée. — La rencontre inévitable. — Malveillante indiscrétion du duc d'Alberg. — Prudence du roi Maximilien. — Un avis donné par le prince Eugène. — M. *Cossart*, envoyé dans un autre asie. — Son retour au Starenberg. — Réponse aux instances des Bourbons et de la Sainte-Alliance. — Les mémoires de Lavalette ne sont pas de lui. — Encore les frères Bacheville. — Ils sont éco duits par le prince Eugène. — Il se repent d'y avoir mis trop de précipitation. — La reine de Bavière. — La duchesse de Deux-Ponts. — L'intérieur patriarcal. — La Reine va dans les montagnes de l'Appenzell. — Les sorts du trèfle à quatre feuilles. — Deux êtres mystérieux. — Embarras d'espion. — M. de Z... landmann. — Il revient de son anti-bonapartisme. — Il se lie avec la Reine. — Une tempête. — La maison renversée. — La femme ensevelie. — Le fougueux Justus Grüner. — Le landmann Z... propose à la Reine de l'épouser. — Refus poli de la Reine.

Lavalette parvint à se rendre à Munich, près du prince Eugène, qui se hâta de confier à son beau-père l'arrivée du proscrit. Cet excellent roi Maximilien n'était pas plus que les souverains du second ordre le maître de faire ce qu'il voulait dans ses états, et il ne doutait nullement que si la présence de Lavalette en Bavière était connue, le gouvernement français ne le réclamât, et que son extradition ne fût ordonnée par les hautes puissances; il recommanda donc à son gendre le secret le plus absolu, et lui-même se promit bien de ne parler à qui que ce fût de l'arrivée du comte, pas même à son fils le prince royal, qui sympathisait trop avec les idées de la Sainte-Alliance, pour qu'on pût lui faire une confidence pareille.

Le prince Eugène fit partir secrètement Lavalette pour le lac Staremberg, où on lui loua, chez le concierge d'un château abandonné, une petite chambre, dans laquelle il se tint soigneusement enfermé.

Le lac Staremberg est un des plus jolis sites des environs de Munich, dont il n'est qu'à sept lieues. Dans la belle saison, la société de cette ville y fait de fréquentes parties de campagne, pour se dédommager de l'aridité des alentours de la capitale. A l'arrivée de chaque bande joyeuse, Lavalette quittait son réduit et allait bien loin passer sa journée au fond des bois, pour ne rentrer qu'à l'heure où les citadins regagnaient leurs foyers. Une lettre du prince Eugène le prévint un jour que nombre de personnes de la haute société de Munich, et parmi elles des étrangers de distinction, devaient se rendre le lendemain en promenade au lac de Staremberg, et qu'il eût à s'en éloigner. Dès le matin, Lavalette s'enfonça dans les montagnes, et ne revint qu'à la nuit close, lorsqu'il put croire que tous les visiteurs du lac étaient repartis pour la capitale. Au moment où il rentrait dans son modeste gîte, la première personne qu'il rencontra fut le duc d'Alberg : contrariété d'un côté, grand étonnement de l'autre; mais enfin, il n'y avait pas à reculer. Lavalette, se voyant découvert par le duc d'Alberg, l'emmena dans sa chambre, et lui exposa *en ami* le danger de sa position, qu'il devait parfaitement comprendre, lui qui était homme politique. Lavalette le *supplia en grâce* de lui garder un secret d'où dépendait sa tranquillité et peut-être sa vie. Le duc le lui promit. « Mais vous m'accorderez bien la permission, mon cher, ajouta-t-il, de vous amener ma femme, qui est ici avec moi : elle sera si heureuse de vous voir ; elle a pris tant de part à tout ce qui vous est arrivé, que vous ne lui refuserez pas la satisfaction de vous savoir en sûreté et si près de nous ! »

Lavalette y consentit. M. d'Alberg le quitta, et revint bientôt avec madame la duchesse d'Alberg, qui se jeta dans ses bras, tout émue de voir une connaissance qui avait échappé si miraculeusement à de si grands dangers. On se sépara fort satisfaits les uns des autres, et Lavalette se félicita de cette rencontre, qui lui avait valu de si doux témoignages d'intérêt.

Peu de jours après, M. le duc d'Alberg, se trouvant dans un cercle nombreux chez le premier ministre du roi de Bavière, l'étonna beaucoup en faisant le récit de sa journée au lac de Staremberg. « Devinez qui j'ai rencontré, disait-il à chacune des personnes présentes. Je vous le donne en cent, en mille ; vous ne le devinerez pas ! J'ai retrouvé Lavalette caché au bord du lac de Staremberg. » Le maître du logis fronça les sourcils, les diplomates des différentes cours se regardèrent, et le roi ne tarda pas à faire dire au prince Eugène qu'il fallait que Lavalette, qui était caché sous le nom de *M. Cossart*, quittât promptement sa retraite : on lui désigna plus loin un nouvel exil, où il périssait d'ennui et du *spleen.* Mais le prince Eugène étant venu au lac Staremberg pour une partie de la belle saison, lui fit dire qu'il pourrait de nouveau s'établir dans les environs (1); et je ne fus pas celle qui jouit le moins de ce rapprochement.

Je suis étonnée de ne pas trouver cette rencontre avec le duc d'Alberg dans les mémoires de Lavalette, qui ont paru après sa mort; mais ce n'est pas la seule chose qui m'y semble étrange : *le rire épileptique de l'Empereur,* et *Hortense Beauharnais placée chez une couturière,* sont des niaiseries de pure invention, qui ne seraient jamais sorties de la plume de Lavalette, pas plus que l'éloge du duc d'Orléans (2) qui s'y trouve en 1831. Je reviendrai sur toutes ces choses lorsque j'aurai à parler des véritables mémoires de M. Lavalette, c'est-

---

(1) Dans cette circonstance, ce bon roi de Bavière (Maximilien) montra une force de caractère qu'on était loin de lui supposer. La *bévue* de M. le duc d'Alberg (qui serait bien étonnante de la part d'un homme d'infiniment d'esprit, d'un élève de M. de Talleyrand, si on ne lui avait assigné une toute autre cause, peu propre, si elle était vraie, à faire honneur à son cœur), avait mis en émoi toute la diplomatie, qui voulait *absolument* que M. Lavalette fût livré au gouvernement français; mais, malgré les plus vives instances sans cesse réitérées par les Bourbons, qui y mettaient de l'acharnement, il tint bon. « Je ne possède pas dans mon état le sieur La Valette, répondit-il, mais le sieur *Cossart*, qui a un passeport en ordre et qui y restera. »

(2) Aujourd'hui roi des Français.   (*Note de l'éditeur*.)

à-dire de ceux dont il nous faisait lecture en petit comité.

Ce même jour où nous avions eu le plaisir de revoir Lavalette, le prince Eugène proposa, dans l'après-midi, de faire une promenade en voiture autour du lac; nous nous y disposions, lorsqu'on vint dire au Prince que deux officiers français demandaient à lui parler. « D'où viennent-ils? demanda le Prince.— De Constance.—Ce sont nos espions! » m'écriai-je avec ma vivacité ordinaire en regardant la Reine.

Je contais avec volubilité au Prince la rencontre de ces deux Français avec Vincent, les mensonges qu'ils lui avaient faits, et dont sans moi la Reine aurait été dupe; je fis connaître les renseignements plus précis que j'avais eus sur leur compte auprès de l'aubergiste qui les avait logés. « Tout cela ne prouve pas que ce sont des espions, observa la Reine. — S'ils n'étaient pas des espions, repris-je avec chaleur, pourquoi vous auraient-ils suivie jusqu'ici, où ils viennent faire au Prince les mêmes contes qu'ils ont faits à Vincent?— Mademoiselle Cochelet peut avoir raison, dit le Prince, nous voyons tant de gens rôder autour de nous, surtout depuis que Lavalette est dans le voisinage, qu'il n'y a pas de mal à se tenir un peu sur ses gardes : je ne recevrai pas ces messieurs. » Il donna l'ordre de les éconduire, et nous montâmes en voiture. Nous allions partir : tout à coup, deux hommes s'approchèrent de la calèche où le prince était avec sa femme, sa sœur et le ministre d'Angleterre. « Prince, crièrent-ils, nous sommes des officiers français, nous vous demandons à être placés dans votre garde. » Le Prince, prévenu comme il l'avait été par moi, leur répondit : « Vous savez très-bien que je n'ai ni garde ni emploi à donner. J'ignore d'ailleurs qui vous êtes ; allez chercher d'autres dupes que moi. » En achevant ces mots, il donna l'ordre au cocher de fouetter, et la voiture s'éloigna.

Le Prince se reprochait d'autant moins sa brusquerie, qu'il croyait être méritée, que la présence en ce moment du ministre d'Angleterre donnait politiquement plus d'importance à la réponse qu'il venait de faire.

Ces deux individus retournèrent furieux à Munich, où ils se firent reconnaître pour des officiers français proscrits : effectivement, peu de jours après, nous apprîmes qu'ils avaient dit vrai ; et les journaux confirmèrent en même temps leur récit en publiant que les deux frères Bacheville avaient été condamnés à mort, et s'étaient enfuis (1). Je ne me consolai pas de ma méprise. Dans quelle erreur j'étais tombée, et combien de fois me suis-je reprochée ma trop grande défiance dans une circonstance qui a valu plus tard au prince Eugène les attaques de ses ennemis, toujours prêts à saisir l'occasion de lui nuire! Mais, en dépit de tant de clameurs mensongères, sa gloire restera pure, sa mémoire sans tache et son caractère un des plus honorables de notre siècle.

Sitôt que le prince Eugène sut que c'étaient réellement des officiers, il s'empressa de réparer ses torts involontaires envers eux : il leur fit parvenir, à Munich, une assez forte

---

(1) Le gouvernement ne fut pas plus tôt instruit que les frères Bacheville étaient en fuite, que leur tête fut mise à prix ; voici l'arrêté du maire, affiché dans leur commune ;

« MAIRIE DE TRÉVOUX, DÉPARTEMENT DE L'AIN.

» Le Maire de la ville de Trévoux fait savoir au public que son
» excellence le Ministre de la police générale assure une gratification
» de 1,200 fr. à ceux qui livreront à la justice l'un ou l'autre des nom-
» més Bacheville, l'un, lieutenant, l'autre, capitaine de la garde im-
» périale. 2,400 fr. seront accordés à ceux qui les livreront tous les
» deux. Trévoux, hôtel de la mairie, le 25 avril 1816.

» *Signé*, RAFFIN, Maire. »

somme, avec laquelle ils purent entreprendre un long voyage dans l'Orient.

La reine de Bavière, apprenant la mort de l'enfant que sa fille, la princesse de Leuchtenberg, venait de perdre, vint lui témoigner la part qu'elle prenait à son chagrin. Elle fut charmée de trouver la reine Hortense à Berg, et y passa une journée avec la duchesse de Deux-Ponts, tante de son mari. Jamais on ne vit meilleur ménage, d'intérieur plus patriarcal que celui du roi de Bavière : il avait une tendresse extrême pour sa femme, qu'il entourait des soins les plus tendres, et qui les lui rendait avec la même affection. C'est à juste titre que par ses vertus et son esprit, la reine de Bavière est citée comme l'une des princesses les plus distinguées de l'Europe. Elle fut parfaite pour la Reine, et lui témoigna la même amitié et le même empressement qu'elle lui eût montrés autrefois. Certes, de si nobles procédés étaient louables à cette époque où les haines de partis mettaient la reine Hortense à l'index de toutes les cours d'Europe, et où des égards pour elle exposaient à la malveillance de la Sainte-Alliance, alors si étroitement unie dans son despotisme.

Les jours agréables que nous passâmes à

Berg s'écoulèrent rapidement, et nous reprîmes la route de Constance. Ma mère chérie nous y attendait, et je laisse à penser quel fut mon bonheur de la revoir. Mademoiselle Élisa de Courtin était venue avec elle; le contentement régnait sur tous les visages en voyant notre petite colonie française s'augmenter ainsi.

La santé de la Reine, si frêle pendant l'hiver que nous venions de passer, ne s'était point remise à la belle saison : à la moindre variation de l'atmosphère, sa poitrine s'irritait; elle en souffrait horriblement; sa pâleur et sa maigreur étaient des plus alarmantes. Les médecins du pays lui conseillaient d'aller passer une saison à Geiss, dans les montagnes de l'Appenzell, pour y prendre les bains de petit-lait et le boire. La Reine se décida à suivre leur avis. Elle écrivit au landmann de ce canton, M. de Z...., pour obtenir son agrément, et elle ne tarda pas à recevoir de lui une réponse fort polie et fort gracieuse, d'après laquelle elle se disposa à passer une partie du mois de juillet dans les montagnes.

Elle laissa son fils à Constance aux soins de l'abbé Bertrand et de M. de Marmold ; la présence de ma mère, de mademoiselle de

Courtin et de mon frère était pour elle un garant de plus que son fils, bien qu'elle s'éloignât de lui, n'était entouré que de personnes dévouées. Je partis seule avec la Reine, n'ayant pour toute suite qu'une femme de chambre et un domestique.

Nous nous installâmes dans une maison fort modeste, où nos journées étaient non-seulement dépourvues d'intérêt, mais même de toute occupation sérieuse. La Reine se promenait le matin en buvant son petit lait; puis venait l'heure du bain. Comme elle aimait à respirer le plus possible l'air si pur des montagnes, nous passions tous les après-midi dehors à nous promener dans les sentiers qui coupent les gras pâturages auxquels on est redevable de ce lait délicieux qui rend la santé à des milliers de malades; nous errions sans but, au hasard, et toutes nos distractions, pendant ces courses, se bornaient à chercher des trèfles à quatre feuilles, en y attachant telle ou telle idée. « Si d'ici là je trouve un trèfle à quatre feuilles, ce sera signe que nous rentrerons en France bientôt; ou bien, je recevrai une lettre de mon fils demain, etc., etc. » Les enfants du pays, qui s'étaient aperçus du plaisir que nous éprouvions lorsque nous avions réussi dans nos explorations, se mirent à nous aider ; ils nous apportaient des bouquets énormes de trèfles à quatre feuilles, ce qui ne remplissait pas du tout notre but, et diminuait d'autant nos chances de réussite.

J'avais remarqué, pendant notre séjour à Geiss, dans une maison en face de la nôtre, un homme porteur d'une de ces honnêtes figures suisses qui ne permettent de supposer ni l'astuce ni la méchanceté; il avait l'air trop bien portant pour le croire du nombre des malades qui se réunissent à Geiss. Il passait tout son temps à sa fenêtre, en manches de chemise, sans doute à cause de la chaleur, sans autre société, sans autre occupation qu'une énorme pipe qu'il chargeait de temps en temps, et un grand verre de bière mousseuse qu'il vidait et remplissait tour à tour. Sortions-nous, il était sur la porte de sa maison ; nous promenions-nous, il se trouvait sur nos pas et ne manquait jamais de nous saluer fort poliment. « En vérité, madame, dis-je un jour à la Reine, si nous étions au temps des enchanteurs, je croirais qu'un amant déguisé a pris cette forme simple pour vous suivre ici. » Nous apprîmes que cet homme n'était pas de l'endroit; son oisiveté me l'avait fait penser : c'était un bourgeois de Saint-Gall. Au bout de quelque temps, nous vîmes un second individu partager la chambre de notre voisin; il était plus joufflu, plus intrépide fumeur encore, et plus assidu que lui, s'il était possible. Ma curiosité était portée à l'excès; je parvins à entrer en conversation avec le premier de ces êtres mystérieux, dont le visage m'était déjà plus familier. La connaissance fut bientôt faite; sa bonhomie en abrégea les préludes, et j'appris de lui-même qu'il était payé par l'Autriche pour suivre la Reine à Geiss, et rendre compte de tout ce qu'elle y faisait, dans un rapport qu'il expédiait chaque jour. Le pauvre homme faisant la chose en conscience, n'avait guère satisfait l'attente de ceux qui le payaient: l'heure de notre dîner, nos trèfles à quatre feuilles et les bouquets que les enfants nous apportaient, tout cela, répété quotidiennement, ne formait pas des récits bien piquants ni bien variés; on pensa qu'il remplissait mal les fonctions qu'il avait acceptées, et on lui envoya de Brégentz un compagnon autrichien dont le dévouement et la sagacité ne pouvaient être mis en doute, mais qui, lorsqu'il fut à la besogne, fut tout aussi embarrassé que le gros Suisse de n'avoir rien, absolument rien à mettre dans ses rapports. Il se cassait la tête et ne savait qu'inventer. Le bourgeois de Saint-Gall me demanda un jour, dans la bonne foi de son âme, de lui aider à trouver quelque chose qui pût satisfaire ceux qui les envoyaient. C'eût été vraiment fort piquant, mais c'était par trop difficile : une vie comme la nôtre ne fournissait rien à raconter, même à l'imagination la plus créatrice.

M. de Z..., le landmann, était absent lorsque nous arrivâmes à Geiss; aux questions que nous fîmes sur lui, nous apprîmes que c'était un homme de mérite, fort estimé de ses concitoyens, mais dont les opinions, tout-à-fait autrichiennes, nous étaient des plus opposées. Il s'était formellement refusé à l'acte de médiation, et, par suite des difficultés qu'il avait suscitées, il avait été mis en prison, ce qu'il n'avait jamais pu oublier ni pardonner à l'empereur Napoléon, auquel il attribuait la punition qui lui avait été infligée. Sa joie avait été grande lors de son abdication, en 1814, et de sa chute, en 1815; et, dès qu'il avait été question de l'arrivée de la Reine en Suisse, il avait été un de ceux qui avaient parlé avec le plus de véhémence pour que la permission de s'y établir lui fût refusée par la diète; tous ces détails firent que nous nous applaudissions beaucoup de ne pas nous rencontrer avec lui.

M. de Z*** ne tarda pas à revenir de la diète, qui alors était réunie à Zurich. Il paraît que la lettre que la Reine lui avait écrite pour lui demander à venir dans son canton l'avait beaucoup touché, et avait commencé à diminuer son antipathie pour tout ce qui tenait à la famille impériale.

Dans les commencements du mois de juin, on s'était occupé de fournir les contingents, promis à la France, pour la garde royale; je ne me rappelle plus ce qu'il y avait dans l'organisation de ces régiments, ou dans cette capitulation, qui ne convenait pas à notre landmann, mais son canton était un de ceux qui s'y étaient refusés.

Cette affaire, fort grave pour le ministre des finances de France, venait d'être terminée à Zurich, en diète, et rien ne saurait peindre la colère et le mécontentement qu'éprouva le landmann de l'Appenzel, lorsqu'à l'une des représentations qu'il faisait, M. de Talleyrand de Périgord, ambassadeur de France, s'écria qu'il ne s'étonnait pas d'un si mauvais vouloir, qui lui était inspiré par la reine Hortense. Cette supposition, injurieuse contre une femme que le landmann n'avait jamais vue et à laquelle il ne portait aucun intérêt, lui ouvrit les yeux, et lui fit penser que tout ce que l'on disait sur la Reine pouvait bien n'être pas plus vrai que ce que M. de Talleyrand avançait relativement à lui. Il revint donc dans notre voisinage, fort radouci : il s'informa de la Reine avec un intérêt marqué, et tout ce qu'on lui dit de la vie sédentaire que nous menions acheva de le bien disposer pour elle ; il vint la voir, et cette visite suffit pour remplacer son ancienne prévention par le plus sincère intérêt. Il s'émut en voyant cette femme, dont la vie avait été si brillante, si entourée de toutes les recherches du luxe, occuper une petite maison en bois, où tout était plus que simple. Il lui offrit de mettre à sa disposition une habitation fort agréable qu'il possédait à Trogen ; la Reine le remercia et n'accepta pas cette offre, faite du meilleur cœur possible ; mais elle lui promit d'aller visiter sa maison, dont il nous vantait la position. M. de Z*** demanda à la Reine de vouloir bien fixer le jour où il aurait l'honneur de la recevoir chez lui. Elle y consentit, et prit le jeudi suivant.

Au jour convenu, à l'heure où nous allions

nous mettre en route, le temps, qui avait été très-beau jusqu'alors, se gâta tout à coup par un orage; mais un orage des plus furieux, tel qu'on n'en voit que dans les pays de montagnes, où chaque vallon répète le bruit du tonnerre et celui des vents déchaînés; où la pluie, tombant à flots, forme en quelques instants des torrents dévastateurs qui renversent tout. La bravoure n'est point mon fait, je l'avoue sans honte, et j'ai toujours craint l'orage, et à plus forte raison lorsqu'il s'agit de l'affronter en montant en voiture. J'avais donc de bien bonnes raisons à donner à la Reine pour l'engager à renoncer à cette course; mais elle se représentait le désappointement et la contrariété qu'elle ferait éprouver aux personnes qui l'attendaient, et qui, disait-elle, avaient sûrement fait des frais pour elle, préparé une collation qu'elle rendrait inutile en n'arrivant pas.

M. de Z*** était veuf, mais il avait des enfants; et l'idée de désoler toute cette famille décida la Reine à partir. Aussitôt que l'orage lui sembla se calmer un peu, nous montâmes toutes deux en calèche, et nous arrivâmes au moment où l'on ne nous attendait plus. La tempête avait repris instantanément une nouvelle force, et notre course s'était faite, non-seulement au milieu de la pluie, mais encore des éclairs et du tonnerre, ce qui avait porté mes inquiétudes pour la Reine et pour moi au plus haut degré.

Rien ne saurait peindre l'étonnement, la surprise, la reconnaissance du bon landmann en voyant arriver la Reine par un temps pareil; c'était non-seulement une preuve de courage, mais encore une bonté parfaite : il y fut extrêmement sensible, et lui exprima, dans les termes les plus respectueux, combien il était touché. M. de Z*** lui présenta ses enfants, et ce fut à qui, parmi eux, prodiguerait des soins à la Reine, dont les vêtements étaient trempés.

Lorsque le désordre de notre toilette fut un peu réparé, nous nous mîmes à table, et un dîner délicat fut servi à la Reine. Nous examinâmes ensuite avec détail chaque pièce de la maison, qui était vraiment charmante; la position en était délicieuse et l'intérieur des plus confortablement disposés. Cette habitation réalisait le rêve que nous faisions depuis si longtemps, la Reine et moi, d'un établissement en Suisse; celui-ci avait même plus de luxe que nous n'en désirions, et qu'il n'aurait fallu dans un pays remarquable par la simplicité de ses habitants. L'intérieur de la maison avait toute la recherche que nécessitaient nos habitudes : une distribution commode, de jolis meubles, des pendules, des bronzes, des tableaux : nous n'en revenions pas de trouver tant de luxe dans un coin retiré des montagnes d'Appenzell. La Reine remarqua un piano, l'ouvrit, le trouva bon et chanta en s'accompagnant une de ses jolies romances qui gagnent tant à être dites par elle. Ainsi qu'elle l'est toujours, la Reine fut parfaitement bonne, aimable et bienveillante, et le soir que nous quittâmes nos hôtes, nous les laissâmes sous le charme qu'elle sait si bien répandre autour d'elle. M. de Z*** et sa nombreuse famille, ont certainement gardé le souvenir de ce jour, comme l'un des plus agréables de leur vie.

Le temps s'était remis, et notre retour se fit bien. Pour mieux faire comprendre la reconnaissance que nos hôtes avaient du courage avec lequel la Reine avait tout bravé pour venir les voir, il me faut ajouter que, par l'effet de cet orage, des éboulements avaient eu lieu, et qu'une maison s'était affaissée presque sous nos yeux ; une pauvre femme avait été ensevelie sous les décombres jusqu'au cou ; nous allâmes la voir le lendemain matin, il se trouva qu'au lieu de déterrer avec précaution cette malheureuse, on l'avait tirée si vivement du trou où elle se trouvait, qu'elle en était sortie disloquée; elle mourut peu de jours après, malgré tous les secours qui lui furent prodigués et auxquels la Reine contribua.

Le landmann vint le lendemain, savoir comment la Reine se trouvait de sa course chez lui à Trogen, et il la remercia de l'honneur qu'elle lui avait fait : il était facile de voir qu'elle avait désormais en lui un admirateur dévoué, au lieu d'un ennemi qu'il était avant de l'avoir connue. M. de Z*** était un homme réputé pour son esprit, et fait pour apprécier tout le mérite de la Reine.

A quelque temps de là, nous quittâmes Geiss, sans avoir obtenu de ce séjour tout le bon effet que nous en avions attendu; le landmann retourna à la diète qui était alors réunie à Berne. Il écrivit delà à la Reine, pour l'instruire des faux bruits qui circulaient encore sur elle : on lui avait dit à la diète qu'elle recevait habituellement à Geiss des émissaires qui lui étaient envoyés de France; quoiqu'il sût très-bien qu'il n'en n'était rien, il avait voulu l'en prévenir. La Reine l'en remercia, et cet acharnement si peu motivé, contre une femme isolée et inoffensive, ne fit qu'augmenter son intérêt pour elle : il parlait d'elle avec enthousiasme à toutes les personnes qu'il voyait, ce fut pour le coup que l'on attribua à l'influence de la Reine l'opposition de ses votes à telle ou telle volonté de l'ambassadeur de France. M. Justus Grüner était alors chargé d'affaires de la Prusse à Berne, ses proclamations, le démembrement et le partage de la France qu'il proposait comme le seul résultat possible de la guerre qui se terminait, ont laissé dans mon souvenir une trace d'antipathie pour lui, que le temps n'a pas encore effacée. Causant avec M. de Z***, qui l'entretenait du mérite de la Reine, M. Justus Grüner s'avisa de lui dire : *Mais si vous en êtes si admirateur, épousez-la !* Le bon landmann prit la plaisanterie au sérieux ; cette idée lui parut un trait de lumière, qui germa dans sa tête et la bouleversa tellement, que de retour chez lui, il écrivit à la Reine pour la demander en mariage : il lui disait que dans la Suisse le divorce était permis et qu'il lui serait facile de faire prononcer le sien dans son canton ; que l'estime et l'autorité dont il jouissait lui promettaient avec lui une protection assurée et une existence paisible, dans cette maison qu'elle avait trouvée si jolie, et qui serait pour elle un sûr asile contre les injustes persécutions auxquelles elle était en butte.

J'avoue qu'à l'arrivée de cette singulière proposition, ce que j'en éprouvai fut un fou rire si prolongé, que je crus en étouffer. La Reine qui tenait son sérieux à demi, s'efforçait d'être touchée de reconnaissance et de voir la bonne intention au lieu du côté ridicule ; mais pour moi, je n'y tenais pas, et chaque fois que je me figurais la Reine devenir madame la landmann, un nouvel accès me reprenait.

La Reine répondit une lettre qui était à merveille : tout en refusant de la manière la plus positive, elle y mit toute la grâce qu'il fallait pour ménager la vanité de M. de Z... à qui elle rappela la promesse qu'il lui avait faite de venir dîner chez elle à Constance.

Quelque temps après, le landmann et sa fille vinrent faire une petite course sur les bords de notre beau lac. Quoique l'installation de la Reine y fût des plus modestes relativement à son ancienne position, elle était tellement en dehors des habitudes de la Suisse que, la trouvant entourée comme elle l'était, de notre dévouement et de nos respects, le bon landmann comprit, je crois, ce qu'il pouvait y avoir eu d'étrange pour la Reine dans sa proposition; il se garda bien de la rappeler et me parut assez embarrassé de sa contenance. La Reine feignit de ne pas s'en apercevoir et parvint à lui rendre peu à peu son à-plomb, par la bonté avec laquelle elle l'accueillit ainsi que sa fille. Pour moi, j'avais si peur que mon fou rire me reprît en les regardant, que c'est tout au plus si je pus être pour eux aussi aimable, aussi prévenante que j'aurais voulu.

Depuis, lorsqu'on voulut chasser la Reine de Constance et de la Suisse, ce bon M. de Z... écrivit encore à la Reine pour la supplier de venir se fixer dans le canton d'Appenzell, lui promettant, comme landmann, que les armées étrangères et la force pourraient seules l'en faire sortir, et il ajoutait qu'il croyait fermement qu'on n'en viendrait jamais à un tel abus de pouvoir.

XIV.

Retour à Constance. — Saisie des papiers de mademoiselle Cochelet. — Recherches chez madame D... des preuves d'un complot pour le retour de l'île d'Elbe. — Grand sujet de gaieté pour MM. de la police. — M. Louis, M. Léopold, M. Charles, M. Alexandre. — Insolence des limiers. — Il leur faut des bijoux. — Une lettre du temps de Louis XIV, preuve d'une conspiration en 1815. — Les sachets coupés. — Une dame rajeunie de vingt-trois ans. — Le commissaire de police noble et émigré. — L'homme comme il faut. — Le faux scellé. — Vol des lettres de l'empereur Alexandre, par le préfet de police. — Lettre à M. Decazes. — A l'empereur Alexandre. — Vaines démarches de mademoiselle Cochelet. — Une révolution pour l'étiquette. — Le prince Eugène enlève sa femme. — Susceptibilité à ce sujet de la comtesse de Wurms. — Mariage de l'empereur d'Autriche. — Mademoiselle Andryane sauve la vie à son frère, par l'intercession de la nouvelle Impératrice. — Lettre de M. Lavalette. — Son songe. — Vives inquiétudes. — Le général Bachelu et l'ex-préfet Dumolard.

A mon retour à Constance, je trouvai plusieurs lettres de Paris qui me causèrent de la peine et me remplirent d'indignation; je n'avais rien au monde de plus précieux que ma correspondance et mes papiers ; c'était ce à quoi je tenais le plus et la police venait de s'en saisir. Pour en venir à une mesure qui aurait dû répugner à la délicatesse d'un galant homme, M. Decazes, bien secondé par M. Anglès qui était préfet de police, supposa sûrement que quelque grand secret politique m'avait été confié.

En quittant Paris, j'avais confié à une de mes amies, à madame D... tous les effets et objets que je ne pouvais emporter avec moi, ainsi que les meubles qui m'avaient été donnés par la Reine.

Un matin, le commissaire de police, escorté de plusieurs de ses agents, arriva chez madame D..., et la somma de lui remettre tout ce qu'elle avait en garde à *mademoiselle Cochelet*, il fit ensuite une exacte perquisition et s'empara de tout ce qui lui sembla contenir des papiers. Quelques jours après, on fit avertir madame D... de venir à la préfecture de police pour assister à l'ouverture des malles, caisses, boîtes, portefeuilles enlevés de son domicile. Elle s'y rendit; on la questionna longuement sur nos relations ; on brisa les serrures de plusieurs portefeuilles et coffrets, dont je ne lui avais pas laissé les clefs; on lut toutes les lettres, puis, à chacune d'elles, on demandait à madame D... des explications sur ce qu'elle contenait, et comme elle refusait d'en donner : « Vous savez tout, madame, » lui disait-on.

Toutes ces recherches étaient faites pour retrouver les traces de *l'immense complot qui avait ramené l'Empereur de l'île d'Elbe;* car on croyait ou du moins on feignait toujours de croire que ce retour magique était le résultat d'une conspiration.

Parmi les lettres faisant partie de ma correspondance, un grand nombre étaient signées de simples noms de baptême, celles-ci furent pour messieurs les inquisiteurs un grand sujet de gaieté qui se calma pourtant. « Ah! ah! dirent-ils, quel est donc ce monsieur *Louis* dont la galanterie s'explique d'une manière si poétique? — C'est le prince de Mecklembourg Schwerin? — Et cet *ami si dévoué* qui s'appelle *Léopold?* — C'est le prince de Cobourg, aujourd'hui l'époux de la princesse Charlotte, héritière de la couronne d'Angleterre, » répondit madame D... dont le dépit augmentait à mesure que les questions se multipliaient. « Voilà un monsieur *Charles* dont l'estime et le respect sont sans bornes? — C'est le prince Primat; » et ces messieurs de continuer leurs plaisanteries. Les lettres de l'empereur de Russie, qui étaient en assez grand nombre, étaient toutes signées *Alexandre*; ils demandèrent à plusieurs reprises à madame D... qui se fatiguait de répondre : « Quel est donc ce monsieur Alexandre qui parfois parle si légèrement des Bourbons (1)? — Comment, Messieurs, vous ne reconnaissez pas les armes de l'empereur de Russie? » Ils restèrent stupéfaits, et pour essayer de sortir de leur fausse position, ils demandèrent en ricanant, d'une manière goguenarde qu'on pourrait qualifier d'insolente. « *Mademoiselle Cochelet est-elle jolie?* — Telle qu'elle est, messieurs, leur répondit madame D..., vous êtes à même de juger comme moi d'après le contenu de ces lettres et les expressions dont l'empereur Alexandre se sert, de l'estime qu'il lui porte et des relations qu'il avait avec elle. »

Parmi les bijoux, il y avait une magni-

(1) En 1814, l'empereur Alexandre m'apporta une chanson dans laquelle les Bourbons étaient tournés en ridicule ; elle était intitulée *le Bâton blanc*. En me la montrant il était saisi d'un rire fou auquel ma gaieté s'associa bien volontiers, car il y avait de quoi s'amuser aux dépens de ces pauvres idiots; ils étaient si grotesques !

fique ceinture de camées qui les frappa ; ayant appris qu'elle appartenait à la Reine, ils voulurent s'en emparer, et madame D... eut mille peines à en obtenir la restitution, bien qu'elle eût fait observer qu'on n'avait aucun droit de retenir ce qui était à la Reine, puisqu'elle avait encore des propriétés en France, et que le terme fatal fixé par la loi pour la saisie n'était pas encore expiré.

J'avais alors cette manie des autographes, qui, depuis, est devenue un goût presque général ; dans le nombre de ceux que je possédais, était une lettre d'une madame de Staël sous le règne de Louis XIV : comme elle y parlait assez lestement de la cour d'alors, on crut ou l'on feignit de croire qu'elle était de l'époque actuelle.

Lorsque tous les papiers furent examinés, on mit le même soin à visiter tous mes effets. J'aimais les odeurs, j'avais une quantité de sachets charmants, de toute sorte de grandeurs, dont les parfums étaient variés et les enveloppes des plus soignées comme des plus élégantes ; on ne prit pas la peine de les découdre mais on les coupa tous pour s'assurer de ce qu'ils contenaient.

Ce dernier trait mit madame D... hors d'elle-même : « En vérité, messieurs, c'est charmant, vous me rajeunissez de vingt-trois ans, car je me crois en 93. » Cette exclamation blessa beaucoup ces messieurs, mais ne ralentit point leur zèle. Le commissaire de police, qui était un émigré rentré appartenant à l'ancienne noblesse, fut particulièrement offusqué de ce qui était échappé à madame D... Cette scène, qui avait duré depuis six heures du soir jusqu'à deux heures dans la nuit, se passait dans une espèce de couloir ouvert à toute la tourbe des agents de police, qui venaient les uns après les autres fureter dans les coffres, lire les lettres, examiner les bijoux que l'on espérait être de bonne prise, comptant bien sur l'autorité de M. le préfet pour s'en emparer; mais il ne pouvait la donner, et les effets furent rendus à madame D... qui était tellement outrée de la manière dont on s'était conduit en cette occasion, qu'elle voulut s'en plaindre à M. le préfet de police; elle ne put jamais arriver jusqu'à lui.

Quant à mes lettres, M. le préfet de police n'ayant pas eu le temps d'en prendre connaissance dans le moment, on les mit sous le scellé et l'on renvoya madame D..., après lui avoir assigné un jour où elle viendrait de nouveau assister à la continuation de cet examen et répondre aux nouvelles questions qui lui seraient adressées.

Lorsque madame D... vint derechef au jour indiqué, elle fut reçue dans une chambre particulière, par le commissaire de police seul, qui lui dit en l'abordant : « Vous vous êtes plaint, madame? — Oui, monsieur, je me suis plaint à M. le préfet, de la manière inconvenante avec laquelle on a agi envers moi et envers mademoiselle Cochelet absente. Vous pouviez avoir le droit de faire vos recherches, mais pas de cette façon. Mademoiselle Cochelet pouvait avoir des secrets de famille dont vos alguazils n'avaient pas le droit de prendre connaissance; c'est un abus d'autorité sans exemple comme sans excuse. — Aussi, madame, m'avez-vous adressé des paroles très-dures en faisant allusion à 93! Je suis un homme comme il faut, peu habitué au métier que j'exerce, et que les malheurs de la révolution m'ont forcé d'accepter. — Raison de plus, monsieur, pour en agir différemment avec les personnes qui, à leur tour, éprouvent les mêmes malheurs que vous avez ressentis autrefois. »

Mais il n'y avait pas moyen de s'entendre

avec cet homme, qui était devenu, je ne sais pourquoi, un ennemi acharné de tous les bonapartistes; tandis que c'était aux républicains de son temps qu'il aurait dû garder rancune. Lorsqu'on procéda à la levée des scellés et au dépouillement des lettres qu'ils renfermaient, madame D..... s'aperçut que la corde avait été placée de manière à ce que l'on pût tirer tous les papiers sans la détacher ; on les parcourut à peine, puis on les rendit à madame D.... pour qu'elle les remportât. Rentrée chez elle, mon amie se hâta de les mettre en ordre, et quoiqu'elle n'en sût pas exactement le nombre, elle s'aperçut qu'il en manquait une assez grande quantité, parmi lesquelles *toutes celles de l'empereur de Russie* (1), auxquelles on avait fait tant d'attention le premier jour. Madame D.... réclama vivement contre *ce vol manifeste,* et fit faire toutes les démarches imaginables pour obtenir justice, mais ce fut en vain.

Aucune expression ne saurait peindre mon

---

(1) Si je suis encore en possession de plusieurs lettres que m'a écrites l'empereur Alexandre, c'est grâce à la précaution que j'avais prise, lors de notre départ de France, d'en emporter quelques-unes comme sauvegarde ; j'aurais bien dû prendre avec moi toutes celles qu'il m'écrivit en 1814 et 1815, elles ne m'eussent point été soustraites, comme on vient de le voir, par la police de M. Decazes.

indignation, en apprenant les détails de cette affaire : mue par ce sentiment, j'écrivis à M. Decazes, et je fis part également à l'empereur Alexandre de ce qui venait de m'arriver.

Je place ici la copie de ces deux lettres.

A S. E. le ministre Decazes.

Le 10 août 1816.

« Vous, monsieur, l'ami de ma famille, le mien autrefois, vous avez donc profité de ces titres, du malheur de ma position, et de la connaissance que vous aviez de mes relations pour fouiller dans tous les effets que j'avais laissés en dépôt chez une amie, et qu'il vous était facile comme à un frère de découvrir. Vous deviez bien vous imaginer, monsieur, que vous n'y trouveriez rien de politique; et vous me connaissez depuis assez de temps, pour être persuadé que mes relations intimes ne pouvaient jamais être de ce genre. J'apprends par la voie publique, qu'après les recherches les plus minutieuses, vous vous êtes emparé de plusieurs lettres que je tenais de l'empereur Alexandre ; j'avoue que cela m'étonne de votre caractère que je croyais si bien connaître, car il me semble que, n'ayant dû rien trouver de suspect dans ma correspondance vous n'aviez pas légalement le droit de soustraire des choses auxquelles je tiens, et qui ne peuvent être pour vous d'aucun intérêt. C'est pourquoi, je ne les réclame pas du ministre, mais je les demande à M. Decazes; d'ailleurs, je crois qu'il sera peu agréable à l'empereur Alexandre, de savoir ses lettres dans des bureaux de police. Si d'autres relations d'intérêt, d'amitié, ont pu vous amuser, j'en suis fort aise; vous auriez pu aussi y trouver d'anciennes lettres *de vous*, qui portaient un caractère d'affection, d'amitié pour moi et les miens; mais si c'est cela qui vous touche, veuillez m'en dire un mot, et sans autant de tapage, je suis prête à vous les rendre. Ce qui me peine le plus, c'est pour mes amis; les sentiments et la confiance n'aiment point à se répandre comme de mauvais bruits; et quant à moi, cela ne peut m'être que très-agréable, puisque vous avez dû reconnaître dans la vérité, la fausseté des idées qui ont pu vous y conduire.

Au reste, soyez heureux, monsieur, et si jamais vous éprouviez, dans votre position, quelques vicissitudes je vous souhaite d'être toujours aussi satisfait de votre conscience que je le suis de la mienne; mais rappelez-vous que le seul moyen de l'être, c'est de ne profiter d'une position élevée que pour faire du bien et jamais de mal aux êtres malheureux, et encore moins à ses amis.

» Agréez, etc., etc. »

A sa majesté l'empereur Alexandre.

Constance, 10 août 1816.

« Sire,

» J'espère que V. M. pardonnera si j'ose prendre de nouveau la liberté de lui écrire ; mais c'est que je crois de mon devoir de l'instruire de ce qui vient de m'arriver, car le souvenir de ses anciennes bontés pour moi pourrait peut-être lui être désagréable.

» En quittant précipitamment la France, je laissai tout ce que je pouvais avoir de précieux en effets et souvenirs à une amie de ma famille ; j'attendais que le sort m'eût fixée, pour faire venir tous ces objets ; le ministre Decazes, qui était non-seulement l'ami de ma famille, mais son obligé, et qui, plus qu'un autre, connaissait mes relations, s'en est servi pour aller chez mes amis, fouiller dans toutes les affaires qu'ils avaient à moi en dépôt. J'apprends que tout vient d'être vérifié avec la plus scrupuleuse attention, par ce ministre lui-même, qui, croyant y découvrir sans doute des relations politiques, n'y a trouvé que des souvenirs de cœur, d'amitié et de bonté. Pour se venger, probablement, d'avoir été ainsi dupe de ses conjectures, il s'est emparé de vos lettres. J'ignore dans quelle intention a été faite cette soustraction de ce qui m'était précieux; et, ce qui me peine davantage, c'est que je ne sais par quel moyen les ravoir; il m'eût été si doux de les conserver toute ma vie. Je crois bien faire en instruisant V. M. d'une chose qui lui est peut-être indifférente, mais qui, peut-être aussi, est de nature à lui être désagréable, que des lettres d'elle vont rester à la discrétion de la police de France. J'ose donc espérer que l'empereur Alexandre me pardonnera cette importunité, et qu'il voudra bien recevoir avec bonté l'expression de mes sentiments, etc., etc. »

Je ne reçus aucune réponse à mes deux lettres. M. Decazes, en zélé courtisan, avait d'abord donné lecture à Louis XVIII de la correspondance de l'empereur Alexandre, puis il l'avait renvoyée à ce dernier ; et le souverain du Nord, retrouvant dans la conduite du ministre français tout ce qui caractérise le despotisme de son gouvernement, n'avait eu garde de le blâmer.

Dans les derniers jours d'août, la Reine eut le bonheur de voir arriver son frère avec sa femme, la princesse Auguste, qui, pour la première fois de sa vie, voyageait sans dames d'honneur. C'était pour le prince Eugène une espèce de bonne fortune d'avoir pu enlever sa femme et la faire monter dans sa voiture sans qu'il y eût avec elle l'éternelle surveillance qu'infligent aux princes les lois de l'étiquette. Cette infraction à cet usage, encore tout-puissant en Allemagne, mit en révolution toute la maison du Prince. Madame la comtesse de Wurm, qui avait été la gouvernante de la princesse Auguste, et qui était restée sa grande-maîtresse à la cour de Milan, jeta les hauts cris en la voyant partir seule avec son mari : elle ne cessait de répéter qu'on n'avait jamais vu *une princesse royale de Bavière voyager ainsi comme une simple bourgeoise.* Cette susceptibilité de madame la comtesse de Wurm sur l'étiquette des cours lui avait valu mille plaisanteries de la part du prince Eugène.

Un grand mariage politique se préparait en Allemagne; les préliminaires s'en faisaient à la sourdine dans des conférences diplomatiques, dont rien encore n'avait transpiré par les journaux. L'empereur d'Autriche, veuf d'une princesse de Modène, qu'il avait perdue durant son voyage d'Italie en 1815, allait épouser, en quatrièmes noces, la princesse Charlotte de Bavière, sœur cadette de la princesse Auguste. Elle avait été mariée au prince-royal de Wurtemberg, qui l'avait répudiée sans la connaître, puisqu'il n'avait jamais habité avec elle. C'était une personne douce et vertueuse; son malheur, qu'elle avait supporté avec dignité (1),

(1) Cette Princesse a toujours été accessible aux malheureux. Quelques années après son mariage elle en fournit une preuve éclatante en sauvant la vie à un de nos compatriotes, M. Andryane, impliqué à tort dans une affaire de carbonari lors d'un voyage qu'il faisait en Italie. Ce jeune homme avait été condamné à mort, et il allait être exécuté, si, par un hasard des plus heureux, le jour où, suivant les délais de la procédure, devait avoir lieu l'exécution, n'eût coïncidé avec une des grandes *fêtes catholiques*. Cette seule circonstance, combinée avec d'autres, valut un sursis au condamné; la sœur de celui-ci en profita pour tâcher de le sauver; ne perdant point de temps, franchissant rapidement la distance qui la sépare de Vienne, la voilà introduite auprès de l'Empereur, lui mouillant les pieds de ses larmes, et demandant la

avait touché l'empereur François, qui, pour la dédommager de ses humiliations passées, allait la faire asseoir à côté de lui sur le trône des Césars.

grâce de son frère. *Votre frère est devant Dieu!* dit à cette infortunée le monarque ignorant la circonstance du retard apporté à la fatale exécution ; alors elle lui explique *le miracle* qui avait fait que son frère existait encore ; mais il resta inflexible, et lui tourna le dos... Mademoiselle Andryane, désespérée, tout en sanglots, se rend immédiatement chez l'Impératrice, dont on lui a vanté le bon cœur, et elle se jette à ses pieds, la suppliant de lui rendre son frère. La princesse, qui savait le monarque inexorable lorsqu'il s'agissait de gracier un criminel d'état, entrevoyait bien peu d'espoir. Elle confondit ses larmes avec celles de mademoiselle Andryane... Cette scène déchirante se prolongeait fort tard, lorsque tout à coup une lueur d'espérance apparaît à l'Impératrice... « Tout n'est pas perdu ! s'écrie-t-elle en relevant et embrassant cette sœur éplorée, qui était comme clouée à ses pieds ; demeurez dans mon appartement, et reposez-vous-y. — Quoi ! vous espérez, madame ? — Oui, répondit l'Impératrice ; il est minuit, je vais me rendre chez mon mari, et j'ai foi dans ma démarche. » Et, en effet, à deux heures le silence qui présidait au château est rompu par le carillon d'une bruyante sonnette ; des allées et venues se succèdent dans les corridors ; puis un officier de service vint annoncer, de la part de l'Impératrice, à mademoiselle Andryane, qui était dans la plus vive des anxiétés, qu'un courrier partait à l'instant pour Milan, porteur d'une commutation de peine, pour son frère, en dix ans de prison au Spielberg. Mademoiselle Andryane, avec la même vitesse qu'elle avait mise à parcourir la route d'Italie à Vienne, mais le cœur dilaté par la joie, se hâta d'aller presser son frère sur son cœur, appelant la bénédiction divine sur cette bonne impératrice d'Autriche, qui l'avait fait dispenser de la remercier, pour qu'elle partît de suite[*].

[*] Le fait qui fait l'objet de cette note ne s'est pas passé exactement comme le rapporte mademoiselle Cochelet ; on peut voir à ce sujet les mémoires si intéressants de M. Alexandre Andryane. *(Note de l'éditeur.)*

Cette princesse avait été jusqu'alors dans une position si pénible, et si isolée, que le prince Eugène lui avait dit souvent : « Quand j'aurai la principauté qui m'est promise, vous viendrez demeurer avec nous. »

Le contrat de mariage de la nouvelle impératrice devait se signer à Munich, où les réunions de famille et le rang qu'occuperait chaque membre qui en faisait partie étaient un grand sujet de discussion, relativement à la cérémonie qui allait avoir lieu ; la princesse Auguste était l'aînée des filles du roi, et se trouvait avoir le pas sur ses sœurs ; tandis que le rang du prince Eugène était alors chose fort contestée aux yeux de la vieille aristocratie des cours de l'Europe. Tout se passa néanmoins, comme la dignité du prince pouvait l'exiger. Lorsque toutes les fêtes furent terminées, il vint avec un grand empressement se reposer auprès de sa sœur.

Le prince Eugène m'apportait une lettre du comte Lavalette ; j'aurais bien voulu que ce dernier fût du voyage, mais cela n'était pas possible : nous avions tous encore des ménagements à garder, et nous étions toujours à Constance, comme l'oiseau sur la branche; voici en quels termes m'écrivait le comte :

Du lac Sturomberg, le 26 août 1814.

« Voici un petit mot, où personne ne mettra le nez, chère amie; il vous sera porté par mon colonel (1). Répondez-moi par lui tout ce qui vous passera par la tête. Vos ennuis diminuent beaucoup depuis que votre maman est arrivée près de vous; je n'en suis pas encore là, mais j'ai reçu le portrait de mon ange (2), et j'ai vu un ami pendant quelques heures; cela m'a fait grand plaisir, quoiqu'il ne vînt pas directement et qu'il fût parti depuis longtemps de Paris. Je n'ai pu m'ouvrir, ou du moins m'abandonner à lui, car nous ne sommes pas de la même communion; mais le cœur est si bon, qu'il fait passer sur tout le reste. Vous ne garderez pas longtemps notre chère famille, j'en suis fâché : malgré tout le bonheur que je goûte près d'elle; quelque courte que soit cette visite, elle vous fera du bien. Les Philistins, sans s'y accoutumer, seront bien obligés de se

---

(1) Désignation que M. Lavalette donnait au prince Eugène.
(2) Le portrait de sa fille, qu'on lui avait envoyé de Paris

taire; et puis qu'importe leur bavardage? Vous avez éprouvé tous mes chagrins aux détails de la maladie et de la fin de ce pauvre homme (1), il eût été si doux de le secourir! je suis fâché de ce qu'il a fait, mais d'abord chacun fait comme il peut, et puis tout cela peut n'être pas vrai, du moins tout le récit sur les pleurs et le baise-main, pauvre humanité! Mon colonel vous dira qui j'ai vu (2), et combien on a été bon pour moi; cela paraît m'assurer un coin pour cette hiver et je pourrai continuer mes chères études avec plus de suite. Ici je travaille peu, à cause de mes bonnes courses où vous savez, cependant j'y emploie quatre jours par semaine, à six et même sept heures par jour. Si je peux garder mon homme (3) encore deux mois, j'en saurai assez pour me distraire et même m'amuser; j'ai cependant le projet de garder ce maître tout l'hiver; j'y joindrai le professeur d'allemand, et du moins, quoi qu'il arrive, je saurai demander du pain et faire

---

(1) Mouton-Duvernet. Les Bourbons, non contents de l'avoir immolé, voulurent le flétrir; dans ce but, ils firent courir sur son compte mille bruits, afin d'accréditer l'opinion qu'il avait montré une extrême faiblesse à ses derniers moments. On voulait prouver alors que les hommes les plus braves de l'armée manquaient de courage en face de la mort.

(2) Le bon roi de Bavière (Maximilien).

(3) Un peintre qui lui donnait des leçons.

des croûtes. Vous êtes-vous laissée embrasser par l'abbé Bertrand à votre arrivée? ah, mon Dieu! pourquoi ne puis-je pas être du voyage? Il n'y faut pas penser. Adieu, adieu, chère amie, aimez-moi un peu, cela ne fait pas de mal, du moins la moitié de ce que je vous aime; donnez-moi des nouvelles de ma cousine (1); je désire bien qu'elle reste ferme dans sa résolution d'établissement et de colonie : c'est le seul bonheur qu'il nous soit permis d'espérer ; mais si nous sommes libres, si nous pouvons y penser tout haut, beaucoup de gens envieront notre sort.

» Adieu, embrassez bien pour moi tout ce qui vous entoure; je voudrais bien que votre projet pour mademoiselle Courtin pût réussir, j'espère toujours qu'elle vous est arrivée.

» Adieu, adieu, écrivez-moi; mille compliments à M. l'abbé, à madame votre mère; il est bien entendu que vous parlez de moi à votre cher enfant (2); n'amollissez pas son caractère, il a un terrible nom, et il lui faudra du courage et une grande énergie de caractère pour le porter dignement.

» Adieu, adieu, mille tendres hommages. »

(1) M. Lavalette était devenu parent de la Reine par sa femme.
(2) Le prince Louis était désigné ainsi par M. Lavalette.

Le 26 août.

« Il y a dix jours au moins que cette lettre est écrite ; je comptais qu'elle vous serait portée plus tôt, vous savez la cause du retard, recevez donc mes vœux pour hier (1), et pour toute l'année ; vous savez ce que je vous souhaite, le doux repos dans la patrie, le triomphe des bonnes gens, la paix du cœur surtout, sans laquelle cette terre n'est qu'une vallée de larmes. Vos amis du moins sont en bonne santé, que Dieu les y maintienne, car de tous les malheurs la perte de ce qu'on aime est le plus affreux.

» J'ai quitté Berg hier soir, il y a là aussi une Louise bonne et compatissante ; après souper nous avons été dans sa famille lui donner un charivari pour concert ; l'idée n'est pas de moi, je n'en ai plus de cette couleur ; je me mêle donc aux musiciens : voyez-moi, chère amie, frappant bêtement sur deux casseroles, le cœur gros, l'œil humide, soupirant après mon Émilie-Louise (2) de Paris, et la bonne Louise de Constance. Ce matin, au moment

---

(1) Jour de la saint Louis, patron de mademoiselle Cochelet.
(2) Sa femme, madame Lavalette.

où je pensais allonger cette lettre pour la remettre demain, je viens de recevoir la vôtre. Que votre aimable causerie me plaît, que je vous remercie de trouver un peu de plaisir à m'en donner de temps en temps. Hélas! malgré l'abondance de nos sentiments, c'est toujours la même chose, plaintes, regrets et malheur, je ne puis vous marquer autre chose. J'ai cependant l'avantage sur vous de travailler et ainsi de ne pas abandonner un moment à l'ennui; la tristesse profonde qui me ronge ne me décourage pas, et je sais que cet hiver, si je peux conserver mon petit artiste et me procurer un maître de langue, je ne serai pas très-malheureux. Je n'en jure pas cependant, car il y a de terribles moments malgré tout le charme que j'éprouve et dont je jouis délicieusement à Berg; ils sont tous si bons, si aimables pour moi (1). Cela va encore bien maintenant, mais quand toute cette excellente famille sera de retour à Munich, que devenir? J'ai vu votre frère (2), qui m'a apporté le portrait de mon cher enfant. Cette contemplation, quoique fort imparfaite, m'arrache

---

(1) Le prince Eugène, sa femme et toute sa petite famille.
(2) Ancien premier valet de chambre de l'impératrice Joséphine.

souvent des larmes bien amères, car quand elle sera en âge d'être pourvue et qu'il ne se présentera personne, que cela sera triste (1)! Ma santé commence à se déranger; je dis au docteur que c'est un mal de tête, mais la vérité est que je suis malade un peu d'hypocondrie : le sommeil me fuit, et quand il vient pour me soulager, il est accompagné de rêves abominables : croiriez-vous que voilà plus de dix fois que je me trouve *sur cette fatale place à laquelle j'ai échappé par miracle,* et que les plus petits détails de l'opération se présentent avec des couleurs d'autant plus horribles que je n'ai plus mon courage pour les supporter? je me réveille couvert d'une sueur froide, épouvanté et n'osant plus rester dans mon lit. J'ai pris le parti de ne plus souper, peut-être est-ce l'effet d'une digestion pénible; ce qu'il y a de singulier, c'est que je n'y pense jamais le jour. Gardez ceci pour vous, je vous en supplie ; à notre amie dites-le (2), mais quand sa famille n'y sera plus. Une autre inquiétude me tourmente depuis hier : mon petit artiste est allé à l'île, là il a vu un homme qui se

---

(1) Mademoiselle Lavalette a été mariée à M. de Forget; ainsi les craintes que formulait son père ne se sont point réalisées.

(2) La reine Hortense.

promenait seul ; il a demandé qui il était au maître de la maison, et celui-ci a répondu : « C'est un homme qui va demain voir votre monsieur dans sa maison, il est de son *pays et de ses amis.* » La description qu'on m'a faite de cet homme ne ressemble pas à celle de Bachelu (1) ou de Dumolard (2), qui sont dans ce moment en Allemagne, fuyant les persécutions. Je ne sais qui ce peut-être ; et ce qu'il y a de singulier, c'est que cet étranger, qui ne peut être venu que pour moi, qui se dit de mes amis, ne soit pas encore ici aujourd'hui à midi, et il n'y a qu'une heure de chemin de lui à moi ; je ne vous raconte cela que pour vous peindre mes inquiétudes, car quand vous recevrez ceci, vous saurez quel homme c'est et ce qu'il me veut.

» J'ai reçu de bonnes lettres de notre sainte du paradis (3); je ne vous envoie pas de dessins pour elle, vous savez combien ils sont pitoyables ; le temps d'ailleurs a été si mauvais, que je n'ai rien fait d'après nature ; je vais travailler pour elle, et je vous enverrai le des-

---

(1) Le lieutenant-général.
(2) Ancien préfet et ancien membre très-influent de la chambre des représentants, en 1815.
(3) La duchesse de Raguse.

sin plus tard. Si vous la voyez, embrassez-la bien pour moi. Je vous remercie de penser à moi en dessinant; c'est pourtant une bonne et douce chose que cette confiance, que cette amitié de cœur; les barbares ne nous l'ôteront pas. Adieu, adieu, je conçois que votre pauvre frère s'ennuie à son âge! qu'il est triste d'errer sans but quand on se sent la puissance et le vouloir de bien faire! Embrassez votre jolie sœur (1) pour moi et priez pour que nous nous rejoignions tous un jour sous le même bosquet; mille tendres hommages à votre maman; adieu, chère amie, à vous, à vous pour la vie. »

(1) C'est ainsi que Lavalette désignait mademoiselle de Courtin.

XV.

La duchesse de Raguse écrit à mademoiselle Cochelet. — Madame la baronne Lallemand. — Madame Ferey. — Ses filles, mesdames Champlouis et Salvandy. — Le colonel Lallemand et le général Lefèvre-Desnouettes. — Le général-major Lyon. — Lettre de M. le comte Lavalette. — Ses opinions religieuses. — Ce qu'il dit de madame de Krüdner. — Lettre de celle-ci. — Grandes et prochaines calamités. — La jeune fille enceinte, qui veut se jeter dans le Rhin. — Sa vision s'accomplit. — Elle est battue par un exempt. — Dureté des riches envers les pauvres. — Miracles de la grâce.

Je savais que la duchesse de Raguse, amie comme moi de Lavalette, était aux eaux de Bade avec madame la baronne Lallemand, et je ne tardai pas à recevoir d'elle une lettre des plus aimables. C'est un des sentiments les plus vifs et les plus agréables que j'aie éprouvés après ma sortie de France, que les nouvelles que je recevais de cette bonne et aimable duchesse. Elle m'écrivait au moment où elle quittait les eaux de Bade-Baden, pour aller faire une excursion en Suisse. Elle me témoignait tous ses regrets de ne pouvoir pousser jusqu'à Constance et m'engageait à me trouver à Schaffouse, le jour où elle comptait s'y arrêter pour y voir la chute du Rhin.

Je n'eus pas de peine à obtenir de la Reine la permission de faire cette petite course, qui est restée un de mes doux souvenirs. Revoir, en pays étranger, deux de mes compatriotes qui depuis peu, avaient quitté Paris, avec lesquelles je pouvais parler de tout ce que j'y avais laissé de parents et d'amis, c'était déjà une grande joie; mais retrouver dans la duchesse de Raguse une amie qui partageait, sous tant de rapports, mes idées, mes sympathies, mes sentiments, c'était du bonheur. Ce ne fut que plus tard que j'eus la consolation de voir à Constance, à Sandegy, chez moi, et à Arremberg, chez la Reine, ceux de mes anciens amis qui voyageaient en Suisse, et qui profitaient de cette circonstance pour venir offrir leurs hommages à la Reine : je citerai, dans le nombre, madame Ferey, que ses opinions bourbonnistes semblaient devoir éloigner de nous, et dont la bonté et le dévouement se retrouvèrent lorsque le malheur nous eût frappées; elle vint avec ses deux charmantes filles (1) me voir ainsi que la Reine, une des premières années de notre établissement en Suisse.

On a vu rarement deux personnes d'un physique plus différent que la duchesse de Raguse et madame la baronne Lallemand, que les malheurs de l'une et la bonté de l'autre avaient liées étroitement. La duchesse, petite de taille, fraîche, grasse et colorée, était une brune piquante, pleine d'esprit, de gaieté et de vivacité; madame la baronne Lallemand, grande, élancée, svelte, avait dans sa taille cette souplesse et cette élégance enchanteresses qu'on remarque généralement chez les créoles; sa figure, moins régulière peut-être que l'agréable visage de son amie, portait l'expression de la douceur et du sentiment; ses beaux cheveux étaient blonds, et sa peau d'un blanc de satin était à peine colorée; c'était une véritable rose blanche. Son courage dans la position difficile où son mari l'avait laissée montrait tout ce qu'il y avait d'énergie dans son caractère, qui ne s'est jamais démenti, et sa

(1) Devenues, l'une, madame Champlouis; l'autre, madame Salvandy.

constante amitié pour la duchesse doit faire penser qu'elle n'a jamais oublié ce qu'elle lui doit et ce que celle-ci a toujours fait pour elle. Le général Lallemand, colonel en second des chasseurs à cheval de la garde, avait, ainsi que le général Lefebvre-Desnouettes, leur colonel en premier, fait ses efforts pour conduire ce régiment à l'Empereur avant son arrivée à Paris, au retour de l'île d'Elbe. Cette défection n'eut pas de résultat, en raison de la résistance que le général-major Lyon opposa, on ne sait trop pourquoi; car cet officier devait tout *à la bonté* de l'Empereur, qui, de capitaine en 1807, l'avait fait parvenir au grade de colonel-major dans les chasseurs de la garde, en 1809.

Au retour des Bourbons, les généraux Lefebvre-Desnouettes et Lallemand furent jugés et condamnés à mort par un conseil de guerre; mais ils avaient réussi l'un et l'autre à s'éloigner et à se réfugier en Amérique où ils essayèrent de fonder le champ d'asile, refuge de tant de proscrits de notre époque. Madame Lallemand, restée en France, jeune et charmante, sans fortune, sans appui, sans autres ressources que ses talents, parvint à se créer des moyens d'existence qui lui suffirent pendant le long exil de son mari.

J'écrivis, à l'occasion de mon rendez-vous avec ces dames, à notre pauvre Lavalette, qui se mourait d'ennui et du péché d'envie en me sachant près d'elles. Je donne ici la réponse que je reçus de lui :

30 septembre 1816.

« Je commence, chère amie, par ce qui me coûte le moins, c'est la *gasconnade bavaroise* dont vous m'accusez. Je n'ai pas écrit à Notre-Dame (1), j'ai *envoyé*, mais j'*envoie*. Vous trouverez peut-être la distinction *normande*; mais, quand j'écrivais, mon intention était d'envoyer à vous ; l'occasion m'a manqué. Le dessin est fini à peu près maintenant; je vous l'expédie par le courrier du colonel (2), puisque son intention est d'en envoyer un. C'est avec grande répugnance que je l'envoie; je cède à un caprice; mais, enfin, elle l'a voulu. Pourquoi tant de désir pour un barbouillage? Je reviens à vous : mon Dieu, plus j'avance dans cette vie de misère, plus je sens les pier-

---

(1) La duchesse de Raguse.
(2) Le prince Eugène.

res et les épines qui s'y trouvent. Hélas! c'est de la parcourir seul qui me rend malheureux; je ne souffre que par le cœur. Je redemande au ciel l'air de la patrie, la douce haleine de ce que j'aime tant, les sons enchanteurs de mes deux colombes; qu'importe le reste? Mais je voudrais tous ces trésors dans mon pays. Priez, dites-vous? Non, j'adore un Dieu; mais il m'a donné la force; j'en dois user. J'ai commencé ma jeunesse par une dévotion exaltée; elle m'a jeté dans des contemplations et dans des extases que mon cœur ne sait plus retrouver. Cette vie est un combat contre les méchants : c'est inutilement qu'un cœur d'homme s'aguerrit. Il y a, dans notre religion, quelque chose de misérable qui sent son origine; Dieu n'est pas un grand seigneur à qui il faut demander l'aumône. Il a mis dans notre âme tout ce qu'il faut combattre et vaincre; et ces prières si fréquentes et si humbles doivent être rejetées par celui qui a dit : « Soyez juste, soyez innocent et souffrez. » Jésus-Christ n'a prié ni le préfet du prétoire ni les bourreaux; il a souffert : c'est l'exemple qu'il nous a donné et que nous devons suivre; le reste est des prêtres. Le seul exemple qu'il dut donner ensuite, et celui que je dois suivre, c'est de pardonner à ses ennemis. Je pardonne donc aux méchants, mais je les méprise ; j'aurais pu me souiller les mains de leur sang; mais ils doivent être repoussés de la société dont ils font le malheur, de la patrie qu'ils déchirent; n'en parlons plus, chère amie, je vous en prie. Le colonel (1) a beaucoup causé avec moi de notre adorable amie (2). Plus j'avance dans la connaissance du pays, plus je trouve ses raisons seules bonnes : elle se fixera dans ce pays, j'espère, à la campagne ; elle y trouvera le repos, le bonheur intérieur, et des distractions qui naissent de la propriété. Je ne parle pas de la considération et du respect qu'elle mérite; elle les trouvera partout, même de la part des femmes, qui sont cependant affreuses quand elles ne sont pas excellentes. J'écris à votre frère, et je lui envoie une lettre pour Émilie (3); je désire qu'il la remette lui-même avec deux de mes dessins, que je lui envoie pour elle et pour ma Joséphine (4). Notre-Dame (5) m'écrit qu'Émilie a vendu son bien; je tremble qu'elle ne perde tout si elle n'achète

(1) Le prince Eugène.
(2) La reine Hortense.
(3) Sa femme.
(4) Sa fille.
(5) La duchesse de Raguse.

pas de terre, et c'est triste de penser que tout peut être perdu, et qu'un jour elles seront à l'aumône. Je ne vis que pour elles; je voudrais les voir heureuses; ma pauvre amie et notre chère enfant mariée, et pas trop loin. Ah! ma chère amie, quel mal ils m'ont fait! Que Dieu leur pardonne; mais qu'ils ne me poussent pas à bout. Ce que vous me mandez du roman me fait peine : vous me mettez le cœur en émoi quand vous me dites que vous dirigerez peut-être vos dames sur Munich au printemps; bon Dieu, que je les embrasserais de bon cœur! que j'éprouverais de bonheur! Mon Dieu, que de fleurs, que de parfums je rêve pour le printemps! Hélas! tout cela se réalisera-t-il? j'en doute fort. J'ai reçu, il y a quelques jours, trois lignes de la souris qui m'ont causé un bien, un plaisir, une émotion bien douce. Je ne sais comment lui répondre; Adrien se chargera de mon billet; il embrassera pour moi les beaux cheveux de mademoiselle....; je le veux ainsi, parce qu'ils ont troublé ma retraite. Que voulez-vous? j'ai eu tort, et qu'elle me pardonne. Adieu, adieu, adieu. Je suis bien aise d'apprendre que votre rage de dessin vous a reprise; il m'en reviendra quelque chose; la mienne ne me quitte pas. Au mois de janvier je vais me mettre à l'huile; cela préserve de la peste. Adieu, adieu; mille tendres et respectueux hommages à votre amie (1); mon Dieu, je donnerais mon bonheur de bien bon cœur pour assurer le sien.

» Adieu, adieu, vous avez été bien bavarde, tâchez donc de l'être toujours ainsi.

» A vous, à vous, avec tous mes hommages et tous les respects pour la vie.

» Embrassez d'abord votre petit prince, puis votre maman, puis votre sœur (1) sur ses jolies yeux et sur ses belles joues bien fraîches et bien rosées, et puis l'abbé, et puis Marmold; moi, hélas! je n'embrasse personne.

» Si cela avait été possible, j'aurais été charmée en faisant ma petite course à Schaffouse de la poursuivre plus près de Basle, pour voir madame de Krüdner : je savais de nouveau par la gazette de Carlsruhe des nouvelles de ma chère inspirée. « Elle a continué depuis un certain temps, à Hœrlein, disait le journal, près de Basle, sur la frontière de notre Grand-Duché, ses exercices religieux avec un zèle infatigable; elle a fait beaucoup de sensation

(1) La Reine.
(2) Mademoiselle de Courtin.

dans ces contrées : dernièrement elle s'est placée, un dimanche, sur une petite colline, où elle a commencé ses prières en plein air. Il s'y trouvait près de mille personnes de tous les états et de toutes les professions rassemblées des différentes parties de la Suisse, de l'Alsace et de l'Allemagne. Notre gouvernement a cru néanmoins devoir mettre des bornes à cet enthousiasme religieux, et le ministre de l'intérieur a chargé, par une circulaire, toutes les autorités ecclésiastiques et civiles de faire savoir à toutes les communes qu'il était défendu d'assister dorénavant aux exercices de cette pieuse enthousiaste, et de renvoyer les étrangers qui pourraient y venir en quelque sorte en pèlerinage ; en conséquence madame de Krüdner se verra forcée de quitter ces environs et de transférer ailleurs le théâtre de ses instructions et de ses prières publiques, si toutefois elle peut s'établir quelque part d'une manière permanente.

» Il serait assez intéressant d'approfondir quel peut être le véritable but que s'est proposé cette femme remarquable, et quels desseins raisonnables elle peut avoir en poursuivant avec tant d'ardeur cette espèce de mission. »

Son but n'était pas dans ce monde ; ses lettres me le disaient assez : j'en reçus une du 11 septembre :

G. près de Basle.

« Quoique j'aie depuis longtemps une grande lettre pour vous, chère et aimable amie, je ne puis vous l'envoyer encore ; j'ai si peu de temps qu'il m'est difficile d'écrire ; l'affluence de monde qui vient de Bâle et de partout, la quantité de pauvres que nous avons le bonheur de nourrir, au nom de notre grand Dieu Sauveur, et les prières que nous demandent tant de pauvres, d'affligés, de malades, montrent bien aussi les grands et remarquables temps dans lesquels nous vivons, et que nous avons annoncés ici. Ainsi, oui ! oui, mon amie, prions et veillons : l'heure de la tentation approche ; les peuples s'avancent vers un terrible jugement, et la miséricorde, du haut de la croix devant laquelle tous les genoux ploient, appelle à la repentance, à l'amour et l'espérance, chaque pécheur qui doit être sauvé, et qui vient être sauvé.

» Je vous remercie, chère amie, de tout votre intérêt ; je n'ai plus rien à cœur que la gloire du Dieu vivant. Ne vous tourmentez pas pour moi, la louange ou le blâme des aveugles hommes ne me font de plus en plus rien.

» Le Seigneur Jésus-Christ veut-il employer son indigne servante, je suis à lui ? et je suis trop heureuse de suivre la véritable voie de la croix, du renoncement, et des mépris, et des outrages. Ah ! je ne suis que trop aimée encore : priez pour moi, afin que je sois fidèle.

» Je vous remercie d'avoir voulu parler à la grande duchesse ; je n'ose employer aucune voix humaine : si l'on me renvoie du pays, tant d'autres nous appellent; d'ailleurs, on n'a fait qu'entraver les réunions, sans me rien dire à moi; mais c'est-là le tort que d'entraver cette grande œuvre de la prédication de l'Évangile dans un temps de calamités, de si prochains malheurs, où la miséricorde divine fait annoncer encore des torrents de grâce.

» Je viens d'interrompre ma lettre, pour prier, avec des larmes de joie, avec une jeune fille qui était bien malheureuse, et voulait se jeter dans le Rhin : elle était grosse, et dans un état affreux; la miséricorde du Seigneur lui montra en rêve qu'elle devait venir chez moi ;

elle ne m'avait jamais vue ; mais l'endroit où elle devait aller lui fut montré, et elle avait beaucoup entendu parler de moi; je trouvai cette malheureuse créature à ma porte. Mais avant que je pusse presque lui parler, un des exempts, qui ravage aussi le pays, selon l'affreuse coutume de Bâle, pour chasser les pauvres, lui fit peur, et, à peine sortait-elle de l'enceinte de ma maison, il la battit.

» J'avais oublié cette fille, parmi tant de pauvres qui viennent à chaque instant; mais sa figure m'étant revenue à l'esprit, je demandai à une autre fille convertie depuis peu, ce qu'elle était devenue : elle me dit qu'on l'avait battue; la charité a de quoi pleurer des larmes de sang dans ce pays. Tout ce que j'ai entendu de la cruauté envers les pauvres, est inouï !

» Mais je reviens à mon récit : je demandais avec instance au Seigneur de nous ramener cette pauvre fille, et il le fit dans sa miséricorde. D'abord, elle était si peu instruite, si abrutie par le malheur, et d'une telle ignorance, qu'elle ne pouvait prier; mais bientôt celui auquel tout est possible toucha son cœur; et, après m'avoir fait l'aveu de sa position, de ses péchés, elle pleura amèrement;

son cœur, touché par la grâce, se fondit en reconnaissance envers le Sauveur; loin de cacher ses fautes, elle vint les publier à d'autres, pour dire combien le Seigneur pardonne aux repentants, et pour ramener d'autres victimes de la séduction du monde. Elle prie sans cesse, elle pleure sur le péché qu'elle avait conçu du suicide, et ne veut vivre que pour le bien.

» J'ai tous les jours de ces miracles de la grâce à côté des terribles vices de la dégradation, de la dureté des riches. Ah! ma chère amie, ne vous laissez pas entraîner *sur rien*, et que le Seigneur veille sur vous et sur votre chère amie. Présentez-lui mes respects. »

XVI.

Ordonnance du 5 septembre. — Les autorités du canton démocratique de Thurgovie offrent à la Reine de se fixer sur leur territoire. — Pèlerinage à l'abbaye d'Einsilden.—Magnifique hospitalité donnée à la Reine par les moines. — Elle fait hommage à la Vierge d'une branche d'hortensia en diamants. — Le duc d'Otrante à Prague. — Lettre de lui. — Son projet de colonie. — Ce qu'il dit de MM. Fiévée et de Chateaubriand. — Le libelliste et le rhéteur. — Fouché veut écrire ses mémoires. — Son opinion sur les chambres. — Nouvelles de M. Lavalette. — Ses craintes au sujet de l'arrivée de l'ambassadeur de France. — Soirées de la Reine. — Elle joue par complaisance. — Son projet d'écrire ses mémoires. — Elle les commence en 1816. — Ils ne paraîtront pas de son vivant. — Elle fait l'éducation de son fils. — Caractère du prince Napoléon Louis. — Il donne ses souliers et sa redingote à deux pauvres enfants. — Mademoiselle de Mollenbach. — Elle est attachée à la Reine. — Triste fin d'un caractère romanesque.

Les journaux en nous apprenant l'ordonnance du 5 septembre, nous rendirent un peu de calme et de confiance dans l'avenir de la France. Ce coup d'état, qui semblait devoir mettre un terme aux réactions qui l'ensanglantaient depuis quinze mois, rassurait tous les esprits; mon frère pensa qu'il n'avait plus rien à redouter, et que la marche plus sage du gouvernement, en répandant la sûreté partout, pouvait lui rendre la possibilité de retrouver une carrière et quelque chose de l'existence qui lui avait été si brusquement enlevée par la catastrophe de 1815. Il se disposa donc à nous quitter pour retourner à Paris, recommencer, par de nouveaux efforts, à se créer un avenir. Ma mère et moi nous nous décidâmes à le voir partir avec un serrement de cœur pénible, mais avec cette confiance que son mérite et son énergie devaient lui valoir un sort meilleur. Nos instances et quelque incertitude dans différents projets qu'il faisait, nous le conservèrent encore une grande partie de l'hiver.

La Reine et moi nous faisions de fréquentes courses dans les environs de Constance, toujours dans l'intention de trouver un joli site, où nous établirions notre colonie; mais c'était à présent vers la Suisse que se tournaient tous les plans de la Reine. Les magistrats du canton le plus voisin de nous, celui de Thurgovie, faisaient dire à la Reine que, si elle voulait se fixer dans leur pays, elle y serait *soutenue par les autorités et par le peuple!* Ce canton, comme tous ceux de nouvelle formation, était démocratique et dans une ligne d'opinion politique qui nous était tout à fait favorable. Ce fut donc de ce côté que se tournèrent toutes nos recherches.

Mes courses à moi ne se bornèrent pas là : j'entendais parler, depuis longtemps, de l'abbaye d'Einsielden que sa dévotion à Notre-Dame de Lorette avait rendue l'un des plus célèbres pèlerinages de l'Europe; un but pieux se mêlant à un sentiment d'intérêt et de curiosité, je fis, avec mademoiselle Elisa de Courtin et madame Samstini (la propriétaire de la maison que nous habitions à Constance), le projet d'y faire un voyage, auquel la Reine ne s'opposa pas. La beauté pittoresque du pays que nous parcourûmes; la position de l'abbaye, sa magnificence; la piété du digne prêtre qui la desservait, tout nous charma et nous satisfit. Il y a d'ailleurs dans l'accomplissement des devoirs religieux un sentiment de calme, une abnégation des choses de ce monde, qui donnent à tout ce qui est en nous un bien-être que rien ne saurait égaler. On aime davantage la nature, en se rapprochant de celui qui la créa. L'admiration, la reconnaissance pour Dieu et ses œuvres, éloignent de nous toutes ces petitesses de l'esprit mondain, qui nous portent à critiquer sans cesse, et quelquefois sans raison, les objets qui frappent nos yeux. Nous revînmes donc fort satisfaites de ce que nous avions vu, contentes des autres et de nous-mêmes.

A peine fûmes-nous de retour, que je reçus, de notre respectable confesseur, une lettre de remerciement pour un très-modeste souvenir que je lui avais laissé. Le digne homme n'y avait vu que l'intention, et, pour cela, il y attachait le prix que j'aurais voulu y mettre moi-même.

Nous fîmes à la Reine un tel récit de notre voyage, de ce que nous en avions éprouvé, qu'elle désira, à son tour, faire la même course. Elle profita pour cela des derniers beaux jours de l'automne, et je partis seule avec elle pour revoir encore une fois ces montagnes qui m'avaient charmée, ce temple que la piété s'efforçait de rendre digne de celui auquel il était élevé, et ces vénérables serviteurs de Dieu, dont la parole onctueuse avait été un baume pour les blessures de mon âme.

La Reine fut reçue, à l'abbaye d'Einsielden, avec toutes les marques de respect et de distinction imaginables. On lui fit occuper le plus bel appartement destiné aux étrangers, et la bienveillante hospitalité qu'elle recevait là semblait vouloir lui faire retrouver, chez ces dignes ecclésiastiques, tous les honneurs qu'elle avait perdus depuis la chute de sa position élevée.

De retour à Constance, la Reine voulut envoyer un souvenir du court séjour qu'elle avait fait à Einsielden : elle me chargea d'adresser au père abbé une branche d'hortensia en diamans qui autrefois avait paré sa tête dans les jours de gloire et de grandeur, pour en faire hommage à l'image de la Vierge, qui est, dans leur église, l'objet d'un culte particulier. Cette fleur brillante, dépouillée des pompes du monde, déposée au pied de l'image en bois de la Vierge qui fut, sur la terre, humble et résignée, exprimait bien les sentiments de celle qui l'offrait, le néant des grandeurs qu'elle avait perdues, et les consolations que son âme venait demander à celle dont le cœur maternel avait tant souffert aussi.

Je reçus, à mon retour de ce second voyage

à l'abbaye d'Einsielden, une lettre du duc d'Otrante, qui s'était enfin fixé avec sa famille à Prague.

» Prague, 28 novembre 1816.

» Il m'est doux de penser que j'inspire quelque intérêt sur les bords du lac de Constance. Je voudrais bien que la famille de votre sœur (1) fût réunie à la nôtre, que nous ne fissions qu'une seule famille avec celle de votre frère (2). Il me semble qu'on devrait se prêter à ces sortes de réunions. Il doit y avoir de la jouissance à multiplier les images du bonheur. Si madame de Krüdner a sur la terre le crédit que je lui crois dans le ciel, conjurez-la d'intercéder pour nous. L'ingratitude n'est pas notre défaut, nous pouvons devenir même ses plus fervents disciples. Les cœurs qui sont ouverts à toutes les émotions vives et douces sont bien près des sentiments religieux. Notre colonie n'est pas à dédaigner : je ferais d'assez bons sermons; la voix de votre sœur et celle de ma femme entraîneraient ceux que je ne pour-

(1) La Reine.
(2) Le prince Eugène.

rais persuader ou convaincre ; ma fille et mademoiselle Ribout travailleraient avec vous à préparer les esprits. Toutefois, vous pourriez bien tourner les têtes de votre côté, ce qui ne conviendrait ni à madame de Krüdner, ni à moi; car les femmes ont un fonds inépuisable de séductions, qui passaient pour de la magie dans un temps moins éclairé que le nôtre.

» En attendant que nous puissions être réunis, il faut engager votre sœur à se charger d'une négociation, dont le succès sera utile à notre colonie : nous avons laissé, dans le pays que nous avons quitté, des biens que nous désirerions transporter dans celui que nous irons habiter ; on n'y manquera pas d'acheteurs, mais les payeurs y sont rares. Le cher frère (1) et son excellent père pourraient offrir en échange des biens d'une égale valeur ; ils y trouveraient deux avantages : 1º des biens près d'une grande capitale et dans le meilleur pays; 2º une garantie de la fidélité de la colonie.

» J'apprends avec plaisir que mon envoi vous est parvenu ; je répondrai à Fiévée et à Chateaubriand ; je connais l'un et l'autre ; je

---

(1) Le prince Eugène et le roi de Bavière.

les ai vus de très-près; ils étaient modestes alors. Je ne sais si vous avez lu leurs ouvrages : c'est une chose curieuse que d'entendre un libelliste et un rhéteur parlant le langage des lois.

» J'achèverai mes mémoires quand nous serons ensemble. Ce que vous appelez une leçon de morale serait plus convenable, quand nous serons heureux; aujourd'hui elle serait peut-être inopportune. Nous lirons chaque fois l'œuvre de la journée, et, après avoir parcouru *trente années de révolution*, qui ont produit tant de changement dans les idées et dans les intérêts, nous arriverons paisiblement au moment où nous sommes; s'il y a une nouvelle tempête, nous serons à l'abri.

» Les chambres sont actuellement assemblées en France: je désire qu'elles aient plus de sagesse; la haine et la vengeance, en égarant leur zèle, les perdraient, sans rendre à la France sa dignité et son indépendance. Je ne puis croire que les maux de notre patrie soient incurables, et que son salut soit désespéré; je n'ai point, comme vous voyez, de fiel contre mes ennemis, soit élévation d'âme, soit instinct de ma supériorité, je leur veux autant de bien, qu'ils ont voulu me faire de mal.

» Vous êtes bien aimable de vous souvenir de nos entretiens : il me tarde de les reprendre; je n'ai rien oublié de ce qui s'est passé dans les moments où je me suis trouvé avec vous ; je vous conserve un tendre attachement.

» Adieu; mes hommages à ce qui vous entoure; recevez nos vœux et nos compliments; donnez-nous souvent devos nouvelles.

» Ma femme, ma fille et mademoiselle Ribout me chargent de vous dire des choses aimables et affectueuses pour toute la colonie du lac de Constance. »

En réponse à une proposition que je lui avais faite, M. Lavalette me donna de ses nouvelles par cette lettre du 16 novembre :

« Faut-il que je sois forcé, chère amie, de ne pas accepter votre séduisante proposition : vous m'offrez ce qui me serait le plus doux au monde, votre mère serait la mienne, du moins j'aurais toute la tendresse d'un fils pour elle. Votre aimable sœur (1) ferait le charme de ma solitude, mais si vous y aviez un peu pensé, vous auriez prévu que deux jours passés près de moi leur seraient comptés, et seraient cruellement expiés au retour. *Les victimes peuvent*

---

(1) Désignation de la Reine.

perdre la mémoire, mais jamais les persécuteurs : les miens ne me pardonneront jamais le mal qu'il m'ont fait et celui qu'ils voulaient me faire; ils s'en vengeront sur mes amis, s'ils le peuvent, et sur tous ceux qui me montreront de l'intérêt.

» Non, chère Louise, il ne faut pas que ce que vous avez de plus cher s'associe à mon malheur; votre frère lui-même, s'il veut retourner, ne doit pas trop venir ici, ou, du moins, pour me voir; d'ailleurs, le ministre de France est en route et arrive demain ou après-demain, et quelque bien qu'on puisse en dire, sa modération peut être en contradiction avec ses ordres, et ils peuvent être sévères contre moi. Ne pensons plus à cet enchantement, il me fait mal inutilement. Embrassez pour moi votre mère et votre sœur; remerciez-les; mais il faut me priver de les voir. Gardez votre boîte à couleurs; elle me servira quand nous serons réunis un jour; sera-ce bientôt?... J'espère que vous serez assez bien pour ne pas regretter votre asile. Je ne vous envoie pas encore les dessins de Notre-Dame (1). Je commence à travailler pour les

(1) La duchesse de Raguse.

enfants du colonel (1), pour leur mère et pour mon amie. Je n'ose rien envoyer ailleurs avant ces deux derniers dessins; on aurait le droit de se plaindre si l'on venait à le savoir. Adieu; cette arrivée me trouble (1). Faudrait-il quitter ma retraite et les douceurs que je trouve dans la société de quelques amis? que cela serait triste! où irais-je? J'ai passé trois mois bien tristes; et, malgré que je me sente encore du courage, je ne sais si j'en ai assez pour soutenir de nouveaux malheurs. Adieu, adieu. J'avais rêvé que je pourrais embrasser, l'été prochain, mes deux colombes; je crains que ce ne soit encore un rêve: leurs affaires ne se terminent point, et l'arrivée de cet *homme* m'ôte presque la possibilité de réaliser notre réunion ici. Adieu, adieu; dans quinze jours je vous écrirai et je vous manderai ce qu'il en sera de moi. Mille tendresses à ce qui vous entoure. A vous pour la vie. J'ai vu un portrait de Notre-Dame-des-Bois, fait par mademoiselle Dépréville. J'ai prié Élianne de me le copier; je ne sais si elle le fera: cela me ferait grand plaisir. J'ai vu aussi un dessin russe de

(1) Le prince Eugène.
(2) L'ambassadeur de France.

vous ; il est charmant. Je ne ferai jamais aussi bien, et cependant je travaille quatre heures par jour. Adieu, adieu; mille tendres hommages. »

L'hiver était venu : le froid, la neige, nous rendaient plus casaniers ; de longues lectures remplaçaient les grandes courses que le mauvais temps interrompait. Les soirées nous réunissaient pour un nombre d'heures que ma mère venait toujours passer avec nous. Elle aimait de passion à faire sa petite partie de boston. L'abbé et M. de Marmold avaient le même goût; et la Reine, pour complaire à tous les trois, se résignait de bonne grâce à faire, tous les soirs, le quatrième. Elle n'aimait pas le jeu, et ne jouait jamais; mais le plaisir d'être agréable aux autres l'emportait pour elle sur l'ennui de tenir les cartes ; et, comme je m'en étonnais : « Cela me repose, disait-elle ; pendant ce temps je ne pense pas, je ne parle pas, et cette absence de toute sensation, pendant quelques moments, me fait du bien. »

La reine passait, comme d'ordinaire, les matinées chez elle à s'occuper seule. C'est alors que le besoin de répondre aux faussetés, aux calomnies qui se publiaient depuis deux années, lui donna l'idée d'écrire ses mémoires. C'est sous l'impression du moment, lorsque les événements étaient encore palpitants de l'intérêt qu'ils avaient pour elle, que la Reine les écrivait. C'était pour elle comme un besoin de conscience de rétablir les faits dans leur véritable jour, de répondre victorieusement aux accusations calomnieuses dont l'Empereur avait été l'objet; ses intentions méconnues, ses actions dénaturées, ne pouvaient être mieux expliquées que par la personne qui, ayant toujours vécu près de lui, connaissait ses idées et son caractère. La reine, d'ailleurs, s'était fait une espèce d'habitude et de besoin de se rendre compte à elle-même de tout ce qu'elle entendait dire ou de ce qu'elle voyait faire à l'Empereur. Il lui était arrivé souvent de tomber dans l'erreur du vulgaire et de blâmer, de prime abord, une mesure dont plus tard elle reconnaissait la haute portée, soit d'après de nouvelles réflexions, soit que les faits se justifiassent d'eux-mêmes.

Quant aux calomnies dont elle était l'objet, elle se sentait si fort au-dessus de pareilles indignités, qu'il lui suffisait, pour les anéantir, de rétablir les faits dans toute leur vérité, et de confier au papier le simple récit de toutes ses actions; alors elle était soulagée et n'y pensait plus.

Les mémoires de la reine, commencés à Constance en 1816, ne verront le jour qu'après elle. Elle les a continués depuis, en revenant sur toutes les années antérieures à celles où elle les a commencés; c'est un *legs* qu'elle a préparé et qu'elle laissera aux historiens que le temps aura rendus impartiaux, et qui voudront écrire l'histoire de notre époque d'une manière précise et véridique.

L'éducation du prince était la première préoccupation de la Reine; comme sa tendresse pour lui était son sentiment le plus vif, elle lui donnait elle-même les leçons d'agrément, le dessin et la danse (les maîtres manquants); le soir, jusqu'à l'heure où il se couchait, nos lectures étaient toujours subordonnées à ses études du moment : tantôt c'était un voyage en rapport avec ce qu'il apprenait de géographie, tantôt des traits particuliers qui se rattachaient à l'histoire qu'il étudiait. Le samedi de chaque semaine, la journée entière de la Reine lui appartenait : on lui faisait répéter devant elle tout ce qu'il avait appris les jours précédents, et, quoique souvent ce fût du latin ou toute autre chose aussi étrangère aux occupations de la Reine, elle voulait prouver à son fils, par l'attention qu'elle portait aux moindres détails, tout l'intérêt qu'elle attachait à lui voir faire des progrès.

Le prince était d'une telle vivacité qu'il fallait vraiment toute la facilité de son intelligence précoce pour qu'il apprît quelque chose, et il était encore plus difficile à surveiller qu'à instruire : le bon abbé avait beau y mettre tout son zèle, il lui échappait souvent ; et la Reine sentait qu'il faudrait bientôt confier à des mains plus fermes (1) la direction d'un caractère aussi indépendant. Ce qui rendait la tâche du pauvre abbé Bertrand encore plus difficile, c'était cette spontanéité d'esprit qui trouvait réponse à tout, et qui voulait toujours qu'on lui rendît raison de ce qu'on exigeait de lui.

A Constance, comme à Aix en Savoie, le prince jouait, pendant le temps de ses récréations, avec quelques enfants de notre voisinage, parmi lesquels était le fils du meûnier du pont du Rhin, dont nous étions assez près,

(1) L'abbé, quoique restant toujours auprès de la Reine, fut bientôt remplacé près du Prince par M. Lebas, homme de savoir et de mérite, qui est à présent professeur de grec à l'athénée de Paris.

et qui, plus âgé que lui, l'entraînait quelques fois hors de l'enceinte du jardin, qu'il ne devait pas franchir. Un jour qu'il s'était échappé, et que l'abbé aux abois s'efforçait de le rappeler, je fus la première à le voir revenir de sa petite fuite : il arrivait en manche de chemise, marchant les pieds nus, dans la boue et dans la neige. Il fut un peu embarrassé de me trouver sur son passage, lorsqu'il était dans un accoutrement si différent de ses habitudes. Je voulus à l'instant savoir pourquoi il se trouvait dans cet état; il me conta qu'en jouant à l'entrée du jardin, il avait vu passer une pauvre famille si misérable, que cela faisait peine à voir, et que, n'ayant pas d'argent à leur donner, il avait chaussé l'un des enfants avec ses souliers, et habillé l'autre de sa redingotte. Que de traits semblables on pourrait encore conter aujourd'hui, comme preuve de son bon cœur et de sa générosité. J'embrassai le prince, toute émue, et je courus dire à sa mère ce qui venait de se passer. Les choses de ce genre étaient ses plus vives jouissances, mais elle ne voulait jamais que l'on racontât, devant son fils, ce qu'il pouvait avoir fait de bien.

Les traits de la physionomie du prince, en

grandissant, ont pris peut-être moins de régularité que d'expression, mais on y retrouve encore ce charme de douceur, d'esprit et de sentiment qui en faisait le plus aimable enfant qu'on pût voir. Cette expression qui vient de la sensibilité de son cœur, se joint aujourd'hui au calme énergique qui est le fond de son caractère. Son éducation simple, grave et forte à la fois, devait avoir d'heureux résultats sur une nature assez privilégiée pour que rien de bon ne pût y être perdu.

Tout ce qui composait la société de Constance venait assidûment chez la Reine. J'étais étonnée d'entendre tout ce monde parler français, et je remarquais combien, en cela, l'ducation des peuples nos voisins est plus avancée que la nôtre. Toutes les jeunes personnes, sans avoir jamais quitté leur ville, possédaient des talents dont elles se seraient fait honneur à Paris. Dans le nombre, la Reine en avait distingué une, qui était d'une beauté parfaite : sa taille était bien prise, son visage régulier, son teint d'une blancheur et d'une fraîcheur éblouissante ; ses cheveux blonds étaient admirables, et ses bras auraient pu servir de modèle aux peintres et aux statuaires ; elle avait un talent très-remarquable sur le piano ; non-seulement elle retenait avec une grande facilité toute la musique qu'elle entendait, mais elle improvisait avec une grâce parfaite, et ses idées étaient toujours nouvelles, vives et originales. Cette belle et intéressante personne se nommait mademoiselle de Mollenback. Elle avait perdu ses parents, et vivait seule, à Constance, avec un frère peu riche. La Reine fut touchée de sa situation isolée, et la fixa près d'elle. Cette augmentation de société dans notre petit intérieur y apporta de grandes ressources. Aucune de nous ne savait l'allemand, mademoiselle de Mollenback devint le traducteur, l'interprète et le maître de tout le monde. A dix-huit ans elle avait dans le caractère tout l'enfantillage d'une petite fille de dix ans; un rien la faisait pleurer, elle portait à l'excès la susceptibilité allemande, et quoiqu'elle comprît à merveille le français, elle prenait rarement bien la plaisanterie, ce qui faisait qu'il y avait entre nous peu de rapports de caractère. Mademoiselle de Mollenback était romanesque à l'extrême, et s'extasiait avec une naïveté et une ingénuité incroyables devant chaque visage qui la frappait! La pauvre fille a passé quatre ans auprès de la Reine, puis elle s'est mariée, et, quelque temps après, elle est devenue folle. On regrette qu'une si belle créature ait fini si tristement.

XVII.

La Reine est résolue à se retirer en Bavière.—Éloge du prince Eugène. — Jugement de l'empereur sur lui. — Lettres du prince. — M. Lavalette écrit à mademoiselle Cochelet. — Le comte Tascher de La Pagerie. — Lettre de madame Campan. — Un mot de la duchesse de Berry. — Madame Voisin. — Le message du pigeon. — Jugement sur les Mémoires de madame de Larochejaquelein.— Une malice de l'impie! — La dame du Lac. — Lettre du prince primat. Mort de ce vénérable prélat. — L'excuse d'un courtisan. — Antichambres et embarras de rois. — Mademoiselle Fanny de Beauharnais. — Ses liaisons avec le prince primat. — Le fard qui change de visage. — Le valet de pied récompensé pour un ridicule de moins. — L'empereur en rit.

Du moment où le prince Eugène s'était convaincu que notre établissement à Constance n'était que précaire, il avait fait tous ses efforts pour attirer sa sœur près de lui, en Bavière. Ce projet souriait à tous deux; mais la Reine avait tellement peur d'être un embarras pour lui, qu'elle hésitait à céder à ses instances, et ce ne fut que lorsqu'elle eut connaissance que l'excellent roi Maximilien partageait le désir du prince Eugène, de voir sa sœur s'établir en Bavière, et que cet arrangement ne nuirait ni à l'un ni à l'autre, que la Reine promit de consentir à ce qu'on lui proposait.

Le séjour de Munich ne la tentait pas ; la présence d'une cour y gâtait pour elle le bonheur de vivre près de son frère, et tout en acceptant enfin les propositions qui lui étaient faites, elle n'était pas bien décidée sur le lieu de la résidence qu'elle choisirait. Le prince Eugène lui désignait Augsbourg comme une ville assez rapprochée de Munich, pour qu'il pût venir l'y voir souvent. Il y avait en outre dans cette ville un excellent collége (1) et toutes les ressources que la Reine pouvait désirer pour l'éducation de son fils, ce qui était à ses yeux la chose la plus essentielle.

La Reine recevait fréquemment des nouvelles de son frère ; un courrier qu'il lui expédia m'apporta aussi, le même jour, deux lettres du prince. Je pense qu'il sera intéressant de voir avec quelle bonhomie de bon

(1) Le prince Louis fit effectivement ses études en allemand dans ce collége, qu'il fréquenta pendant quatre ans avec assiduité et exactitude.

bourgeois s'exprimait, dans la vie privée, le digne élève de l'Empereur, le héros de la Bérésina, général non moins remarquable à la tête de nos armées que souverain sage, ferme et éclairé. Pendant qu'il avait gouverné le nord de l'Italie, ce capitaine illustre était à la fois modeste et simple; et pourtant que de motifs n'aurait-il pas eu de s'enorgueillir ! A Schœnbrunn, en 1809, c'était à lui que l'Empereur adressait ces paroles d'encouragement et de récompense, après le gain de la bataille de Rabb et sa jonction avec la grande armée. « Bien, mon prince, c'est ainsi qu'on devient » roi. » C'était lui encore qui avait reçu de la bouche de ce maître glorieux ce témoignage, qu'après la désastreuse campagne de Russie, il lui rendit en présence de tous ses lieutenants rassemblés. « Nous avons tous fait des » fautes, Eugène seul n'en a pas fait. »

Voici les deux lettres que m'écrivait le prince Eugène :

Munich, le 18 décembre 1816.

« Les postes sont si admirablement organisées, bonne Cochelet, que je n'ai reçu qu'hier votre lettre du 12, et je m'empresse d'y répondre.

J'accepte votre emplette de mousseline et la recevrai avec reconnaissance ; je vous ferai observer seulement que les prix sont diminués de beaucoup à Munich, par une inondation extraordinaire de marchandises anglaises venant de Francfort ; vous en jugerez par une petite robe que j'envoie à ma sœur, et qui ne m'a coûté que quarante francs ; la robe à jour que j'ai rapportée de Constance à ma femme et que j'ai payée trente florins, se trouve ici à deux florins l'aune de Bavière, ce qui rend la robe à moitié prix ; ne nous parlez donc plus de vos fameux marchés, venez plutôt en faire ici.

» Je retarde de deux jours le départ de cette lettre, pour écrire à ma sœur par l'un de mes gens, et vous envoyer à toutes des étrennes ; je regrette bien de ne pas vous les porter moi-même, mais je ne désespère pas de passer encore avec vous la huitaine solennellement promise. D'abord je suppose que vous ne vous déplacerez que dans le courant, ou pour mieux dire vers la fin de février ; et moi je vous promets d'aller, sinon vous chercher, du moins diriger votre départ et votre marche vers nos contrées.

« Dites-moi, ce projet n'est-il pas charmant? tout en vous parlant de ces jolis châteaux, j'oublie de répondre à deux articles fort importants de votre lettre : 1° j'accepte l'offre des six poupées, bien entendu qu'elles seront d'un prix attaché ordinairement à ces sortes de personnages; 2° je suppose qu'en demandant à Spa pour trente ou quarante louis de ces petits objets en bois, on peut en avoir pour satisfaire dix ou douze personnes : sur cela je m'en rapporte entièrement à vous, et vous pouvez aller jusqu'à cinquante louis si vous voulez.

» Pardon mille fois, bonne Cochelet, d'abuser ainsi de votre complaisance; mais je me flatte que ces petits rapports entretiendront l'amitié.

» Je vous prie d'observer que dans tout le cours de cette lettre, je n'ai pas fait usage d'une seule abréviation ; ce n'est pas pour en mettre moins, mais je ne veux pas qu'il manque une virgule à l'assurance de mon attachement.

» Votre bien affectionné,

» Eugène.

» Mes compliments à madame votre mère et à votre frère; mille choses aimables à mademoiselle Courtin et à mademoiselle de Mollenback. »

Munich, 22 décembre 1816.

« En vous priant, bonne Cochelet, de faire remettre à M. Muraire la lettre ci-jointe, je rouvre ma lettre pour vous annoncer que j'ai joint à la robe de ma sœur une robe pour vous, que je vous prie d'accepter, et une pour mademoiselle Élisa, qui voudra bien la recevoir comme petit souvenir.

» Je joins à ces petits souvenirs qu'on appelle étrennes mes vœux sincères pour toutes les personnes de la colonie, et pour vous en particulier.

» Dites-donc à mademoiselle Courtin que j'attends toujours la suite de mes romances; si elle les oublie, je serai forcé de les aller chercher moi-même.

» Tout à vous.

» EUGÈNE. »

En même temps que je recevais le courrier du prince, m'arrivait également vers la fin de l'année, une lettre sans date de ce bon Lavalette, qui avoue lui-même ne pas être l'homme de l'exactitude.

« Je vous ai, me disait-il, écrit deux lignes au

bas d'une lettre, il y a quelques jours : partagez avec votre chère patronne, mes remerciements pour tout ce que vous nous avez envoyé.

» Le pauvre Louis (1) est gisant depuis huit jours sur le canapé, se disputant avec sa maudite goutte ; les accès commencent à diminuer ; mais il a bien souffert. Il espère faire partie du premier voyage ; je lui remettrai une lettre pour vous, qui sera plus longue que celle-ci, et sans doute aussi ennuyeuse. Je n'ai pas eu le courage de tourner ma page hier au soir, ou plutôt cette nuit ; je vous réponds ce soir après avoir reçu votre lettre : je ne comprends rien de vos nouvelles, qu'est-ce que l'aimable *connaissance?* je n'y ai vu personne, qu'est-ce que la *belle Blanche et son épisode?* je n'ai jamais connu personne de ce nom, ou j'ai oublié ; vous croyez donc que j'ai dans la tête tous ces fous de Paris? Bon Dieu! quelle belle figure j'y ferai, si j'y retourne ; que tout cela est misérable! et cependant contez-m'en toujours. Notre-Dame-des-Bois est bien triste, malade et persécutée ; je vous envoie une

---

(1) M. le comte Tascher de La Pagerie, colonel aide-de-camp du prince Eugène et son parent.

lettre pour elle. J'ai reçu avant-hier un billet de la femme de notre chère souris et une petite bourse de son bouton de rose; pauvres et aimables gens! qu'ils ont été bien pour moi. Je reçois des nouvelles de mes chères enfants, elles ont été toutes deux malades, et leur mère est toujours en proie à sa cruelle infirmité. Je ne crois pas qu'elles viennent s'établir ici, elles y mourraient par le climat; je veux d'ailleurs que Joséphine se marie dans son pays; j'y retournerai, croyez-moi, je ne sais pas quand. Et *vous aussi, quelque chose me le dit. Adieu; je vous embrasse, je vous aime toutes. J'écris à notre patronne, dans toute la tristesse de mon cœur; je trouve qu'elle a raison, la grande affaire est l'éducation de son fils. Je n'ai pas causé je ne causerai pas avec mon colonel sur son projet d'Augsbourg, parce que je veux conserver mon opinion ou plutôt ne pas combattre la sienne. Adieu; dans les premiers jours d'avril, je m'en vais dans mes montagnes; n'en parlez pas, je vous en prie, j'ai besoin d'être seul, ignoré quoi qu'on en dise. Je suis chipoté par le nouveau-venu; je veux m'en aller pendant un mois pour faire évaporer mon humeur, et je ne sais quelle impétuosité de tête dont je ne serais pas maître si on me regardait de travers. Adieu, adieu, chère

Louise; nous nous verrons cet été et nous causerons à l'aise; je vous aime de tout mon cœur; prenez mes sentiments, ils sont si purs et si ardents. Savez-vous donc comment on fait pour vieillir le cœur et flétrir l'imagination? Adieu, adieu; embrassez tout ce qui vous entoure.

» A vous, à vous, pour la vie. »

Madame Campan, notre digne et bonne institutrice, m'écrivit aussi deux lettres à peu d'intervalle l'une de l'autre, notre correspondance était notre seule distraction, car nos jours s'écoulaient dans une grande uniformité; je transcris ici la première lettre de madame Campan.

Ce 20 décembre 1816.

« Chère Louise, je ne laisserai pas partir mes respects, mes vœux et les fidèles expressions de mes sentiments, sans y joindre ceux qui sont dus à la constance des vôtres. Croyez bien, ainsi que le reste de votre petite colonie, à ma sincère amitié. Ma santé va mieux; je ne mange pas encore du pain, et de ce côté je n'ai pas le droit de me plaindre de la cherté du blé. Je fais un constant usage des biscottes de Bruxelles, que je digère mieux ; mais enfin je mange et c'est beaucoup, car deux mois de nourriture composée d'une seule tasse de chocolat et de quelques bouillons, ont fait de moi une vieille très-maigre. Ces biscottes, qui me tiennent lieu de pain, me font penser à la duchesse de Berri, fille de M. le régent, qui disait dans un temps de disette : « Si les pauvres gens n'ont pas de pain, ils n'ont qu'à manger de la croûte de pâté. » Car vous jugez bien que mes biscottes me coûtent un peu plus qu'une once de pain. Madame Voisin me prie de la rappeler à votre souvenir ; et moi je souhaite que mon courrier, parti le 20 où le 21, arrive le 1er ou le 2 et 3 chez vous, et à cette époque vous porte les vœux, les tendresses et les constants sentiments d'un cœur fidèle. »

Moins de trois semaines après, madame Campan m'écrivit encore.

Mantes, le 17 janvier 1817.

« Ma chère Louise, c'est à vous que j'écris cette fois, car la belle aux cheveux dorés (1) ne me répond pas et ne m'envoie pas même son

(1) Mademoiselle Élisa de Courtin.

certificat de vie, pour que la bonne madame Voisin touche pour elle *cent bons francs*, plus francs que tout ce que l'on rencontre dans ce monde et qui n'ont de torts à mes yeux que d'être la source de tout ce qui fait manquer de franchise. Voilà-t-il pas la rocambole de la morale qui se glisse involontairement dans mes écrits; je voudrais l'éviter, pour moi cela tient un peu trop au *métier*. J'ai écrit souvent, et ne recevant pas de réponse, je suis inquiète de notre correspondance; elle est pourtant si innocente, si inoffensive, qu'elle pourrait être attachée à l'aile d'un pigeon-voyageur et traverser les airs, comme celle qu'un certain oncle à moi (que l'abbé Bertrand a bien connu autrefois) entretenait avec sa gouvernante, à laquelle il dépêchait de Paris à sa maison des champs un pigeon qui y avait été enlevé à ses petits ou à ses amours, et qui reportait chez lui cette innocente lettre: *Mardi j'arriverai pour dîner; faites-moi tuer un de mes poulets gras, et donnez-moi une bonne soupe; mon poulet et des œufs au lait.* Mon père avait fait graver de jolis vers en vignette sur le papier qui servait à cette inoffensive correspondance; je les ai oubliés, je les regrette; ils pourraient servir d'épigraphe aux lettres que je vous adresse, et embelliraient un peu la petite sotte histoire dont je me permets d'occuper une de vos soirées. Sans doute que ces soirées sont animées par la lecture? Avez-vous des nouveautés? *Les Battuécas* sont au-dessous de la renommée de son auteur : si l'on écrivait avec le projet d'être imprimé, cette décadence de l'âge devrait faire peur. Il n'est qu'un temps pour les talents et les beaux-arts, mais il n'en est pas de même des cœurs, car le mien bien vieux déjà, bien cicatrisé par mille plaies, aime ce qu'il doit aimer comme à vingt ans! dites-le bien, je vous en prie.—J'ai lu avec un grand intérêt les mémoires de madame de Larochejacquelein, j'ai connu cette dame, enfant, enfant gâtée, chérie, passant ses jours sur les genoux des princesses, ses nuits sous les toits dorés : ses malheurs, ses souffrances sont d'un tel intérêt, que nous avons veillé ici presque toute une nuit pour en achever la lecture. L'époque de la guerre de la Vendée est celle des deux premières années, où le sentiment qui l'animait était si généralement partagé dans ces provinces; d'ailleurs, des malheurs, du courage, de la résignation, et quelles que soient les diverses circonstances qui fassent développer ces vertus dans les grandes infortunes, la peinture en est toujours consolante : on compare ses peines, on les pèse; on trouve que dans ceci on a moins souffert que dans cela; on a plus de droit encore à l'intérêt des âmes sensibles, on voit enfin que tout le monde souffre ici-bas; la privation de ses amis est sûrement la plus grande peine; la chute des grandeurs, de la fortune, du crédit, et même le seul reflet de toutes ces belles choses, diminue de beaucoup trop le nombre de ceux que l'on croyait avoir à regretter; mais aussi combien ceux qui surnagent avec des sentiments purs et constants, après ces vilains orages de l'ambition, deviennent précieux ? combien ceux qui parviennent jusqu'à nous, en triplant les jouissances de notre cœur, allégent pour les victimes les souvenirs des ingrats; il est vrai qu'il faut aussi apporter beaucoup d'indulgence pour les cruelles nécessités, et croire que dans le nombre des silencieux, il en est qui souffrent de leur silence. Foloé m'a écrit de Varsovie, partant pour Saint-Pétersbourg, où elle doit faire ses couches; c'est en ce moment, car elle m'écrivait le 10 novembre, et me disait qu'elle accoucherait dans deux mois. Pauvre petite! j'y pense sans cesse; oui, je l'aimais si tendrement que ses torts ne peuvent détruire ce sentiment ; j'étais arrivée pour elle à me sentir des entrailles maternelles, et ne pardonne-t-on pas à ses enfants ? Je n'ai pas cette preuve d'indulgence à faire relativement à mon pauvre enfant, à quelques *dadas*, à quelques *boguets* près, à quelques dîners de trop qu'il a donnés à Toulouse pour y faire tolérer une place haïe sous tous les régimes, se sont bornés ses torts de jeunesse. Il vit ici comme un anachorète ; mais malheureusement comme un anachorète malade ; si je regrette les sommes que j'ai sacrifiées à son état dans le monde, et à des espérances qui se sont sans cesse éloignées, pour finir par s'engloutir avec tout le reste, c'est parce que je ne puis lui procurer les consolations, les distractions que son état de langueur lui rendrait bien nécessaires ; mais nous ne bougerons pas d'ici, nous nous y chauffons, nous y dînons, nous y avons de bons lits ; voilà tout ce que nous devons chercher et chérir ; cependant à trente ans plus d'avenir, rien à faire ni à voir, personne à entendre, cela est bien triste. Sa mélancolie a été augmentée cette semaine par la mort de la pauvre Maha, sa belle levrette ; il l'avait élevée et conservée dix ans, allant partout avec lui, lui rappelant une époque qui s'attache à son souvenir; faites part de cet événement à la belle Élisa, qui aimait cette pauvre Moha; c'est à cause d'elle et de ce sentiment que je me permets de vous entretenir si longuement d'un si petit événement.

» Quand donc aurai-je cette vue du lac? où est-elle? à qui a-t-elle été adressée? est-ce une aquarelle? est-ce un trait gravé et colorié? Si vous pouviez, dans ce dernier genre, me faire quelques-unes de vos vues; mon grand bonheur est celui de voir ces choses à l'optique, l'illusion devient complète; et quelle illusion que celle qui me rapproche de cette chère enfant (1), que j'ai tant chérie, que j'aime tant! dites-le lui bien, je vous en prie, ma chère Louise.

» Je suis bien aise que notre cher abbé vous ait rapprochées des pratiques de notre religion; rien ne pouvait effacer de vos cœurs les préceptes qui y étaient gravés; mais ces devoirs ramènent les plus précieuses consolations: combien on doit les chérir

> Ces lois qui, de la terre écartant les misères,
> Des humains attendris font un peuple de frères!
> Obligés de *s'aimer*, sans doute ils sont heureux.

(1) La Reine.

» L'impie ne pouvait exprimer avec une plus douce piété ces vraies bases de notre foi ; mais dans ce dernier vers :

> Obligés de *s'aimer*, sans doute ils sont heureux,

le *malin* n'a-t-il pas voulu faire entendre que ces peuples de frères s'aiment bien peu? Il ne faut pas, je crois, être bien malin pour le deviner.

» Adieu, ma chère Louise, parlez sans cesse de nous à la Dame du lac ; qu'elle s'applique, ainsi que ma pauvre nièce (1), et nous serons à l'unisson. C'est ce qui console dans la retraite : si nous voyons bien peu de gens, au moins nous ne voyons que des amis. A quoi servirait la foule des indifférents, des ingrats, hélas! même des ennemis? quatre ou cinq cœurs bien dévoués, des livres, de la musique et des crayons.

» Adieu, adieu, ma chère Louise. »

Parmi les lettres de personnes marquantes, que j'ai conservées, j'en retrouve une du prince primat, et ce fut la dernière que je reçus de ce saint homme, qui me comblait d'af-

(1) La maréchale Ney.

fection. Ce fut dès 1807, qu'ayant accompagné la Reine, lorsqu'elle allait rejoindre l'impératrice Joséphine à Mayence, ville distante de dix lieues de Francfort, résidence du prince, qui venait de là avec empressement faire sa cour à l'Impératrice et à sa fille; ce fut, dis-je, à cette époque que j'eus l'honneur de faire sa connaissance : ma jeunesse, l'esprit vif et enjoué que j'avais alors, ou qu'on avait la bonté de me reconnaître, lui avaient plu, et, depuis, il me portait de l'intérêt comme à une de ses nièces, et le dévouement qu'il vouait à la Reine était pour moi ce qui complétait mon attachement et ma reconnaissance envers ce prince de l'Église. Ce fut quelque temps après que je reçus sa lettre, que nous apprîmes sa mort, à laquelle je fus très-sensible : j'en versai des larmes, en pensant qu'on perd ainsi une à une toutes les personnes qui vous portent intérêt, et que l'on finit par se trouver seul dans ce monde, où il est vrai de dire que ce ne sont pas ceux qui le quittent qui sont à plaindre, mais bien ceux qui y restent.

Ce bon prince m'écrivait en ces termes :

Ratisbonne, le 22 juin 1817.

« Excellente et bien aimable amie, la bonne

petite lettre dont vous m'avez honoré m'a fait un vrai plaisir; je suis charmé que les vicissitudes de la vie que nous avons éprouvées chacun de notre côté, comme tant d'autres mortels, ne m'aient pas effacé de votre souvenir, aimable dame!

» Je viens d'apprendre que S. A. S. le prince Eugène et S. M. la comtesse de Saint-Leu sont réunis dans le moment présent sur les bords du beau lac de Constance. Quand je cherche dans mes pensées l'idéal des qualités héroïques et sublimes, je vois le frère; dans la sœur, je contemple le courage de grandes vertus, des talents présents à mes pensées; l'astre céleste de l'impératrice Joséphine s'est reproduit dans ses deux enfants, en leur donnant l'existence.

» Je vis ici dans un profond calme intérieur, m'occupant avec zèle et ferveur des devoirs de l'épiscopat. Dans les adversités, Dieu m'a fait la grâce de donner une trempe nouvelle à l'énergie naturelle de mon caractère. Connaissant votre attachement pour l'illustre comtesse de Saint-Leu, je suis persuadé, mon amie, que vous êtes très-heureuse jouissant du bonheur de vivre dans sa société. Si vous avez l'occasion d'écrire à la magnanime comtesse Lavalette, ainsi qu'à votre savant parent, M. Monge, doué du génie le plus vaste et le plus rare, je vous supplie de leur présenter mes hommages.

» J'ai l'honneur d'être, avec respect, mon excellente amie, votre très-humble et très-obéissant serviteur. »

Charles.

Je ne puis rapporter cette dernière lettre, que cet excellent prince primat m'écrivait de son archevêché de Ratisbonne, où la Sainte-Alliance l'avait confiné, sans me rappeler son séjour à Paris, en 1807, à l'occasion du mariage du roi Jérôme avec une princesse de Wurtemberg. C'était l'époque où les rois faisaient antichambre aux Tuileries, ce qui faisait dire à M. de Montesquiou à l'Empereur, qui, un jour, lui adressait le reproche de ce qu'étant ordinairement si exact à son service, il se trouvait en retard de dix minutes : « Que voulez-vous, Sire? en traversant les appartements, j'ai été retenu par *un embarras de rois*, qui m'arrêtaient pour me demander des nouvelles de la santé de Votre Majesté. »

A cette époque si grande, si historique, rois et

princes étrangers affluaient à Paris ; le Prince primat était du nombre : pendant son séjour dans la capitale, il avait contracté l'habitude de se rendre tous les jours chez la spirituelle mademoiselle Fanny de Beauharnais, marraine de la reine Hortense : c'était une bien vieille et bien bonne connaissance à lui. Il y passait ordinairement une heure ; il ne prenait jamais congé d'elle sans approcher une joue de la sienne, et quelquefois les deux, l'une après l'autre. Or, un jour où la séparation avait été des plus affectueuses, le Prince primat alla, en sortant de chez mademoiselle Fanny de Beauharnais, aux Tuileries, où il était attendu à dîner chez l'Empereur. A peine il y est entré, qu'un valet de pied de service, s'approchant très-respectueusement de lui, lui fait observer qu'il a les joues toutes rouges ; Son Altesse se rappelle aussitôt les adieux faits il y a peu d'instants à sa vieille amie, et, s'approchant d'une glace, il se voit fardé par le contact de son visage avec celui de mademoiselle Fanny de Beauharnais. Après avoir réparé ce désordre, ou plutôt cet excès de toilette, il se fait annoncer chez l'Empereur, à qui il demande la permission de faire une pension de 1,200 francs à un valet de pied de

Sa Majesté, qui, par un sage avertissement, lui a sauvé un ridicule que l'on n'eût pas manqué de lui appliquer; puis le Prince primat raconta ce qui lui était arrivé chez la parente de l'Impératrice. L'Empereur et la société en firent de grands rires; mais celui à qui la chose fut des plus agréables et des plus avantageuses, fut le valet de pied, qui, disait-on, n'avait pas *à rougir* d'accepter les bontés du Prince primat.

XVIII.

Le site qui fait envie. — Acquisition faite par la Reine. — Métamorphose presque incroyable. — Le château de mademoiselle Cochelet. — Lettre du prince Eugène. — La reine de Bavière malade. — Mort du Prince primat. — M. Tascher de La Pagerie. — Mademoiselle de Mollenbach. — Lettre du duc d'Otrante. — Il voudrait se réunir à la Reine. — Démarches de la grande-duchesse Stéphanie en faveur de la Reine. — Ses regrets d'avoir échoué. — Elle veut aller vers la Reine. — Invention de M. de Talleyrand. — Conspiration des deux cousines. — Lettre de la grande-duchesse. — Lettre de M. Darnay, secrétaire du prince Eugène. — L'Ariane anglaise. — Son goût pour le chant. — La tendre Émilie et l'oiseau du lac. — La princesse de Galles. — Son cortége équivoque. — La fête de Joséphine. — Le général Poret de Morvan. — Les grandes et les faibles passions. — Le prince de Chimay et madame Tallien. — Le sobriquet de M. le comte de Lavalette.—Autre lettre de M. Darnay. — Un ridicule de la princesse régente d'Angleterre. — Départ pour Augsbourg. — Pressentiment en quittant Constance.

La vie retirée et solitaire que nous menions à Constance, sans avoir presque de relations au-dehors, ne suffisait pas pour faire oublier la Reine. Il nous revenait sans cesse quelques nouveaux contes faits sur elle, et ce séjour dans une ville éloignée, qui aurait pu être choisie comme un lieu d'exil, ce qui certes devait rassurer tout le monde, était précisément ce qui épouvantait ; on ne voulait pas nous y voir tranquilles, et l'on cherchait un prétexte pour nous en éloigner ; mais, comme il ne s'en présentait pas, et qu'il était difficile, dans nos actions, de trouver de quoi en créer un, on signifia tout simplement au grand-duc de Bade qu'il eût à chasser la Reine de ses états, et nous vîmes bientôt arriver une personne de sa maison, un M. de Frank, qui était chargé d'exprimer à la Reine les regrets du grand-duc, et la triste nécessité où il se trouvait de la prier de s'éloigner. La Reine supporta cette nouvelle persécution comme elle supportait toutes choses, avec calme, résignation et dignité. Elle répondit à M. de Franck qu'elle s'éloignerait aussitôt que la saison serait moins rigoureuse, et que sa santé, toujours délicate, lui permettrait de se mettre en route.

Parmi les campagnes que la Reine avait visitées près de Constance, dans le canton de Thurgovie, il y avait un site qui l'avait particulièrement frappé : c'était un petit manoir d'une apparence assez triste alors, mais dont l'exposition était charmante : bâti à mi-côte sur une espèce de promontoire, il dominait le petit lac, et l'île de Raickman. Du côté de l'ouest, la vue se reposait sur de jolies langues de terre, plantées d'arbres, et séparées entre elles par de petits golfes de l'aspect le plus riant et le plus varié. Le village de Mannuback, son église et son presbytère se dessinaient de la manière la plus délicieuse lors du coucher du soleil. Plus haut que Mannuback, le vieux château de Salstein, de construction gothique, entouré, ou, pour mieux dire, plongé dans un massif d'arbres, dominait ce tableau, que ma plume rend bien imparfaitement. A quelque distance de la maison, vers l'autre extrémité de la propriété, la vue s'étend sur le village d'Ismatingen, si riant et si gracieusement baigné par le lac, sur le cours du Rhin; et enfin sur la ville de Constance et sur cette plaine liquide du grand lac, que commandent les glaciers du Cintis.

La Reine, dans ses projets d'acquisition, traçait d'avance de jolis sentiers dans le bois charmant qui garnit les flancs de la colline. A la place du poulailler et de la basse-cour, elle voulait une terrasse et des fleurs; du rez-de-chaussée elle faisait un salon, et aujourd'hui, que toutes ces métamorphoses ont eu lieu, on a peine à croire que l'on ait pu tirer aussi bon parti de ce qui existait alors.

La Reine se voyant forcée de quitter la ville de Constance, et ne voulant pas renoncer à revenir dans un pays qui lui plaisait autant, et où elle avait été si bien reçue par les habitants, se décida à acheter Arrenberg. L'acte en fut passé, le 10 février 1817, moyennant une somme de 30,000 florins. La Reine était enchantée d'avoir enfin une maison à elle et un asile où reposer sa tête. C'était peu de chose; mais elle ne souhaitait pas davantage : un toit pour s'abriter, et un coin de terre pour cultiver des fleurs. C'était dans ce séjour qu'elle se proposait de passer une partie de l'automne; elle y tenait sous ce rapport, et plus encore par une autre considération : c'est qu'étant désormais propriétaire en Suisse, et l'étant devenue de l'agrément des autorités du canton, elle avait le droit d'y revenir quand cela lui conviendrait.

Non loin d'Arrenberg était une autre maison du même genre, que l'on nommait pompeusement le château de Sandegy. Elle était à vendre; je l'achetai afin que ma mère pût y vivre près de moi lorsque la Reine habiterait sa nouvelle propriété. Bientôt je jouis à mon tour du plaisir de posséder une retraite, dont l'arrangement et les embellissements allaient être pour moi une source de distractions pleines de charmes.

Pendant que j'étais dans l'enthousiasme de mon manoir, je reçus une lettre du prince Eugène, en réponse à quelques commissions que j'avais faites pour lui. La Reine lui avait fait savoir l'obligation, où elle se trouvait, de quitter le pays de Bade, et il ne tarda pas à venir s'entendre avec elle, au sujet de son installation en Bavière. En attendant, voici ce qu'il m'écrivait :

« J'ai reçu, bonne Cochelet, les divers petits objets que vous avez bien voulu nous envoyer, y compris deux pièces de belle perkale pour moi, et quatre petits paniers. Je vous remercie pour tout cela. Je vous envoie, ci-joint, une lettre pour M. Macaire, qui vous remettra le montant de ces différentes notes; plus une somme de 263 florins 9 kreusers pour M. Herozé, qui m'a écrit avoir mis en expédition mes étoffes. Je compte assez sur votre bonté pour espérer que vous voudrez bien lui payer la susdite somme, et lui demander un reçu que vous m'enverrez. Cela fera tout naturellement une obligation de m'écrire, et je tiens beaucoup au plaisir de recevoir de temps en temps de vos nouvelles.

» Nous parlons beaucoup de Constance, et toujours avec bonheur. J'espère que cette lettre vous arrivera assez à temps, pour dire quelque chose de ma part à votre frère, avant son départ. Ne m'oubliez pas auprès de votre mère; un souvenir aimable à Élisa.

» Notre carnaval ne finira pas aussi gaiement qu'on l'avait cru d'abord. La reine de Bavière, toujours malade, est restée à moitié chemin de Vienne. Le Roi est parti hier pour la rejoindre; on nous assure pourtant qu'il n'y a aucun danger pour elle.

» Le prince Primat, évêque de Constance, vient de mourir à Ratisbonne : voilà un deuil assez répandu en Allemagne.

» Tascher est dans son lit, avec la goutte, depuis hier. J'espère qu'il sera bientôt rétabli, car vous savez que j'ai promis à mademoiselle de Mollenbaeck de le lui amener, et vous savez si j'aime à tenir parole.

» Je n'ai pas, d'ailleurs, grand mérite quand il s'agit d'une chose très-agréable.

» Au plaisir de vous voir déguisée en poisson d'avril.

» Tout à vous. »

Eugène.

Munich, le 15 février 1817.

Mademoiselle Ribout continuait à m'écrire, et dès les premiers temps, où il avait été question de nous fixer en Bavière, je lui avais fait part de ce projet, auquel le duc d'Otrante témoigna encore plus d'empressement à s'associer qu'à notre installation, si précaire, à Constance ; et j'avoue que, pour ma part, j'aurais vu avec grand plaisir leur petite colonie se réunir à la nôtre, n'importe dans quel pays. Je reçus à ce sujet cette lettre du duc d'Otrante :

« Il paraît que vous menez une vie toute contemplative : vous songez à vos amis, mais vous ne leur écrivez pas ; du moins vous gardez avec eux un trop long silence. Les affaires dont je vous ai parlé, il y a trois mois, sont terminées ; il ne s'agit plus que de décider ce qu'on fera du personnel ; nous voulons une patrie puisque nous n'en avons plus. La pire des conditions est de dépendre de tout et de n'être protégé par rien.

» Nous discuterons, quand nous serons réunis, les propositions que vous me faites relativement à ma fille ; elle n'a encore que treize ans ; son corps est moins formé que son esprit. Croyez que je me prêterais volontiers à resserrer les liens qui m'unissent à vous. J'ai quatre enfants ; ils sont assez riches pour ne pas rechercher la fortune dans leurs alliances, et l'éducation qu'ils ont reçue leur a appris de bonne heure à apprécier les premiers biens de la vie.

» Chargez-vous de nos compliments et de nos hommages pour madame Duval et son fils (1). Mademoiselle Ribout vous écrira dans quelques jours plus au long ; j'ai voulu faire précéder ce billet, vu l'urgence. Croyez à mon attachement et à celui de ceux qui m'entourent. »

Prague, le 15 février 1816.

Notre séjour à Constance n'avait duré qu'un an, et ce temps, à peu près tranquille, avait coulé doucement pour nous; il avait été le repos après l'orage. La nécessité de chercher un

---

(1) La reine Hortense et le prince son fils.

autre refuge nous était donc pénible, et le déplaisir que nous en éprouvions était bien partagé par l'aimable grande-duchesse Stéphanie, qui, malgré toutes ses instances, n'avait pu épargner cette nouvelle contrariété à la Reine; son bon cœur fut horriblement froissé d'avoir échoué dans ce qu'il lui eût été si agréable d'obtenir, la continuation du séjour de la Reine dans les états du grand-duc; elle m'écrivit à ce sujet une longue lettre, dont je transcris ici les principaux passages. La grande-duchesse avait un vif désir de venir avec son mari visiter la Reine à Constance; le ministre de France en Suisse, ayant eu vent de ce projet, s'en était épouvanté. M. de Talleyrand, toujours à l'affût de tout ce qui avait rapport à la Reine, voyait dans ce rapprochement de quelques instants entre deux parentes et deux femmes qui s'aimaient une conspiration tendant à mettre la monarchie bourbonnienne en danger; ce fut par ces rapports faux et malveillants que furent provoquées les démarches qui empêchèrent d'abord le grand-duc de se rendre à Constance, puis, qui l'obligèrent de congédier la Reine; la lettre que m'écrivait la grande-duchesse exprimait bien le chagrin et les angoisses qu'elle en ressentait.

» Je suis heureuse, me disait-elle, que M. de Frank vous ait convaincue, j'avais besoin de quelqu'un qui pût expliquer tout ce que j'ai ressenti dans cette circonstance. Figurez-vous, chère Louise, quel sentiment de consolation j'ai éprouvé en voyant que la Reine avait deviné mon cœur! qu'elle l'avait deviné tout entier! cela m'était nécessaire pour me faire supporter tout ce que cette privation de ne pas la voir avait de pénible *pour moi sous tous les rapports*..... Vous me demandez de vous parler franchement, ma chère Louise, je le ferai volontiers, car avec un cœur comme le vôtre, on ne craint jamais de dire sa pensée tout entière.

» Le grand-duc, par l'attachement qu'il m'a montré, s'est rendu suspect à ceux qui ne veulent jamais séparer la personne des choses, par conséquent, cela lui a ôté la possibilité d'être aussi utile à la Reine qu'il l'aurait voulu; sans cela, n'aurait-il pas reçu la Reine comme une parente, comme une amie malheureuse, n'aurait-il pas demandé qu'elle n'eût d'autre asile que son pays? Tout cela était si naturel pour un cœur comme le sien, mais la méfiance de la France contre le grand-duc retombait sur la Reine. Quand elle est arrivée, j'espérais qu'au milieu des événements qui se succédaient, les haines personnelles s'éteindraient, et que peu à peu on ne parlerait plus de son séjour à Constance, c'est ce qui m'a fait l'engager d'attendre avec patience; je me suis trompée, il y a des gens que tout effraie; et l'on a mis sur le compte de la Reine bien des choses auxquelles elle n'avait jamais pensé.

» Je ne vois donc qu'un seul moyen de tranquillité pour elle dans ce pays, ce serait que l'empereur Alexandre protégeât ouvertement son séjour; que ce fût une des instructions de son ministre près du grand-duc, qui s'y *conformerait*, vous le croyez, avec bien de la joie; cela mettrait *tout*, oui *tout à l'abri*, on n'oserait rien dire ici, de *l'un* ni de *l'autre*. Je crois que cette démarche serait fort simple et plus sûrement faite, soit par la Reine, soit par le prince Eugène, près de l'Empereur en l'assurant de la bonne volonté du grand-duc, qui, certes, est porté de cœur à être agréable à la Reine . . . .
. . . .
. . . .

» On a répondu à la France que l'on atten-

dait les décisions des souverains alliés; cela donnera du temps. . . . .
. . . .
. . . .

» Que la Reine sache bien que, dans toutes les occasions, comme dans toute circonstance, tout ce qui est et dépend de nous personnellement, est à son service. . . . . .
. . . .
. . . .

» Sa romance est charmante, et, si j'étais l'hirondelle, l'hiver ne me chasserait pas! Je ne puis dire tout ce qu'il y a de mélancolie dans ce chant! j'ai pleuré, tant pleuré! Je crois que je ne la chanterai jamais devant personne; il y a des choses qui sont comme les prières, il faut les dire seul » . . . . .
. . . .
. . . .

M. Darnay, le secrétaire du prince, nous donnait quelquefois des nouvelles de toute la famille. Je reçus une lettre de lui au moment du passage par Munich de la princesse de Galles.

« Mademoiselle, m'écrivait-il, nous avons eu hier une soirée tout-à-fait intime en l'honneur de *l'Ariane anglaise*. Les deux princes et la princesse royale s'y trouvaient. On a chanté et fait de la musique. Je ne vous parlerai pas de la voix de notre illustre voyageuse, il n'y aurait que des remarques fâcheuses à faire; il faut respecter jusqu'aux travers d'une femme malheureuse; mais, si nous devons nous taire sur son chant, nous avons du plaisir à parler de son goût et de son enthousiasme pour les beaux-arts et pour ceux qui les professent avec succès. Le nom de votre auguste patronne vient tout naturellement se placer ici; la princesse apprécie au plus haut degré ses aimables talents, et ambitionne beaucoup d'avoir l'occasion de la connaître. La romance faite pour *la tendre Émilie* lui a arraché des larmes, et elle aurait embrassé de bien bon cœur les deux intéressantes cousines. Elle fait aussi un grand cas de *l'Oiseau du Lac*, et voudrait bien qu'il vînt se réfugier sous ses roseaux, y faire ses petits, etc., etc. La cause de l'infortune se rattache à la sienne; elle est de feu lorsqu'elle traite ce chapitre. Accablée des plus odieuses imputations, traitée, peut-être injustement, de femme adultère; elle s'identifie bien vite avec ceux que la persécution cherche à atteindre. Il est douloureux pour un mari d'avoir à porter contre sa femme, dans quelque cas qu'il se trouve, une accusation aussi humiliante. Le sage se tait dans ce cas, car le scandale est un supplice de plus pour la victime; enfin, ce n'est pas notre affaire de traiter ces questions délicates qui offrent différents point de vue; plaignons la femme qu'un pareil malheur écrase et ne nous étonnons point de lui voir chercher des distractions dans des voyages lointains et romanesques. La princesse compte, dans quelques mois, entreprendre le voyage de la Perse, etc. Nous l'aurons aujourd'hui à dîner avec toute sa suite; sa suite, il faut bien l'avouer, prête beaucoup à la critique. Abandonnée par les Anglais, elle a dû se faire un cortége d'officiers italiens, et son choix, en hommes comme en femmes, a été malheureux. Demain, nous fêtons une patronne qui nous rappelle des souvenirs bien chers: notre princesse *Joséphine* est dans toute la joie que lui promet ce beau jour. Nous avons ici, depuis six mois, un général bien intéressant par ses malheurs : c'est Poret de Morvan, un des généraux de la garde imperiale; il vient d'être compris dans l'ordonnance qui a donné la liberté au général Decaen; cela prouve que le système s'adoucit, que la justice et la clémence reprennent peu à peu leur empire : le temps finit par tempérer les plus fortes passions; il faut pourtant en excepter l'amour, suivant ce vieil adage : « Le temps augmente les grandes passions et diminue les faibles, comme le vent allume le feu et éteint la bougie. » Le prince de Chimay demande que S. A. R. soit le parrain de l'enfant dont sa fille doit incessamment accoucher. Savez-vous qui il a épousé? (la princesse est mademoiselle Tallien)

» Je trouve que la santé de S. A. R. se soutient mieux que dans ses précédentes grossesses; heureux si nous devons en augurer la naissance d'un nouveau prince!

» J'ai vu Tascher ce matin; il souffre moins; l'enflure est dans toute son intensité, les douleurs vont, par conséquent, diminuer.

» Notre cher prince est aussi bien que nos petits amours.

» L'Oiseau du Lac (1) veut partir à la fin du mois pour revoir ses premiers pénates en Bavière; il vous aura parlé de ce projet.

» Adieu, madamoiselle. Notre temps paraît se maintenir au beau; puisse-t-il être aussi solide que mon dévouement pour vous! Je

---

(1) Lavalette.

vous renouvelle mes respectueux hommages. »

Munich, ce 18 mai.

Les nouvelles tracasseries occasionnées par le ministre de France en Suisse, qui trouvait la Reine trop près de lui, ayant été connues à Munich, M. Darnay m'écrivit encore à ce sujet.

Munich, le 24 mars 1817.

« Mademoiselle,

» Que ce M. de Talleyrand (1) est donc bien mal avisé pour aller rallumer aussi gratuitement le flambeau de la persécution! C'est vraiment déshonorer ses maîtres, que de leur prêter des intentions aussi plates : c'est le travail de la montagne qui finit par accoucher d'une souris. Ce n'est pas au moment où le gouvernement français semble prendre un caractère plus libéral et plus digne qu'un de ses représentants aurait dû montrer tant de petitesse et de déloyauté ; j'espère que la honte de cette démarche retombera sur son auteur,

(1) Ministre de France en Suisse.

après lui avoir valu l'improbation de sa cour. Dans tous les cas, gardez-vous bien de vous en alarmer; traitez ce sujet avec pitié, les rieurs ne peuvent manquer d'être de votre côté.

» Nous avons eu hier notre dernière soirée ; la princesse de Gallen a fait les honneurs. Elle a chanté; mais pourquoi a-t-elle chanté? passe pour le privé, à la bonne heure; mais à la barbe de cinquante à soixante personnes, c'est par trop fort. La princesse reprend dimanche le cours de ses voyages; en général, elle laisse ici une opinion peu favorable ; on ne lui pardonne pas son entourage ; elle a, d'ailleurs, contre elle les manœuvres sourdes du Régent, qui déverse sur elle, tant qu'il peut, par ses agents cachés ou connus, le ridicule et les torts, etc., etc. Nos princesses ont été excellentes pour elle : la princesse royale et la princesse Auguste.

» Notre cher patron parle d'aller vous visiter bientôt, je ne sais pas si le pauvre Tascher pourra être du voyage, comme S. A. R. le désire, il souffre encore beaucoup ; cependant le mal va en diminuant et l'enflure touche à sa fin.

» Toute la colonie, y compris les derniers venus, est en bonne santé ; notre princesse n'a point à se plaindre et nos petits amours sont ravissants de gentillesse ; mademoiselle de Caumont reprend.

Il est probable que le séjour de notre Prince au milieu de vous décidera de votre départ et de votre arrivée dans nos climats ; venez bien vite vous ranger sous la bannière hospitalière de ce bon roi Maximilien ! que Dieu lui prête vie, car ses semblables sont rares ! on traite ici l'affaire de l'établissement, et je ne crois point que nous tardions à être fixés sur ce point.

» Adieu, mademoiselle, j'ai reçu et distribué vos dernières ; nos pensées sur vos conquêtes n'ont rien que d'innocent et de digne de vous ; portez-vous bien et préparez-vous à recevoir bientôt le meilleur des princes.

» Je vous renouvelle, mademoiselle, l'hommage de mon dévouement. »

D.

Ce fut lors de cette dernière course du prince auprès de sa sœur, que tous les arrangements furent pris, pour rendre le séjour de la Reine à Augsbourg, aussi agréable et aussi confortable que possible; elle s'était décidée à y acheter une maison, et M. de Marmold fit un voyage pour remplir le but que se proposait la Reine ; l'ennui que le pauvre homme éprouvait dans cette ville, et dont il nous faisait part, ne me donnait pas grande idée de ce nouveau séjour (avec lequel pourtant je me raccommodai bientôt); un sentiment de mélancolie profonde se mêlait pour nous à ce nouveau changement de domicile; quelle durée, quelle stabilité aurait cette nouvelle installation? quels malheurs nous poursuivraient encore dans de nouveaux climats? hélas! que nous étions loin de prévoir tous ceux qui nous étaient encore réservés; qui nous eût dit alors que cet exil qui commençait pour nous, et que nous supportions avec tant de peines et d'impatience, durerait encore vingt ans? et qui sait même aujourd'hui quand il finira? Pour supporter ces grands revers qui la frappaient, la Reine avait encore la jeunesse, un reste de gaieté et peut-être quelques-unes des illusions qui l'accompagnaient. Ses enfants, pleins de santé, de vie et d'heureuses dispositions, donnaient tant d'espoir d'avenir! tant d'êtres chers lui restaient, que la mort a moissonnés depuis! l'Empereur, qui l'avait toujours traitée comme sa propre fille, et son frère chéri, ce prince Eugène qui avait été pour elle son meilleur ami, je serais tentée d'appeler *présentement* l'impression de regret que nous éprouvions à quitter Constance; j'y avais fait d'agréables connaissances, qui depuis sont devenues pour moi des amis, le regret de les quitter entrait pour beaucoup dans notre répugnance à changer de lieux, et pourtant nous devions trouver à Augsbourg d'excellentes gens et cet intérêt bienveillant que la Reine sait si bien inspirer et qu'elle éveille partout.

XIX.

Lettre de madame Campan. — Lettre de madame la comtesse de Valence. — Le général Gérard épouse mademoiselle de Valence. — Il est estimé des royalistes. — Lettre de madame la duchesse de Bassano. — Un gouverneur civil incivil. — Les Purtalès. — La belle des belles. — Les trente-deux services rendus à M. de Sémonville. — Manque de reconnaissance. — Les mémoires du duc de Bassano. — Lettre de Fouché à Wellington. — Le duc d'Otrante amoureux. — Les d'Aremberg dans les antichambres des ministres de Napoléon. — L'ami aux yeux de gazelle. — Curieuse lettre de lord Kinnaird. — Il prend le ministre de la police pour son confident. — Mépris que l'armée anglaise fait des Bourbons. — Les portraits de M. et madame Lavalette, vendus à Londres. — Milord Hutchinson. — Un million et trois mois de prison pour une belle action. — Mort de mademoiselle Cochelet, devenue madame Ch. Parquin. — Son manuscrit reste inachevé. — Lettre de la reine Hortense et du prince Napoléon-Louis Bonaparte, à l'occasion de la perte de leur amie.

Avant notre départ de Constance, je reçus cette lettre de l'excellente madame Campan :

Mantes-sur-Seine, le 2 avril 1817.

« Ma chère Louise, comme mademoiselle

Voisin doit aller à Paris dans deux jours, elle me rapportera la jolie vue que vous m'avez faite; j'en suis bien reconnaissante, et mon fils, qui est devenu un petit artiste assez recommandable, vous enverra quelque chose en retour. En vérité, les consolations de l'amitié sont bien nécessaires, on devrait pouvoir en attacher les expressions sous l'aile d'un pigeon voyageur, et que ce pigeon fût respecté par les chasseurs, et garanti de tous les filets des oiseleurs.

La poste, au moins, devrait avoir la sensibilité qui manque trop souvent, en faveur de ces messagers ailés ; et il paraît que cela n'est pas, puisque notre correspondance à Élisa et à moi a été si souvent interrompue que nous n'avons eu aucun de ses certificats de vie, et que son petit argent dort à la caisse de la légion, sous les ailes du Saint-Esprit. Cette lettre sera peut-être plus heureuse, et pour cela je l'adresse sous cette invocation à votre saint abbé, je le prie de m'en accuser promptement la réception, rue Saint-Lazare, n° 58; j'y serai alors, devant aller vers le 20 avril à Paris.
— Comment vous portez-vous ? comment se porte-t-on ? j'ai tant souffert et je souffre tant encore, que cette question me paraît la plus

intéressante de toutes; on a tant souffert aussi, que si l'estomac et les nerfs vont mieux, la vue d'un beau lac peut amener, à l'aide du crayon et des couleurs, quelques consolations, mais surtout à l'aide de la résignation, et de ce sentiment intérieur que tout ce qu'on éprouve n'a pas été son ouvrage, plus que le chêne n'a travaillé à la foudre qui tombe des nues et qui vient éclater sur lui. Ma chère Louise, votre amitié me touche infiniment, j'aime tous ceux qui m'aiment cent fois plus que je ne l'ai jamais fait, et vous savez pourtant que mon cœur était aimant. Ma santé est un peu meilleure, et j'espère de l'été, si nous avons un été. Adieu, chère Louise; mille choses à tout ceux qui nous intéressent, tant vous que moi, et à madame votre mère, si elle est près de vous.

» Je vous embrasse tendrement; tâchez de faire parvenir un ordre à Garnerei, pour qu'on me remette le portrait..... »

Ce fut le 6 mai 1817 que nous quittâmes Constance pour aller habiter Augsbourg. Avant de s'éloigner, la Reine fit encore une course à Arrenberg, pour indiquer à peu près à Vincent, qu'elle y laissait, les réparations urgentes qui devaient y être faites avant qu'elle revînt;

elle laissa quelques personnes de sa maison à Arrenberg et à Constance, n'emmenant avec elle dans ces premiers moments que ce qui lui était indispensable, en attendant que sa future demeure fût prête à la recevoir avec tout son monde.

Les premières personnes qui m'écrivirent à Augsbourg furent deux de mes amies, la duchesse de Bassano et madame la comtesse de Valence; cette dernière me faisait part du mariage de sa fille; mais laissons-la parler elle-même :

Bruxelles, le 5 juillet 1817.

« Il y a longtemps, ma chère Louise, que je ne vous ai écrit; mais quand je vous dirai tout ce qui m'occupe, vous excuserez un silence qui ne peut jamais être causé par l'oubli ou la négligence.

» Vous serez étonnée, chère Louise, quand je vous apprendrai que vous avez un compliment à me faire, sûrement pour l'événemeut le plus intéressant de ma vie, puisque c'est pour le mariage de ma bien-aimé Rosamonde; je crois vous avoir mandé déjà que le projet dont vous m'avez vue occupée avant votre départ de Paris, ne pouvait pas se réaliser ; je ne m'attendais pas à trouver dans ce pays-ci un parti qui me convînt autant sous tous les rapports, et c'est cependant ce qui est arrivé, le général Gérard, dont vous connaissez la brillante réputation m'a demandé Rosamande, et comme il nous a parfaitement convenu à tous, elle lui a été accordée. Ce mariage se fera à peu près dans quinze jours, les bans sont déjà publiés à Paris et ici; il convient beaucoup à ma fille, car vous pensez bien que c'est la première chose que j'ai consultée. Le général Gérard a beaucoup de gloire (à quoi elle tenait extrêmement); il est fort bien de sa personne, a des manières très-agréables, un excellent caractère, une belle fortune indépendante des événements, c'est donc avec confiance que je lui remettrai le sort d'une fille si chérie. Je vous prie, chère Louise, de vouloir bien faire part de ce mariage à votre amie, j'ose assez compter sur ses bontés, et je sens que je les mérite assez par tout mon attachement pour elle, pour espérer qu'elle daignera y prendre intérêt; quant à vous, je crois à votre amitié, en ayant pour vous une si sincère.

» Je suis heureuse de marier ma fille, dans mon opinion et dans la sienne; le contraire ne serait pas tolérable, à la tournure que les choses prennent. Au reste, mes amis royalistes ne me témoignent point de désapprobation et professent une grande estime pour le général Gérard, ce qui m'est assez indifférent; il me suffit de l'estimer et qu'il convienne à ma fille, je n'ai pas besoin d'autre approbation.

Vous concevez, chère Louise, que je suis uniquement occupée de ce mariage si intéressant pour moi, j'avoue que je n'ai pas une autre idée.

» Mon Anatole (1) est tout ce que je connais de plus aimable, dans cette occasion comme dans toutes les autres, pour moi; il est charmé du mariage de sa cousine.

» Quand ce mariage sera fait, je vous écrirai de nouveau. Je retournerai dans peu à Paris, ce qui ne m'est pas une perspective fort agréable, mais il le faut; je désire bien recevoir une lettre de vous auparavant; je serai bien triste, je vous l'avoue, de changer toute la tranquillité dont je jouis ici contre les agitations que je retrouverai en voyant de près toutes les horreurs qui se commettent; j'y resterai du moins aussi peu de temps que je pourrai.

(1) Le général Lavœstine, neveu de madame la comtesse de Valence.

» Adieu, chère Louise, aimez-moi un peu, et croyez à mon inviolable amitié.

» Fortuné (1) est dans le midi avec son père, il est toujours parfait.

» Il y a quelque temps que je n'ai eu des nouvelles de nos amis de Gratz (2) ».

Madame la comtesse de Valence, comme on le voit, désirait recevoir des nouvelles de la duchesse de Bassano; je fus à même de lui en donner, ayant reçu de cette belle et bonne duchesse la lettre qu'on va lire.

« J'ai reçu votre lettre du 4, chère amie, elle m'a fait un grand plaisir; nous avons été obligées de nous mettre trois pour la déchiffrer, mais à présent je la lis couramment. Les détails sur votre manière de vivre m'ont fort intéressée; elle est absolument pareille à la nôtre à quelques sociétés près : une vieille dame anglaise très-aimable, une autre femme moins âgée, veuve, riche, avec laquelle je fais de longues promenades, et deux familles chez lesquelles les Français ont toujours été bien reçus. Voilà toutes nos relations; elles avaient d'abord été très-nombreuses, c'était à qui nous rece-

---

(1) M. le colonel Brack.

(2) M. le duc de Bassano, fuyant à Gratz, avec sa famille, les persécutions des Bourbons.

vrait, nous rechercherait; mais le gouverneur civil, homme assez mal élevé et mené par quelques vieilles têtes jointes à quelques familles d'émigrés français, a décidé qu'il ne nous verrait point. C'était pour nous une très-légère privation, puisqu'il ne reçoit jamais personne; mais les personnes qui ont voulu lui faire la cour ont cessé de nous voir, malgré la visite que nous a rendue la famille de Hohenzollern, ce prince est gouverneur militaire ici. Ces tracasseries ont été jusqu'à Milan, où l'on a trouvé la conduite de cet original fort ridicule : elle a donné lieu à des conversations agréables pour nous : on nous les a rendues il y a quelques jours. L'assurance d'être bien vu par l'Empereur et les personnes qui l'entourent nous fera prendre patience ici cet été, quoique ce séjour soit devenu désagréable. Depuis ce petit événement de société, le pays est charmant, ce qui rendra la belle saison supportable; mais l'hiver y serait intolérable pour nous de toutes les manières. Nous renouvellerons donc nos démarches pour l'Italie, j'espère qu'à cette époque le duc en obtiendra la permission. Vous avez voulu des détails, j'ai abusé de votre complaisance, chère amie, je le crains bien.

» Je ne suis pas étonnée de la conduite monstrueuse des Pourtalès ; il me semble que dès l'année dernière ils avaient manifesté *leurs bons sentiments.* Quelle affreuse ingratitude ! plus votre amie a fait de bien, plus elle doit trouver d'ingrats, d'amis sans âmes. Qui n'a pas connu la belle des belles, cette personne à laquelle j'ai été si longtemps et si fidélement attachée, malgré tout le monde : croiriez-vous qu'elle ne m'a donné aucune preuve d'intérêt ? il faut des événements de ce genre pour connaître de véritables amis. Ceci est un manque de cœur, ma chère amie. Celui qu'on a aimé pendant vingt années, dont la liaison a commencé par le malheur, Sémonville enfin, qui récapitulait, il y a quelques années, tous les services que mon mari lui avait rendus, ils se montaient à *trente-deux*, tous services essentiels, et qui finissait sa lettre en disant : Ma vie entière et celle de mes enfants ne pourront suffire à notre reconnaissance, Sémonville ne songe pas plus à nous que si nous étions morts ; tout est oublié ! Cela fait mal et donne de l'horreur pour l'espèce humaine. Nous ne serons pas toujours malheureux ; la folie ne peut avoir qu'un terme ; tout finira plutôt qu'on ne pense : alors nous verrons tous ces ingrats reprendre leurs premiers masques. Je demande au ciel d'être assez heureuse pour passer des années avant de les revoir. J'ai pris un tel dégoût pour Paris, qu'il me serait insupportable d'y retourner; j'aurais besoin de beaucoup de temps pour m'accoutumer à cette idée.

» Vous me demandez si mon mari fait ses mémoires? Ce n'est pas le moment, il faut attendre celui où l'on pourra faire entendre la vérité. Fouché fait paraître dans ce moment une lettre adressée au duc de Wellington : on la dit assez forte; elle n'est que le prélude d'un grand ouvrage auquel il travaille. Il est fort tranquille à Dresde. Il ne pense pas à le quitter; il ne pourrait certainement trouver mieux. Il est toujours fort amoureux, ce qui lui fait voir tout en beau ; tout ce qui l'entoure voit en couleur de rose.

» J'ai reçu ces jours derniers une lettre de madame de Valence; ses nouvelles sont aimables, comme elle, et remplies d'intérêt. Je vais lui répondre; je lui parlerai de vous. Anatole est entré au service belge avec son grade de colonel. Elle me dit qu'il est fort aimé et bien reçu, excepté de la famille d'Aremberg qui crie sur les toits sa haine pour l'usurpateur, qu'elle a manifestée dans tous les temps en se traînant dans tous les antichambres des ministres. Lui et sa femme ont été ses plus plats courtisans; quelle belle liste de cette époque! nous la ferons un jour. Le pauvre ami aux yeux de gazelle a acquis des droits éternels à notre reconnaissance. Il sont, lui et son amie, adorés dans leur patrie. J'attends avec impatience des nouvelles de son jugement; il doit amener des débats très-amusants. Je désire que ce jugement soit tel, que toute l'armée anglaise vienne y assister; un peu d'aide ferait grand bien. Milord Kinaird vient à Bruxelles. Sa lettre, dont je ne comprends que quelques fragments, et que m'a envoyée madame de Valence, m'a fort amusée : elle montre à nu la naïveté du ministre de la police; il paraît, par tout ce qu'il a révélé, qu'il n'a rien caché. Il lui dit, avec toute la simplicité possible, que *toute l'armée* anglaise méprise le roi des Français, et qu'elle tient les propos les plus choquants; que s'il lui faisait voir les rapports qu'il reçoit de tous les coins de la France, sur la conduite des Anglais, il serait très-étonné. Vous voyez qu'il avait bien choisi son confident.

» On vend en Angleterre les portraits de

M. et madame Lavallette; et milord Hustchinson a placé un million sur la tête de son neveu, pour sa belle et noble conduite. Voilà de quoi le dédommager pour les trois mois de prison qu'il a faits par condamnation judiciaire.

» J'ai appris avec plaisir que vous étiez tranquillement à Constance, malgré tout ce qu'en disent les journaux. Je vous engage bien à y rester le plus possible; l'Allemagne ne vous offrirait pas plus de ressources. Au reste, chère amie, je ne sais plus quel est le lieu le plus agréable à habiter à présent, excepté l'Amérique, où j'ai l'extrême désir d'aller chercher un beau climat et des hommes moins méchants en ce qu'ils sont moins civilisés. Mon mari combat faiblement ce désir; nous avons encore quatre mois pour prendre une détermination. Si nous n'obtenons rien de l'Autriche, nous pensons à aller en Prusse, où nous sommes sûrs d'être bien reçus.

» J'ai suivi les conseils que vous m'avez donnés depuis longtemps, chère amie, je me suis mise au dessin; c'est une occupation charmante. Ce pays offre les plus jolis points de vue possibles. Je voudrais être assez avancée pour vous envoyer de mes œuvres, mais il faut encore quelque temps.

» Si je ne craignais d'être indiscrète, je demanderais à votre amie, ou à vous, chère Louise, un dessin pour mon album, je n'ose l'espérer ; j'attends la jolie romance que vous m'avez promise, les paroles sont si simples, charmantes, analogues à la position de tant de gens !

» Adieu, chère amie, voilà bien du bavardage; je n'ai pas le courage de relire ma lettre, je passe ordinairement la moitié de mes phrases, mais vous me devinerez. J'allais oublier que ma lettre, commencée depuis longtemps, n'a pas été finie à cause de mon déménagement : la maison que nous occupions a été vendue; nous sommes à présent nichés dans la plus jolie habitation, qui ressemble à une maison française; mais dans un des faubourgs; la ville est horrible à habiter.

» Mes tendres respects, je vous prie, à votre amie; mille choses à l'abbé Bertrand, dont la conquête me flatte plus que celle de tout autre; ne m'oubliez pas auprès de M. de Marmold; mon fils embrasse le prince, qui est encore bien jeune pour penser à son avenir !

» Adieu, chère Louise, notre amitié est à l'épreuve de tous les événements. Je vous embrasse; si jamais nous pouvons nous réunir, je ne regretterai rien.

» Gratz, ce 4 mai.

» Mon mari me demande si je vous ai parlé de lui, il veut que je m'en remette à votre indulgence, pour qu'elle vous fasse deviner tout ce qu'il voudrait vous dire. »

———

Ici finit le manuscrit dicté par mademoiselle Cochelet, sur elle et sur la reine Hortense; une douloureuse et affreuse maladie, à laquelle madame Parquin a succombée, le 7 mai 1835, après trois mois de souffrances, ne lui a pas permis de le continuer! Toutefois, le terme de son récit approchait : la Reine, définitivement fixée à Arrenberg les étés, passant les hivers en Italie ou à Genève; mademoiselle Cochelet, mariée, devenue madame Ch. Parquin, établie dans sa belle propriété de Wolfeberg, en Suisse, menaient ainsi deux existences séparées, quoiqu'elles continuassent de se voir intimement. Mademoiselle Cochelet étant arrivée, par ce manuscrit, à faire connaître, sous son véritable jour une vertueuse princesse, dont l'existence politique avait été dénaturée par la méchanceté et la calomnie; et la Reine se trouvant tout-à-fait retirée dans la vie privée, la continuation de ces mémoires devenait indifférente au public.

La reine était à Genève avec son fils, lorsque son amie d'enfance, sa fidèle compagne pendant la bonne et la mauvaise fortune, rendait le dernier soupir dans son château, confondant, dans les regrets qu'elle avait de quitter ce monde, la Reine sa bienfaitrice, un mari et une fille tendrement chéris. Quelques jours après, le courrier de Genève vint apporter à M. Charles Parquin, les lettres de condoléance que la Reine et le prince son fils lui écrivaient à l'occasion de la perte douloureuse qu'il venait de faire.

Nous croyons devoir les insérer ici : ces sentiments d'affection, de regret, d'intérêt et d'amitié qui survivent à l'existence de madame Parquin, pour être reportés sur sa jeune et intéressante fille, honorent au plus haut degré les augustes personnages qui les manifestent, et la mémoire de madame Parquin qui a su les inspirer pendant sa vie.

LETTRE DE LA REINE HORTENSE A M. CHARLES PARQUIN.

Genève, le 15 mai 1835.

« Mon cher monsieur Parquin, j'apprends avec le plus vif chagrin la mort de votre pauvre Louise; vous devez penser que je la regrette bien sincèrement. C'est avec elle que j'ai quitté la France, et son attachement a toujours été pour moi une consolation; c'est sur sa fille, comme je le lui ai promis, que je reporterai les sentiments que je lui avais voués. J'espère que vous avez du courage pour supporter cette cruelle perte, et que la pauvre petite Claire se porte bien. Il me tarde de la revoir. Dites-lui bien qu'elle peut compter sur moi. Je savais Louise malade; mais j'étais loin de m'attendre à cette fin subite, et je comptais hâter mon retour pour la retrouver; dans la crainte qu'elle eût besoin de M. Conneau (1); il avait déjà retenu sa place, et partait pour lui porter ses soins, lorsque cette

(1) Médecin de la reine.

triste nouvelle m'est arrivée; aussi j'ai doublement regretté mon éloignement. Je compte retourner incessamment à Arrenberg; je serai bien affligée de vous revoir seul, sans votre excellente femme; mais je serai bien aise aussi de vous porter quelques consolations, et de vous assurer de mes sentiments.

Louis veut vous écrire; il sent comme moi que nous venons de perdre une vieille amie, et que cela ne se retrouve pas.

» J'embrasse Claire. »

HORTENSE.

LETTRE DE NAPOLÉON-LOUIS BONAPARTE.

Genève, 14 mai 1835.

» Mon cher monsieur Parquin,

» Vous ne pouvez douter de la vive douleur que nous avons ressentie en apprenant la terrible nouvelle de la mort de votre excellente femme. Ma mère en a été bien affectée, car elle perd en elle une amie d'enfance; mais je ne veux pas accroître votre chagrin en vous parlant du nôtre; je veux, au contraire, tâcher de vous donner quelques consolations en vous renouvelant l'expression de mon amitié, sur laquelle vous pouvez compter; et en vous assurant du vif intérêt que ma mère vous porte, ainsi qu'à votre pauvre petite Claire, qui doit être bien malheureuse.

» Malgré la triste prévision des médecins, nous espérions bien retrouver encore madame Parquin; mais, hélas! sa vie était tellement empoisonnée par ses douleurs que c'est pour elle un bienfait du ciel que d'avoir mis un terme à ses souffrances.

» Je regrette vivement de n'avoir pas été à Arrenberg pendant ces tristes moments, afin de vous prodiguer toutes les consolations que, en pareil cas, l'amitié seule peut offrir; mais bientôt nous nous reverrons, et je me flatte de pouvoir, par ma sympathie et par la conformité de mes regrets, adoucir un peu vos douleurs.

» Embrassez bien tendrement Claire de ma part, et croyez à mon amitié. »

NAPOLÉON-LOUIS BONAPARTE.

FIN.

TABLE SOMMAIRE

DES MATIÈRES

CONTENUES

DANS LES TOMES TROIS ET QUATRE DE CES MÉMOIRES.

TROISIÈME VOLUME.

I.

Retour de l'Empereur. — Ses caresses à ses neveux. — Enthousiasme et acclamations. — Le régiment de Labédoyère. — Entrevue du duc de Vicence et de Boutikim. — Alliance secrète contre la Russie. — Papiers trouvés aux Tuileries. — Départ des ambassadeurs. — Politique de Napoléon. — Bouderie du faubourg Saint-Germain. — Tristes prévisions. — La Reine écrit à l'Empereur de Russie. — L'Anglais détrompé et les fusillades sur le Carrousel. — Lord Kinaird court après Napoléon. — Lettre d'Hortense à l'impératrice Marie-Louise. — Labédoyère est le héros du jour. — Sa conduite à Chambers. — Sa conversation avec l'Empereur. — L'enfant qui ressemble à son père.

II.

Mensonges des adulatrices. — Désappointement d'une dame. — Madame la duchesse douairière d'Orléans. — La duchesse de Bourbon et l'abbé de Saint-Phar. — Les princesses, pensionnées par l'Empereur. — Leur position identique à celle de la Reine. — Les victoires

de celle-ci. — Être généreux rend fort. — La fleur favorite de la
Reine. — Les ci-devant élégantes. — M. Adrien Cochelet nommé
préfet. — Madame la duchesse de Bassano. — Bruits de guerre. —
M. de Labédoyère, aide-de-camp de l'Empereur. — M. Benjamin
Constant, l'homme à la mode. — L'acte additionnel. — Le vieux
républicain impérialiste. — L'abbé politique par circonstance. —
Le sequestre intempestif. — Un incorrigible. — Talleyrand à Vienne.
— M. Sosthène de La Rochefoucauld, le duc de Raguse et M. de
Vitrolles, proscrits. — L'Empereur oublie les injures. — Une gasconnade du maréchal Soult. — Il est nommé major-général. — La
punition de Berthier. — Opinion de M. Sosthène. — L'air doux si
trompeur. — L'abbé Duval. — Madame Ducayla chez la reine Hor-
tense.   17

III.

Le déjeuner à la Malmaison. — MM. Molé et Denon conviés. — Le
contrôleur Bazinet. — Le jour de bataille d'un officier de bouche.—
Importance de l'art culinaire. — La Reine ne s'en doute pas. — Un
juste milieu difficile à saisir. — Une émotion pénible. — Douloureux
souvenirs. — Une réflexion décourageante. — Préoccupations de
l'Empereur. — Le repos silencieux. — Singuliers regrets. — Une
séance dans la galerie des tableaux. — Visite à la ferme suisse. — Le
maire de Ruelle et la fontaine accordée. — Vive sensibilité de Napoléon. — Il veut la cacher. — La lettre dans le *Moniteur*. — Générosité envers le duc d'Angoulême. — Une amie d'enfance. — Retour
à Paris.   52

IV.

Lettre de la princesse Wolkonski. — Ses prévisions. — La belle madame Tallien. — La filleule de l'impératrice Joséphine. — Le célèbre
Tallien. — Pourquoi l'Empereur avait été inexorable envers lui. —
Il lui fait demander une audience. — Madame de Vitrolles et M. de
Latour-Maubourg (Florimont), et les moutons d'Espagne. — Mademoiselle de Vitrolles, charmante personne. — Affluence de solli-
citeurs. — Les moments sont précieux. — Les Fédérés. — Le mou-

choir et le drapeau. — Les hommes superbes. — Les arsenaux dégarnis. — Les défections commencent. — Les gardes du corps expulsés de Paris. — Désespoir du duc de Bassano. — Chorus des libéraux et des aristocrates. — Mécontentement de M. de Labédoyère. — Lettre de M. de Talleyrand. — Madame de Cauloy, ou la belle des belles. — Le grenadier tricolore et la Vénus du Père-Lachaise. — Madame de Marmier. — La duchesse de Raguse. — Une promenade au Bois de Boulogne. — Vives alarmes. — L'inconnu aux lunettes vertes. — Sa persistance. — Quatre hommes descendus d'un fiacre. — La poursuite en cabriolet. — *Un jardin au soleil.* — Le bonheur de la petite vieille. — Deux personnes curieuses. — Les projets de Perrette. 44

V.

Lucien Bonaparte à Paris. — On augure bien de son arrivée. — Querelle de dynastie. — Visite aux princes de la famille impériale. — Les souleurs de la duchesse de Mouchy. — Syncope politique. — M. Gilbert Desvoisins. — L'épée à la toge. — Les protestations s'en vont en fumée. — Préparatifs du Champ-de-Mai. — Un concert chez Carnot. — La reine est fêtée. — *Il faut défendre sa patrie.* — Les jeunes gens fourvoyés. — *Le Censeur* saisi. — La reine indignée, pourquoi? — Grande colère du duc de Bassano, de Régnault-de-Saint-Jean-d'Angély, de Labédoyère et de tout le monde. — L'opposition libérale favorable aux royalistes. — M. de Monttévaut ardent solliciteur. — Émigration pour Gand. — L'impératrice Joséphine passionnée pour un tableau. — Délicate attention de son intendant. — Joie d'enfant. — Les fédérations dans les départements. Le courrier intercepté. — Le prince Eugène menacé d'être enfermé dans une forteresse. 62

VI.

Le Champ-de-Mai. — Les cardinaux de Bayonne et de Cambacérès. — L'archevêque de Tours. — Les évêques de Nanci, de Versailles, de Parme, de Liége et de Meaux. — Enthousiasme du peuple et de l'armée. — Les princes d'Essling et de la Moskowa; les ducs de

Dantzick, de Valmy, de Conegliano; le maréchal Serrurier. — Les princes Lucien, Joseph et Jérôme. — M. Dubois, député. — Adresse des représentants. — La constitution proclamée. — Allocution de l'Empereur à l'armée et aux gardes nationaux. — Distribution des aigles. — La Reine et ses deux fils au Champ-de-Mars. — Son album. — Fatales prévisions. — Les lettres de Boutikim. — Mots dictés par l'empereur Alexandre. — Ses anciens et ses nouveaux sentiments. — Opinion du duc de Vicence. — Ouverture des Chambres. — Madame, mère de l'Empereur. — Le beau jeune homme et le mot d'une royaliste. — Discours de Napoléon. — La duchesse de Mouchy et le monstre. 81

VII.

Le jeune Napoléon. — Son éducation. — L'abbé Bertrand. — La mission de M. de Lascours. — Refus de M. Destut de Tracy fils, d'être gouverneur du prince. — Projets sur M. Manuel. — Mademoiselle Ribou et le duc d'Otrante. — Secrètes intelligences de ce dernier avec Metternich. — Mots remarquables de l'Empereur. — Son départ pour l'armée. — Madame Hess et le comte de Nicolaï. — La noce lugubre et le bon ménage. — Visite au château de Bercy. — M. de La Roche-Aymon. — La mort du général Quenel; horrible calomnie. — M. de Metternich et le *langage des fleurs*. — Ses relations avec une belle dame. — Son alphabet en pierres précieuses. — Le bracelet de la Reine. — La gageure du prince de Mecklembourg-Shwerin. — Le prince Léopold de Cobourg dévoué à la Reine. — M. de Metternich aux genoux de Napoléon. 100

VIII.

Le réveil des 17 et 18 juin. — Le comble de la joie. — Le général Letord blessé mortellement. — M. Benjamin Constant et la lecture interrompue. — Perplexités du duc de Rovigo. — Les craintes justifiées. — La duchesse de Rovigo et le général Sébastiani. — Exaltation patriotique de la Reine. — Arrivée de l'Empereur. — Étrange conduite de la duchesse de Mouchy. — Madame Doumère. — Mesdames Bertrand et de Dillon. — La Reine et le général Bertrand. —

DES MATIÈRES.

Excessive confiance de ce dernier. — La grande dame et la sentinelle. — Calme et résolution énergique de M. de Labédoyère. — Le comité secret. — Pressentiment de la Reine. — Sa visite à l'Empereur. 120

IX.

L'abdication. — Déclaration au peuple français. — Réponse aux deux chambres. — Exaspération du peuple. — Le comte Réal, chargé de comprimer cet élan. — Dévouement de la Reine à l'Empereur. — Madame la maréchale Bessières et M. Dupuytren attachés à la Reine. — Madame Riouff. — Napoléon II proclamé. — Le général Drouot à la chambre des pairs. — Véhémente sortie de M. de Labédoyère. — *Treize à table.* — Mot de ce dernier à ce sujet. — Madame Tessier, la marchande de bas, et les fils de la Reine. — Madame Bure, nourrice du prince Louis. — Proclamation du gouvernement provisoire. — MM. d'Argenson, Sébastiani, Lafayette, Laforêt et Pontécoulant, envoyés au quartier-général des alliés. — Départ de la Reine et de l'Empereur pour la Malmaison. — Madame Darjuson. — M. de Marmold. — Madame la comtesse de Boubers. — Le baron Devaux. — Grande peur à l'hôtel de Mouchy. — Madame la générale Corbineau. — Projet d'assassiner l'Empereur. — Un service organisé pour veiller sur ses jours. — Le jeune page Sainte-Catherine. — Le coup de pistolet. — Noble démarche de madame Caffarelli. — Les enfants de la Reine auprès d'elle. 137

X.

Bruits calomnieux au sujet de la Reine. — L'envoyé de Fouché. — Adieux de Napoléon à ses neveux. — Leur cachette. — Une visite inattendue. — Cruelles angoisses. — L'officier de lanciers. — L'avis important. — La Malmaison en danger d'être cernée. — Fuite des paysans vers Paris. — Misères de la guerre. — Tableau de Paris. — Insistance de la Reine pour ne pas quitter sa parure. — Son retour à Paris. — Espoir et désespoir de Napoléon. — Impatience et craintes du gouvernement provisoire. — Ingratitude du maréchal Davoust. — Indignation de M. de Flahaut. — Madame-Mère et Napoléon ; douloureuse séparation. — Talma. — La reine Caroline et sa mère. — Paroles remarquables. — Haine de M. de Blacas contre les Bonaparte. — Fable inventée par lui. — Belle réponse de madame Lætitia. — Refus de l'Empereur de partir sur un navire danois. — Curieux stratagème. — Les diamants de la Reine. — La duchesse de Vicence et madame Corbineau. 462

XI.

L'ex-conventionnel Courtois. — Communication importante. — Réunion au village des Vertus. — Le général Dejean. — Projet de se défaire du gouvernement provisoire. — Une lettre de Fouché. — Le billet diplomatique de Talleyrand. — Fausses idées de Fouché. — Épouvante de lord Kynaird. — Attitude de l'armée dans Paris. — Le général Excelmans. — Les colonels de Lascours, de Bricqueville, de Lawœstine, dévoués à la Reine. — Nouvelle arrestation et évasion de M. de Vitrolles. — Les Prussiens battus par le général Excelmans. — Convention avec les alliés. — Inertie du maréchal Davoust. — Triomphe du faubourg Saint-Germain. — Louis XVIII à Saint-Denis. — Scène avec le général de Lagrange. — Menaces faites à la Reine. — Le garde-chasse de Saint-Leu. — Le prince Guillaume de Prusse. — Tentatives des gardes-du-corps. — La Reine en danger. — La royaliste désappointée. — Honorable démarche du général Tourton et des autres chefs de la garde nationale. 482

XII.

Retraite de la Reine. — Ordre du jour maintenant les trois couleurs. — La promenade d'une prisonnière. — M. et madame Desbassin; rencontre imprévue. — Madame de Saint-Martin; autre rencontre. — Opinion d'Eugène de Beauharnais sur sa sœur. — Retour de M. de Talleyrand à Paris. — Un mot de lui. — Rentrée de Louis XVIII. — La grande dame au cou de son cocher; scène d'enthousiasme. — Le cortége des maréchaux. — Singuliers scrupules des journaux. — Le portrait de Napoléon couvert. — Le prince de Schwarzenberg. Le cardinal Fesch et Jérôme Bonaparte; anecdote piquante. — Le comte d'Artois bousculé. — M. de Labédoyère. — Grave imprudence. — Conduite étrange de l'empereur Alexandre. — Madame de Saint-Aulaire. — Mensonge du roi de Prusse. — Calomnie contre la reine Hortense. — Brutalité du czar. — M. Gabriel Delessert. — Une visite de M. Sosthène de La Rochefoucault. — Acharnement contre le duc de Vicence. — Un prétendu complot. — Ordre à la Reine de quitter la France. — Le général Muffling. — Le comte de Voyna, chambellan de l'empereur d'Autriche. — Grands embarras. — L'hospitalité à Bercy. — Un coup monté. — Boutikim. — **Bizarre changement dans l'humeur et le caractère d'Alexandre.** 206

XIII.

M. et madame d'Arjuzon, chevalier et dame d'honneur. — Lettre à mademoiselle Cochelet. — Fidélité politique de madame d'Arjuzon. — M. Decazes. — M. d'Arjuzon élevé à la pairie. — Le complot absurde. — Ordre à la Reine de quitter la France sur-le-champ. — Le général Müffling. — Le comte de Voyna accompagne la Reine. — Embarras sur embarras. — Fâcheux contretemps. — Bruits alarmants. — Le coup monté. — Protestations dérisoires du russe Boutikim. — Indignation du duc de Vicence. — Alexandre devenu mystique. — Les adieux pour l'exil. — Un accès de misanthropie. — Les dangers d'un ordre verbal. — M. de Marmold. — La couchée à Bercy. — Dévouement de M. et madame de Nicolaï. 247

XIV.

Madame de Krüdner à Paris. — Ses prédictions à l'empereur Alexandre. Coïncidence extraordinaire. — L'empereur Alexandre chez la prophétesse. — La détonnation alarmante. — Paris en cendres ; effroi de madame d'Arjuzon. — Offre de madame de Krüdner; son amitié pour la Reine. — La planche de salut. — Conseil donné par le duc de Vicence. — Entrevue de mademoiselle Cochelet et du Czar. — Le notaire Chodron. — Offres généreuses d'Alexandre. — Refus réitérés. — La parure de rubis et les tableaux de l'électeur de Cassel. — Madame Krüdner. — Invention de la Sainte-Alliance. — La bannière du Christ. — La prophétesse passe en revue l'armée russe. 260

XV.

Une tache éternelle. — Pressentiment au sujet de M. de Lavalette — Madame Dépréville et sa fille. — Libéralités de la Reine. — Le mobilier ambulant. — Le docteur Léveillé. — La duchesse de Raguse. — *Notre Dame des exilés*. — L'abbé Bertrand. — M. Appel, chevalier au visage de Kalmouk. — *La poulet* et *le demoiselle*. — La confusion des genres. — Le bonheur d'un puriste. — M. de Canouville. — On conspire pour le duc d'Orléans. — La bienfaisance en route. — L'infortune soulage la misère. — Fausse alarme. — Attentat contre la Reine par les gardes royaux. — M. de Na... et M. de Nan...., principaux auteurs du désordre. — Les grandes dames de Dijon. — Affreuse situation. — Les rodomontades de ces messieurs. — Le général Liger Belair et son stratagème. — Les rages d'un garde-du-corps. — Scènes de regrets, *les bons s'en vont, les mauvais restent*. — La Reine obligée de protéger sa sauve-garde. — Le vieillard incrédule et les bons paysans. — Genève enfin ! 279

XVI.

Le bonheur dans un châlet. — Courtes illusions. — Ordre de quitter Genève. — M. de Voyna parlemente. — Les petits potentats inexorables. — Un sursis. — Madame-Mère et le cardinal Fesch. — Les *vivat* qu'il faut éviter. — Une visite à la montagne. — M. Gausse ou l'ermite docteur. — Le vrai misanthrope. — Un proscrit au désespoir. — Le passe-port de M. Gabriel Delessert et le rouleau de pièces d'or. — Caractère des Genevois. — Les petits chiens aboyant après les gros qui ont une patte cassée. — Le coup de pied de l'âne. — Une visite à Coppet ; madame de Staël et sa fille. — Deux millions prêtés par Necker aux Bourbons. — Circonspection et franchise. — Un mot de madame de Staël sur Napoléon. — Le duc et la duchesse de Bassano, fugitifs. — Voyage à Prégny. — Le rêve du châlet est détruit. — Le baron de Talleyrand. — Ordre de départ. — Cruelle situation ; embarras de M. de Voyna. — *Jetez-moi dans le lac*, dit la Reine. — Une grande grâce. — La Reine se rend à Aix. — Le comte de Sellon. — Une rouerie diplomatique. — La parole tenue. 299

DES MATIÈRES.

XVII.

Séjour à Aix. — M. Finot, préfet de Chambéry. — La Reine demande qu'on l'oublie. — Le comte de Monti, ou le noble de mauvaise mine. — Grande colère de M. Appel. — On va se couper la gorge. — Sang-froid prodigieux de la Reine entre l'Allemand et le Piémontais. — Les brigands d'Anne Radcliff. — Un mouchard facile à trouver. — Mécompte du gouverneur-général de la Savoie. — Naguère et maintenant, contraste. — Les hommages regrettés. — M. de Marcadet, ambassadeur. — Le comte de Ségur, poëte ordinaire de la Reine. — Son hôpital ambulant. — Les romances de M. le comte de Sémonville. — La dent du chat. — Une lettre de M. de Sémonville. — Sa comète. — Sa petite boîte de buis et la monture d'Alexandre. — Le régime du général Bachelu. — Autre lettre de M. de Sémonville. — Le docteur Pasquier. — L'homme qui a signé le plus d'adhésions et prêté le plus de serments. — Un gendre dans chaque parti. — Un fils de madame de Staël. — Madame Doumerc. 316

XVIII.

Les princes jouent aux soldats. — Aberrations de la police. — Les chevaux bannis. — La Reine apprend l'assassinat du maréchal Brune. — Le ministre Carnot et le duc d'Otrante. — La demande et la réponse laconiques. — Pends-toi, Fouché. — Labédoyère est arrêté. — Détails sur cet événement. — Le général autrichien Rochemann. — Projet d'assassiner les neveux de l'Empereur. — L'épée de Richard Cœur-de-Lion. — Un mécompte héraldique. — Malencontreuse érudition de la Reine. — Berthier de Sauvigny, président du conseil de guerre de la réaction. — Le maréchal Ney et le sabre accusateur. — M. Locard, préfet du Cantal. — Débordement de calomnies et d'injures contre Napoléon. — Labédoyère est condamné. — Autres assassinats juridiques. — Madame la marquise de Lavalette. — Ses efforts et ses sacrifices pour sauver Labédoyère. — Elle échoue. — Sévérité de M. Decazes envers elle. — On la retient en prison plusieurs mois. — L'admirable femme de chambre. — Une famille anéantie par la Restauration. 335

XIX.

Napoléon emporté à Sainte-Hélène. — Mort de Labédoyère. — Sa femme et sa mère aux pieds de Louis XVIII. — Insensibilité de ce vieillard. — Illusion de madame de Labédoyère au sujet du meilleur des rois. — Sa trompeuse sécurité. — Lettre de madame de Labédoyère à sa tante, madame de Souza. — L'anneau donné. — Le testament de Labédoyère. — Les saturnales des Tuileries. — Trestaillon et la chasse aux invalides. — Affreuse impunité. — Une condamnation capitale pour rire. — Agonie de Trestaillon. — Soins touchants que lui prodiguent un comte et une marquise. — Madame-Mère et le cardinal Fesch à Rome. — Qu'est devenu Murat ? — La Reine incertaine sur son sort. — M. de Voyna lui écrit. — Lettre curieusement mystique de madame de Krudner. 354

XX.

Sang-froid de la Reine en présence des événements. — Le premier acte politique de Louis XVIII. — Un conseil de Talleyrand. — Les fils de Lannes et de Berthier. — Les origines oubliées. — Étonnement et manque de mémoire d'une duchesse de fabrique impériale. — Réponse piquante à une impertinente question. — Lettre de M. le baron de Krūdner. — Madame Armand écrit au nom de la prophétesse. — Les nouveaux chrétiens. — Résolution des souverains relativement à la Reine. — Curieuse déclaration. — La Reine demande à habiter Prégny. — Lettre du préfet de Chambéry. 369

TOME QUATRIÈME.

I.

Le duc de Feltre à Aix. — Conjectures à son sujet. — Le fantôme accusateur et le cauchemar expiatoire. — La duchesse de Bassano obtient la liberté de son mari. — Un nouveau ministère. — Départ de l'empereur Alexandre pour ses états. — Fouché ménage la famille de l'Empereur. — Contraste avec M. Decazes. — Ingratitude envers les Bonaparte. — Les papiers du conventionnel Courtois. — Correspondance de Louis XVIII avec Robespierre. — La cachette dévoilée. — L'affaire Maubreuil; première source de la fortune de M. Decazes. — Une expédition nocturne, seconde source. — La Reine obligée de remettre son fils aîné à son mari. — Le baron de Zuite. — Cruelle séparation. — Le bon précepteur. — Lettre de la princesse de Wolkonski.   1

II.

On dit que la Reine lève des régiments. — Crédulité de M. Decazes à ce sujet. — Lettre du duc de Vicence. — La Reine demande à aller à Constance. — Elle désire passer par la Suisse. — Lettre de M. d'Ivernois et de M. le baron de Krüdner. — Vaines démarches. — Des nouvelles de madame de Krüdner. — Rêveries de la prophétesse. — Mariage projeté. — Un mot sur Boutikim. — La grecque Foloé, fille adoptive de madame Campan. — Protégée de madame la maréchale Ney. — Elle épouse Boutikim. — Encore une lettre du baron de Krüdner. — Mauvais vouloir du gouvernement suisse. 14

III.

Assassinat du général Lagarde, à Nîmes. — Motifs de résignation pour la Reine, au sujet de son fils. — Caractère du jeune Louis Napoléon. — Le chagrin lui donne la jaunisse. — Maladie de la Reine. — On craint pour ses jours. — L'air sur la montagne. — Fin tragique de Murat. — Nouvelle déclaration des puissances. — Lettre de M. Divernois. — Une personne mystérieuse. — Le prince Eugène écrit à la Reine. — L'hôpital de la Reine et les sœurs de Saint-Joseph. — La sœur Saint-Jean écrit à mademoiselle Cochelet. — La Reine au chevet des malades. — Ses bienfaits. — Nouvelle lettre de la sœur Saint-Jean à ce sujet. — Réponse du président de la diète. — Le passeport bien en règle. — Lettre du baron de Krüdner. — Passeport délivré par les quatre puissances. — Lettre de M. de Voyna. 52

IV.

Départ pour la Suisse. — M. de Marmold est malade. — Regrets de la sœur Saint-Jean. — Changement soudain des dispositions de l'Autriche à l'égard de la Reine. — M. de Voyna écrit à M. Appel. — Inextricables mystères. — Admirable générosité. — M. Cochelet s'embarque pour le Brésil. — Une nuit à Prégny. — Les trois commissionnaires arrêtés. — La visite domiciliaire. — Le roi Joseph travesti en femme de chambre. — Les gendarmes sensibles. — Les envoyés du gouvernement de Genève. — Un sous-préfet qui ne veut pas se compromettre. — M. Fabre et le baron du Martroy. — Le général Ameil. — Un usage singulier. — L'espion en tapinois. — Aventures d'un proscrit. — Bizarre rencontre. — Une famille d'émigrés. — Le banni dépisté. — Belle action de la Reine et de son frère. — Le général Ameil est arrêté en Hanovre. — Il meurt fou. 55

V.

Le lac et l'ossuaire de Morat. — Un croquis interrompu. — La Reine est arrêtée. — Le gîte dans une mauvaise auberge. — M. de Fritz de Pourtalès. — Sa femme. — Leur ingratitude. — Susceptibilité des autorités de Fribourg. — M. de Marmold parlemente avec elles. — Arrivée à Berne. — La Reine en tête-à-tête avec le chef de police Watteville. — Discrétion dont il est mécontent. — Le roi Joseph toujours en Suisse. — Fermeté de la Reine, et courroux de M. de Watteville. — Utile protection de M. de Krüdner. — Une nouvelle lettre de sa mère. — Prédication étonnante. — Conversions opérées. — Charité sans borne. — L'Évangile de la bonne nouvelle. — Affluence des paysans. — La jeune fille abandonnée. — Le voile refusé. 75

VI.

Les inquisiteurs Bernois. — Le mouton du prisonnier. — Résolution des amis de la Reine. — Talleyrand de Périgord, persécuteur ardent. — La comédie interrompue. — *L'ambassadeur meunier.* — L'hôtesse d'Arau bonapartiste. — Celle de Frawenfeld. — Ses souvenirs. — Les généraux Lorge, Lecourbe, Molitor, Oudinot et Foy. — Masséna. — Une promesse du général Foy. — La Reine arrive à Constance. — Encore un désappointement. — MM. de Hosser et le baron de Guellingen. — Le grand-duc et la grande-duchesse de Bade. — Insupportable séjour. — L'abbé Bertrand et les

DES MATIÈRES.   379

anecdotes de la cour de Philippe-Auguste. — Le procès du maréchal Ney. — Favorable augure. — Madame la princesse de la Moskowa. — Nouveaux détails sur la mort du maréchal.   94

VII.

Lettre insolente de M. Barruel de Beauvert. — Ses calomnies sous le titre d'*Histoire de l'Empire*. — Son ingratitude; il meurt misérable. — Faux propos rapportés par la *Gazette de Lausanne*. — Indignation de la Reine à ce sujet. — Lettre de madame la comtesse de Valence. — Le choix d'une maison. — La Reine est très-difficile. — Condamnation de Lavalette; particularités nouvelles. — Il demande à être fusillé. — Atroce réponse de Clarcke. — Maître Tripier a disparu. — La Reine croit encore à la clémence des Bourbons. — Évasion de M. Lavalette. — Crédulité de la Reine. — Une caricature. — Lettre de madame de Krüdner. — La Reine dans son petit chez soi. — Lettre d'Isabey. — Les conseils d'un artiste.   109

VIII.

L'album quotidien. — Le commencement d'une nouvelle année. — Lettre du prince primat. — Les vieux conventionnels errants. — Mort de la femme de l'un d'eux. — Inhumanité des Suisses; affreuse misère. — Le citoyen Bréval, pensionné de la Reine et du prince Eugène. — Il devient fou; sa mort. — Le citoyen de La Brunnerie. — Énergie de son caractère. — Il condamnerait encore Louis XVI. — M. Lavalette hors de France. — Sa femme est prisonnière. — Elle tombe dangereusement malade. — On traque partout les proscrits. — Arrestation des officiers anglais, complices de l'évasion de M. Lavalette. — La princesse régnante de Hohenzollern-Sigmaringen vient voir la Reine. — Elle a pris soin d'Eugène et d'Hortense. — Son fils épouse une nièce de Murat. — Catastrophes prédites par madame de Krüdner. — Futur mariage du prince Léopold de Cobourg. — Mademoiselle Cochelet lui écrit. — Ses pillages en Champagne.   130

IX.

Momeries et hypocrisie de la restauration. — Cruauté et bigotterie. — Le testament de Marie-Antoinette. — Le mariage du duc de

Berri, espoir des proscrits. — Dureté de Decazes envers madame Lavalette. — Cette femme intéressante est frappée de démence. — Lettre de madame la duchesse de Bassano. — Les Bernois, espèce de bêtes féroces. — L'archi-duchesse Marie-Louise. — Talleyrand, ou le méchant boiteux. — Lord Kinaird. — Le prince Eugène vient voir sa sœur. — Joie de la reine. — Elle achète une chaumière. — Un site admirable. — Demande au grand-duc de Bade. — Refus de ce prince. — Toute la diplomatie en émoi. — La politesse de M. de Metternich. — La reine reçoit de lui un passeport pour Bregentz. — Lettre de la princesse Wolkonski. — Lettre de madame de Krüdner. — Ses prédications. — Le célèbre Pestalozzi converti par elle. — Les couventionnels demandent à suivre la reine à Bregentz. — Réponse du capitaine de ce cercle. 155

X.

La reine ne tombe pas dans le piége de M. de Metternich. — La maison de madame de Fingrelin. — Mademoiselle Cochelet appelle auprès d'elle sa mère et son frère Adrien. — Lettre de madame la comtesse de Valence. — Une fable du poëte Arnaud. — M. Lavoestine, colonel belge. — Le colonel Brac. — Madame la maréchale Gérard. — Le fat du désert. — Madame de ....., M. de Montron et madame Hamelin. — Cambacérès. — Le peintre David. — Il refuse les faveurs du roi de Prusse. — Les d'Aremberg, grotesques personnages. — Le sénateur malgré lui. — Mademoiselle Tascher de La Pagerie. — Le général Mouton-Duvernet. — Il est condamné à mort. — On demande 20,000 fr. à la reine, pour le faire évader. — M. le marquis de Lavalette. — Le comte L... de B... coupable de la plus odieuse escroquerie. — La reine donne son plus beau diamant pour sauver le général Mouton-Duvernet. — Troubles à Grenoble. — M. de Montlivaut et le général Donnadieu, bourreaux de leurs concitoyens. — Lettre compromettante, écrite à dessein par le comte L... de B... — Sa condamnation aux galères. — Il veut se suicider. — Le banquier dupé. — La reine le dédommage. — Lettre de madame de Nicolaï. 172

XI.

Le vocabulaire mystérieux. — Correspondance avec mademoiselle Ribout et le duc d'Otrante. — Sa fausse ambassade à Dresde. — La Reine refuse de se rapprocher de Fouché. — Curieuses lettres de lui. — La sœur de mademoiselle Cochelet. — Le songe de Fouché. — Il plonge dans le lac de Constance. — Le cadavre de la patrie. — Lettre du comte de Lavalette. — Notre-Dame des Bois. — La sainte du Paradis — La duchesse d'Angoulême calomnie madame Campan. — Elle ne lui pardonne pas d'avoir élevé des reines. — Lettre de madame Campan. — Comme dit la chanson de *l'Epreuve Villageoise*. — La belle mademoiselle de Courtin. — La *Gazette de Schaffouse* et madame de Krüdner. — Ses opinions religieuses. — Elle rallie toutes les sectes. — Le pasteur Empeytas. — Le costume de l'inspirée. — Détails curieux. 192

XII.

Lettre de madame de Krüdner. — La Reine va voir son frère. — Le roi de Bavière. — Les frères Bacheville. — Mademoiselle Cochelet les prend pour des espions. — Ils sont, malgré elle, secourus par la Reine. — Prix du dîner des têtes couronnées. — L'hôte qui ne comprend pas. — Excessive politesse du gouverneur autrichien de Brégentz. — La Reine ne se laisse pas prendre à cette amorce. — Un courrier du prince Eugène. — Désolation du Prince et de sa femme. — Les enfants du prince Eugène, nichée d'amours. — La princesse Joséphine Beauharnais, mariée au prince Oscar. — Sa sœur Eugénie. — Le prince Auguste, son frère. — La future impératrice du Brésil. — La petite Théodelinde. — Le prince Max. — Refuge de M. le comte Lavalette. — Dévouement d'un employé. — Sir Robert Wilson. 210

XIII.

M. de Lavalette à Munich. — Discrétion du roi de Bavière. — Il ne se fie pas au prince royal son fils. — L'asile au lac Wurmsée. — La rencontre inévitable. — Malveillante indiscrétion du duc d'Alberg. — Prudence du roi Maximilien. — Un avis donné par le prince Eugène. — M. *Cossart*, envoyé dans un autre asile. — Son retour au Starenberg. — Réponse aux instances des Bourbons et de la Sainte-Alliance. — Les mémoires de Lavalette ne sont pas de lui. — Encore les frères Bacheville. — Ils sont éconduits par le prince Eugène. — Il se repent d'y avoir mis trop de précipitation. — La reine de Bavière. — La duchesse de Deux-Ponts. — L'intérieur patriarcal. — La Reine va dans les montagnes de l'Appenzell. — Les sorts du trèfle à quatre feuilles. — Deux êtres mystérieux. — Embarras d'espion. — M. de Z... landmann. — Il revient de son anti-bonapartisme. — Il se lie avec la Reine. — Une tempête. — La maison renversée. — La femme ensevelie. — Le fougueux Justus Grüner. — Le landmann Z... propose à la Reine de l'épouser. — Refus poli de la Reine. 227

XIV.

Retour à Constance. — Saisie des papiers de mademoiselle Cochelet. — Recherches chez madame D... des preuves d'un complot pour le retour de l'île d'Elbe. — Grand sujet de gaieté pour MM. de la police. — M. Louis, M. Léopold, M. Charles, M. Alexandre. — Insolence des limiers. — Il leur faut des bijoux. — Une lettre du temps de Louis XIV, preuve d'une conspiration en 1815. — Les sachets coupés. — Une dame rajeunie de vingt-trois ans. — Le commissaire de police noble et émigré. — L'homme comme il faut. — Le faux scellé. — Vol des lettres de l'empereur Alexandre, par le préfet de police. — Lettre à M. Decazes. — A l'empereur Alexandre. — Vaines démarches de mademoiselle Cochelet. — Une révolution pour l'étiquette. — Le prince Eugène enlève sa femme. — Susceptibilité à ce sujet de la comtesse de Wurms. — Mariage de l'empereur d'Autriche. — Mademoiselle Andryane sauve la vie à son frère, par l'intercession de la nouvelle Impératrice. — Lettre de M. Lavalette. — Son songe. — Vives inquiétudes. — Le général Bachelu et l'ex-préfet Dumolard. 250

XV.

La duchesse de Raguse écrit à mademoiselle Cochelet. — Madame la baronne Lallemand. — Madame Ferey. — Ses filles, mesdames Champlouis et Salvandy. — Le colonel Lallemand et le général Lefèvre-Desnouettes. — Le général-major Lyon. — Lettre de M. le comte Lavalette. — Ses opinions religieuses. — Ce qu'il dit de madame de Krüdner. — Lettre de celle-ci. — Grandes et prochaines calamités. — La jeune fille enceinte, qui veut se jeter dans le Rhin. — Sa vision s'accomplit. — Elle est battue par un exempt. — Dureté des riches envers les pauvres. — Miracles de la grâce. 274

XVI.

Ordonnance du 5 septembre. — Les autorités du canton démocratique de Thurgovie offrent à la Reine de se fixer sur leur territoire. — Pèlerinage à l'abbaye d'Einsilden.—Magnifique hospitalité donnée à la Reine par les moines. — Elle fait hommage à la Vierge d'une branche d'hortensia en diamants. — Le duc d'Otrante à Prague. — Lettre de lui. — Son projet de colonie. — Ce qu'il dit de MM. Fiévée et de Chateaubriand. — Le libelliste et le rhéteur. — Fouché veut écrire ses mémoires. — Son opinion sur les chambres. — Nouvelles de M. Lavalette. — Ses craintes au sujet de l'arrivée de l'ambassadeur de France. — Soirées de la Reine. — Elle joue par complaisance. — Son projet d'écrire ses mémoires. — Elle les commence en 1816. — Ils ne paraîtront pas de son vivant. — Elle fait l'éducation de son fils. — Caractère du prince Napoléon Louis. — Il donne ses souliers et sa redingote à deux pauvres enfants. — Mademoiselle de Mollenbach. — Elle est attachée à la Reine. — Triste fin d'un caractère romanesque.   288

XVII.

La Reine est résolue à se retirer en Bavière.—Éloge du prince Eugène. — Jugement de l'empereur sur lui.— Lettres du prince. — M. Lavalette écrit à mademoiselle Cochelet. — Le comte Tascher de La Pagerie. — Lettre de madame Campan. — Un mot de la duchesse de Berry. — Madame Voisin. — Le message du pigeon. — Jugement sur les Mémoires de madame de Larochejaquelein.— Une malice de l'impie! — La dame du Lac. — Lettre du prince primat. Mort de ce vénérable prélat. — L'excuse d'un courtisan. — Antichambres et embarras de rois. — Mademoiselle Fanny de Beauharnais. — Ses liaisons avec le prince primat. — Le fard qui change de visage. — Le valet de pied récompensé pour un ridicule de moins. — L'empereur en rit.   507

XVIII.

Le site qui fait envie. — Acquisition faite par la Reine. — Métamorphose presque incroyable. — Le château de mademoiselle Cochelet. — Lettre du prince Eugène. — La reine de Bavière malade. — Mort du Prince primat. — M. Tascher de La Pagerie. — Mademoiselle de Mollenbach. — Lettre du duc d'Otrante. — Il voudrait se réunir à la Reine. — Démarches de la grande-duchesse Stéphanie en faveur de la Reine. — Ses regrets d'avoir échoué. — Elle veut aller vers la Reine. — Invention de M. de Talleyrand. — Conspiration des deux cousines. — Lettre de la grande-duchesse. — Lettre de M. Darnay, secrétaire du prince Eugène. — L'Ariane anglaise. — Son goût pour le chant. — La tendre Émilie et l'oiseau du lac. — La princesse de Galles. — Son cortège équivoque. — La fête de Joséphine. — Le général Poret de Morvan. — Les grandes et les faibles passions. — Le prince de Chimay et madame Tallien. — Le sobriquet de M. le comte de Lavalette.—Autre lettre de M. Darnay. — Un ridicule de la princesse régente d'Angleterre. — Départ pour Augsbourg. — Pressentiment en quittant Constance. 328

XIX.

Lettre de madame Campan. — Lettre de madame la comtesse de Valence. — Le général Gérard épouse mademoiselle de Valence. — Il est estimé des royalistes. — Lettre de madame la duchesse de Bassano. — Un gouverneur civil incivil. — Les Pourtalès. — La belle des belles. — Les trente-deux services rendus à M. de Sémonville. — Manque de reconnaissance. — Les mémoires du duc de Bassano. — Lettre de Fouché à Wellington. — Le duc d'Otrante amoureux. — Les d'Aremberg dans les antichambres des ministres de Napoléon. — L'ami aux yeux de gazelle. — Curieuse lettre de lord Kinnaird. — Il prend le ministre de la police pour son confident. — Mépris que l'armée anglaise fait des Bourbons. — Les portraits de M. et madame Lavalette, vendus à Londres. — Milord Hutchinson. — Un million et trois mois de prison pour une belle action. — Mort de mademoiselle Cochelet, devenue madame Ch. Parquin. — Son manuscrit reste inachevé. — Lettre de la reine Hortense et du prince Napoléon-Louis Bonaparte, à l'occasion de la perte de leur amie. 548

FIN DE LA TABLE DU QUATRIÈME ET DERNIER VOLUME.

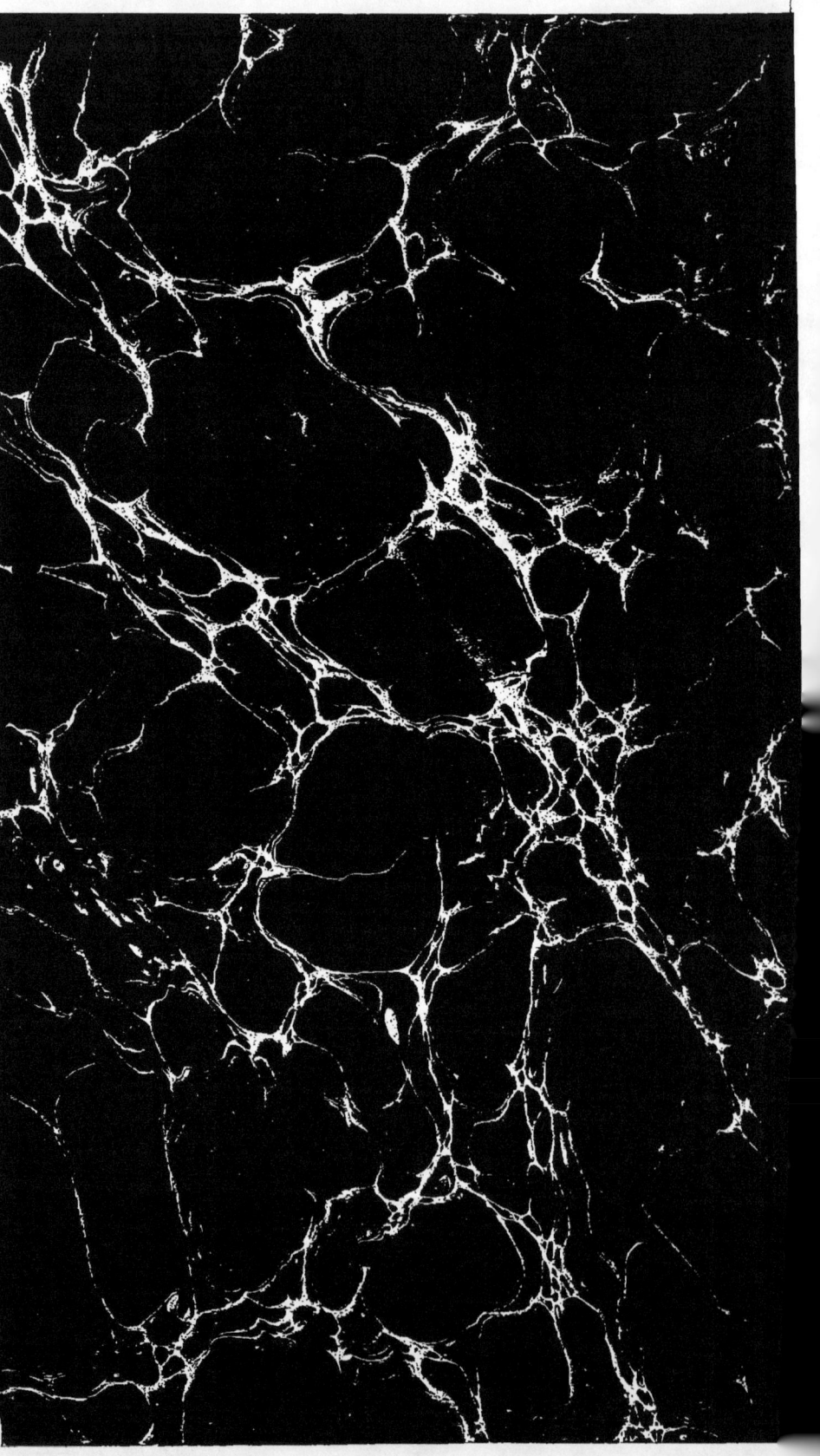

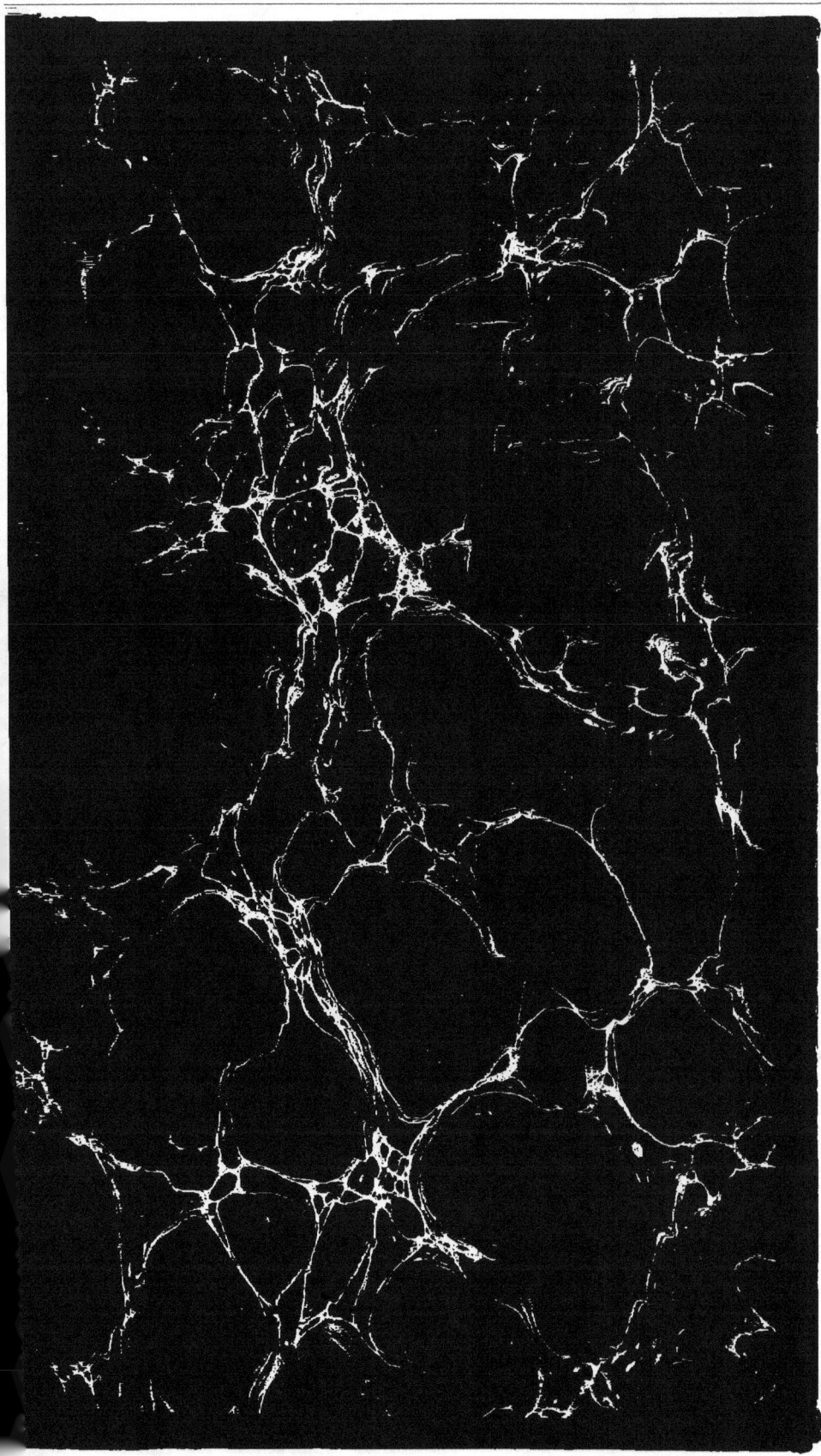